U0631572

基 金 项 目：本书作为中国高等教育学会"新形势下中国高等学校教育基金会工作的创新发展研究"专项课题——中外行业类高校基金会工作比较研究（项目批准号：21JJYB02）的成果

课 题 名 称：中外行业类高校基金会工作比较研究

课题组负责人：沙淑清

课 题 组 成 员：李　绚　邢芳凝　蔡炜嘉　白月晴　席诗悦

XINMEITI SHIJIAO XIA DE

GAOXIAO JIJINHUI GONGZUO TANSUO YANJIU

新媒体视角下的
高校基金会工作探索研究

李 绚◎著

天津出版传媒集团

天津人民出版社

图书在版编目（CIP）数据

新媒体视角下的高校基金会工作探索研究 / 李绚著
. -- 天津：天津人民出版社，2023.12
　　ISBN 978-7-201-19981-8

　　Ⅰ . ①新… Ⅱ . ①李… Ⅲ . ①高等学校－基金会－工
作－研究－中国 Ⅳ . ① G647.5

中国国家版本馆 CIP 数据核字（2023）第 240834 号

新媒体视角下的高校基金会工作探索研究
XINMEITI SHIJIAO XIA DE GAOXIAO JIJINHUI GONGZUO TANSUO YANJIU

出　　　版	天津人民出版社
出 版 人	刘　庆
地　　　址	天津市和平区西康路 35 号康岳大厦
邮政编码	300051
邮购电话	（022）23332469
电子邮箱	reader@tjrmcbs.com
责任编辑	陈　烨
装帧设计	中北传媒
制版印刷	廊坊市海翔印刷有限公司
经　　　销	新华书店
开　　　本	787 毫米 ×1092 毫米　1/16
印　　　张	16.75
字　　　数	307 千字
版次印次	2023 年 12 月第 1 版　　2024 年 1 月第 1 次印刷
定　　　价	56.00 元

版权所有　侵权必究
图书如出现印装质量问题，请致电联系调换（022-23332469）

序　言

　　我国有着悠久的慈善文化传统，并且这种文化传统也体现在每一个中国人真善美的品质当中。党的二十大报告提出了加快建设中国特色、世界一流的大学和优势学科，优化国家科研机构、高水平研究型大学定位和布局的任务。多年以来，伴随着高等教育大众化的普及，经费短缺一直是困扰各国高等教育事业发展的根本性问题之一。尽管我国对高等教育的投入不断增加，但与发达国家相比，我国在高等教育经费占 GDP比重方面还存在较大差距。因此，我们需要更加注重高等教育质量和效益的提高，充分发挥高等教育对社会和经济发展的支撑作用。高校基金会作为高校发展的重要组成部分，应该积极探索新型媒体环境下的工作方式和手段，发挥自身优势，在社会公众中树立起良好的品牌形象，为推进教育事业的发展注入新的动力。在未来，应该加强对高等教育事业的投入和管理，促进高等教育与产业、科技、文化等领域的融合发展，推进高等教育国际化进程，使我国高等教育真正实现世界一流的目标。

　　我很荣幸能够为大家介绍《新媒体视角下的高校基金会工作探索研究》这本书。这是一本研究高校基金会在新媒体时代所面临的挑战，以及给出相应解决方案的专业性著作。

　　本书的作者深入研究了高校基金会在新媒体环境下所遇到的问题和机遇，提出了一系列可行的解决方案和应对策略，同时还提供了一些具有可操作性的指南。这些方案和指南对高校基金会管理者、研究人员及其他相关从业者都非常实用，具有很强的现实指导意义。

　　本书从不同角度透视高校基金会的工作，在研究背景与意义、国内外研究现状评述、研究思路和方法、进入新媒体时代等章节，系统地阐述了高校基金会在新媒体环境下的发展现状，以及面临的机遇与挑战；在高校基金会发展比较、国内高校基金会新媒体应用研究、高校基金会募捐工作的新媒体化探讨、高校基金会投资管理的新媒体化探讨、高校基金会风险管理的新媒体化探讨等章节，则深入探讨了高校基金会在新媒体环境下的募捐、投资与风险管理等具体工作。

  本书所提出的观点具有一定的科学性和前瞻性，对于高校基金会在新媒体时代的发展具有很大的理论价值和现实指导意义。最后，在此感谢作者的精心付出，希望本书能够为大家提供有益的参考和帮助。

中国科学院院士

2023 年 10 月

目　录

第一章 绪 论

第一节 研究背景与意义

一、研究背景

进入 21 世纪以来，我国高校基金会数量迅速增长，高校基金会所募集的资金已逐渐成为支撑高校事业发展的重要经济来源，为突破教育经费不足这一制约高校发展的瓶颈做出了重要贡献，但也给高校基金会的管理带来了问题。因此，高校基金会如何引入科学的管理机制，实现科学管理、良性发展，树立良好的社会形象，成了必须解决的实际问题和值得研究的理论课题。

高校基金会起源于英美国家，指利用自然人、法人或者其他组织捐赠的财产，以推动和促进高校教育事业发展为目的，依法成立的非营利性公益组织。然而，与国外发展成熟的教育基金会相比，我国高校基金会的起步较晚，高校经费来自社会捐赠的比例较少，且缺乏管理经验，而国外教育基金会的管理经验又不能照搬照抄，因此，如何使我国高校基金会持续发展成为亟待解决的问题。

随着信息技术的快速发展和广泛应用，互联网和新媒体的出现深刻地改变了各个行业的工作和思维方式。高校基金会作为高校非常重要的部门和资源管理单位，在数字化转型过程中也逐步引入了新媒体技术。通过新媒体平台的宣传、募捐、校友联系等活动，提高了服务水平，扩大了影响力，也为高校普及、人才培养等方面做出了重要贡献。本书探讨了从新媒体角度探索和研究高校基金会工作的必要性。

（一）高校基金会数字化转型过程

高校基金会是指高等教育机构拥有的一般基金会，其中的捐款主要用于学校基础设施建设、课程开发和建设、研究项目实施、师生激励基金评选和助力人才引进等。在数字时代，高校基金会积极引入互联网技术，建立了自己的官方网站，以及社交媒体和移动应用程序等其他新媒体平台，利用新媒体技术来推广大学、推广基金会，进而扩大受众群体。高校基金会的宣传活动显著提高了众多校外单位和个人参与捐赠的效果。

（二）高校基金会数字化转型之后的优势

数字化转型后，高校基金会最主要的变化就是能更好地整合资源、更高效地工作和更细致地服务。基于此，高校基金会数字化转型后具备以下特点和优势。

1. 资源整合能力得到提升

高校基金会数字化转型后，各类资源得到了有效整合和利用。数字化工作平台可实现对捐赠资金的跟踪统计、项目审核、评价反馈等功能，从而提高了资金的使用效率，并创造了更明晰的监控机制。

2. 工作效率得到提高

数字化转型后，自动化管理系统可以避免传统邮寄、传真等手动操作，节约了大量时间和人力成本。例如，基金会通过移动端名片让捐赠方轻松分享信息，也可以通过线上与捐赠群体互动，提高沟通效率。

3. 服务质量得到提高

数字化转型后，高校基金会可以利用新媒体平台开展校友活动，建立捐赠方联络管理系统，加强与捐赠方的联系，加大关注和加强交流，提高捐赠方参与基金会活动的积极性和参与度。同时，高校基金会也可以利用新媒体平台传播高校资讯、学术成果、教育资源等知识，拓展高校的受众群体，提高高校基金会的知名度和公信力。

4. 受众范围得到拓展

数字化转型后，高校基金会可以在不限制时间和空间的情况下，为更广泛的受众提供服务，与校友及其他捐助者建立融洽关系，并可以借助新媒体优势扩大基金会在社会的知名度和美誉度。

（三）当前面临的挑战

数字化转型后，高校基金会在技术应用、人才储备、能力培养等方面仍存在一定的机遇和挑战。

（1）未充分利用新媒体优势。当前的数字化转型仍然没有充分利用新媒体的优势，还有许多未开发的领域需要进一步探索和实践。

（2）加强新媒体技术人才培养。数字化转型需要新媒体技术人才的支持。高校基金会需要加强新媒体技术的培训，积极引进相关人才，以进一步提高数字化转型的深度和广度。

（3）转型中的数据安全与隐私保护。在数字化转型中，高校基金会需要关注数据安全、隐私保护等问题。在利用新媒体技术进行工作时，应注意保护用户数据和隐私。

（四）基于新媒体视角下的高校基金会工作探索研究的必要性

高校基金会如何利用新媒体技术加强数字化转型，提高服务能力，扩大受众群体，有效利用新媒体平台推动基金会事业，值得深入探讨和研究。

党的二十大报告中提出了建设教育强国的宏伟目标，高校基金会作为高校发展的重要组成部分，肩负着支持高校科研和人才培养的重任。而在新媒体时代的今天，高校基金会也需要以全新的视角和方式来开展工作，并将党的二十大精神融入其中。中国红十字基金会理事长贝晓超[1]出席中国网络文明大会"数字公益慈善发展论坛"时指出："当前全球已经步入数字社会，数字技术不可阻挡地向社会生产和大众生活的各个层面渗透覆盖，公益慈善领域也不例外。数字化公益正在越来越接近老百姓的日常生活，也正在逐渐回归以社会价值为中心的本源。"

党的二十大报告中提出引导、支持有意愿有能力的企业、社会组织和个人积极参与公益慈善事业，同时要求加强全媒体传播体系建设，塑造主流舆论新格局。新媒体技术快速发展，高校基金会可以借助微信公众号、微博、抖音等平台向社会公众传递信息、进行在线募捐等活动，以增加筹资的渠道和方式。同时，在信息传播过程中也需要关注信息的真实性和准确性，通过精细化的宣传和营销来提高知名度和影响力。

本书旨在通过对高校基金会新媒体应用实践的研究和总结，探讨如何有效应用新媒体技术促进高校基金会的工作。具体而言，它可以帮助高校基金会提高维护和管理捐赠方关系的能力，扩大校内外受众群体，加强筹款和捐赠管理，提高工作效率和服务质量，探索新的职业发展路径。

---

[1] 2022年中国网络文明大会 | 中国红十字基金会探索数字化转型发展之路［EB/OL］.（2022-08-30）https://m.thepaper.cn/baijiahao_19675598

基于新媒体视角对高校基金会工作的研究，将为高校基金会数字化转型、提高工作质量和效率等方面提供更全面、科学的指导思想和具体的实践方案，并为新媒体技术在高校基金会工作中的应用提供创新思路和探索性实践方案。

二、研究意义

随着社会的进步，科学技术的快速发展，新媒体逐渐进入人们的视线，传统的信息传播技术革新换代，信息传媒业迎来了一场新兴的变革。在这种新媒体环境下，人们的生活也发生了很大改变。这种改变虽然有诸多的好处，但是也存有缺陷的一面，比如在生活中人们利用新媒体进行业务往来或者信息交流，这就导致现实生活中人与人之间关系的逐渐疏远，责任意识弱化等。由此可以看出，目前进行我国新媒体发展现状及治理研究刻不容缓。

在经济发展和大学重视的共同作用下，高校基金会专职队伍和资产管理规模正在逐渐扩大，已经发展成一类不可忽视的社会组织，但是有关中国高校基金会运作机制的研究却十分欠缺。现有文献中，针对中国高校基金会学术性研究文献较少，该类组织的运作机理还未被学界所揭示。研究文献更多的是对部分实务的简单化描述，中国基金会运作模式的分析主要为传统的科层管理。高校基金会处于半封闭的运作状态，公开性和公平性时常受到外界质疑，组织支持的高等教育的公益性质和社会价值也不被外界广泛认可。研究者期望从组织制度学、组织生态学等视角研究高校基金会这类组织的运作规律，紧密结合实务，对组织运行体系、社会嵌入和内卷化现象做深入研究，进一步丰富该类组织运作机制方面的研究成果。

"新媒体视角下的高校基金会工作探索研究"是一项对高校基金会在新媒体时代下工作的探索研究，其研究意义如下：

（1）促进高校基金会工作的数字化转型。随着信息技术和新媒体的发展，高校基金会需要适应新媒体时代，推进数字化转型，将网络技术和新媒体技术应用到基金会的筹款、信息传播、项目管理等方面，提高基金会工作效率和成效。

（2）推动高校基金会与捐赠者、受助方之间的沟通。新媒体为高校基金会提供了更开放、便捷的交流平台，可以通过微博、微信、App 等新媒体渠道与捐赠者、受助方建立联系，了解他们的需求和反馈，及时回应社会关注。

（3）增强高校基金会的品牌建设和宣传力度。新媒体具有传播速度快、范围广、互动性强等优势，可以帮助高校基金会推广并传播企业文化、品牌形象和相关项目信息，提高公众对基金会的知晓度和认同度。

（4）拓展高校基金会的募捐渠道和方式。新媒体提供了多种募捐方式，如微信捐款、网上众筹等，有利于高校基金会拓展募捐渠道和方式，吸引更多的捐赠者参与到基金会的筹款活动中来。

（5）提高高校基金会的服务质量和水平。新媒体工具可以帮助高校基金会更好地管理基金项目，监测项目进展，提供项目结果反馈，提高基金会服务的质量和水平，更好地满足社会需求。

高校基金会是属于第三部门领域的公益组织，既具备基金会的特点，又有依托大学支持教育发展的独有属性。专门研究我国高校基金会的运作机制，讨论高校基金会的生存与发展规律，进而推进中国公益组织的培育、自我成长和可持续发展研究，都具有很强的理论与实践意义。"新媒体视角下的高校基金会工作探索研究"对于推动高校基金会数字化转型、提高高校基金会工作效率具有重要的现实意义和战略意义。

第二节　国内外研究现状及评述

一、国内研究现状及评述

我国高校基金会的发展起步较晚，借鉴国外高校的成功经验，国内高校大约从1988年起开始成立类似高校基金会的组织，从无到有，经历了30多年的摸索发展，伴随着国家基金会法制的健全，在支持高校发展方面取得了不少成绩，也积累了很多宝贵经验。1994年成立的清华大学教育基金会和1995年成立的北京大学教育基金会标志着我国高校基金会进入了新的发展阶段。2023年4月，通过慈善中国网进行查询统计，目前在民政部注册成立的慈善组织有198家，其中高校基金会有18家，分别是清华大学教育基金会、北京大学教育基金会、华中农业大学教育发展基金会、兰州大学教育发展基金会、重庆大学教育发展基金会、北京科技大学教育发展基金会、河南大学教育发展基金会、西北农林科技大学教育发展基金会、中南大学教育基金会、四川大学教育基金会、北京理工大学教育基金会、中国科学院大学教育基金会、中国农业大学教育基金会、中央财经大学教育基金会、北京交通大学教育基金会、传媒大学教育基

金会、浙江大学教育基金会、北京航空航天大学教育基金会。除少数为 2004 年 6 月 1
日《基金会管理条例》实施后重新登记的基金会外，多数高校基金会为此后新成立的，
它们一般都是重点大学，如北京大学、清华大学、浙江大学、南京大学、上海交通大
学等，不少学校还在海外成立了高校基金会。这些基金会的注册资金从 200 多万元到
上亿元不等，现有资金规模也各不相同。

根据基金会中心网信息披露，少数高校基金会的年度收支已经跨入亿元时代，其
中净资产规模居全国基金会之首的清华大学教育基金会 2020 年度捐赠收入 69.87 亿
元，净资产达 157.65 亿元；2021 年度捐赠收入 20.09 亿元，净资产达 168.14 亿元，见
表 1-1[①]。

表1-1　清华大学教育基金会2021年度捐赠收入情况　　　　单位：元

项目	现金	非现金	合计
一、捐赠收入	1988710195.95	20063305.11	2008773501.06
（一）来自境内的捐赠收入	1800094879.81	20063305.11	1820158184.92
其中：来自境内自然人的捐赠	229662192.10	0	229662192.10
来自境内法人或者其他组织的捐赠	1570432687.71	20063305.11	1590495992.82
（二）来自境外的捐赠收入	188615316.14	0	188615316.14
其中：来自境外自然人的捐赠	49907048.09	0	49907048.09
来自境外法人或者其他组织的捐赠	138708268.05	0	138708268.05

北京大学教育基金会 2020 年度捐赠收入 7.7366 亿元，净资产达 70.1133 亿元；
2021 年度捐赠收入 8.8167 亿元，净资产达 76.1164 亿元（见表 1-2[②]）；2022 年度捐赠
收入 85.4837 亿元，净资产达 76.2323 亿元。

表1-2　北京大学教育基金会2021年度捐赠收入情况　　　　单位：元

项目	现金	非现金	合计
一、捐赠收入	854837361.29	26827779.00	881665140.29
（一）来自境内的捐赠收入	659294174.59	26827779.00	686121953.59
其中：来自境内自然人的捐赠	64675063.29	4150000.00	68825063.29
来自境内法人或者其他组织的捐赠	594619111.30	22677779.00	617296890.30
（二）来自境外的捐赠收入	195543186.70	0	195543186.70
其中：来自境外自然人的捐赠	2590549.04	0	2590549.04
来自境外法人或者其他组织的捐赠	192952637.66	0	192952637.66

---

① 清华大学教育基金会2021年度工作报告［EB/OL］. http://www.tuef.tsinghua.edu.cn/sites/pdf/infomation/2021_report.pdf

② 王道琳. 北京大学教育基金会2021年度报告［EB/OL］.（2022-08-29）https://www.pkuef.org/info/1046/4635.htm

中南大学教育基金会 2020 年度捐赠收入 1.0306 亿元，净资产达 3.6530 亿元；2021 年度捐赠收入 0.6595 亿元，净资产达 4.0244 亿元；2022 年度捐赠收入 1.0685 亿元，净资产达 4.3068 亿元，见表 1-3[①]。

表1-3　中南大学教育基金会2022年度捐赠收入情况　　　　单位：元

项目	现金	非现金	合计
一、捐赠收入	82644319.89	24209181.00	106853500.89
（一）来自境内的捐赠收入	82644319.89	24209181.00	106853500.89
其中：来自境内自然人的捐赠	3831099.86	0	3831099.86
来自境内法人或者其他组织的捐赠	78468220.03	24209181.00	102677401.03
（二）来自境外的捐赠收入	345000.00	0	345000.00
其中：来自境外自然人的捐赠	0	0	0
来自境外法人或者其他组织的捐赠	345000.00	0	345000.00

西湖大学是我国近年新设立的一所高水平研究型大学，于 2015 年由浙江省与杭州市共同发起创办，以推进教育强国战略和高水平人才培养为宗旨。西湖大学定位于支持前沿科技和基础科学研究，注重跨学科融合和联合培养，致力于打造国际化一流大学。西湖大学的主要研究领域包括人工智能、计算机、生命科学、物理学等多个领域，并贯穿了基础研究和应用研究两个方向。西湖教育基金会经浙江省民政厅批准于 2015 年成立，为非公募基金会。西湖教育基金会 2020 年度捐赠收入 14.8904 亿元，净资产达 33.2693 亿元；2021 年度捐赠收入 21.2409 亿元，净资产达 54.3494 亿元。

多家高校基金会建立了网站，重视对外宣传和推广大学捐赠活动与捐赠项目，显示了部分高校基金会良好的运作能力，教育基金对大学教育事业发展发挥着越来越重要的作用。目前清华大学、北京大学、南京大学、浙江大学等知名大学在海外均设有基金会，便于接受海外校友的捐赠，这些境外的高校基金会接受当地法律的约束和监管，享受当地政府的税收优惠政策。

中国慈善联合会副秘书长张晓青指出，经过多年积累，高校基金会的内涵不断丰富，外延不断拓展。进入新发展阶段，高校基金会应借助数字力量进行破壁，通过建立大数据平台实现精准推送，发掘更多源头活水，同时应以数字赋能，打造联动发展格局，推动行业优势资源互补。

对于新媒体视角下的高校基金会工作探索研究，国内也有一定的研究。主要表现在以下三个方面：

---

① 中南大学教育基金会2022年度工作报告［EB/OL］.（2023-03-23）https://csuef.csu.edu.cn/info/1046/2385.htm

（一）基金会的新媒体传播研究

研究者通过对高校基金会的微信、微博等新媒体传播进行调研和分析，探究基金会新媒体传播的模式、策略和效果等内容。研究发现，通过新媒体传播可以增强基金会品牌知名度，提高社会认可度，促进捐赠活动的开展。

徐杉（2017）[①]认为高校借助自媒体发布信息，可以大范围地调动公众的参与热情，将公众的爱心及时地转化为行动力，参与到现实社会的公益当中，极大地起到民意聚集的作用。同时指出自媒体的发展历史较为短暂，其主要受众群体较为年轻，与以往传统的纸质、新闻媒体相比，公众中仍有对其存在怀疑的态度。因此，结合这种实际情况，高校基金会公益想要扩大其影响力，还需要加强与其他平台的有效合作，使其实现互利共赢的局面。

许中华、王建昌、伍卓深（2014）[②]认为自媒体的运营应指定人员负责，责任人制度可以有效确保自媒体运营的持续性、一致性，避免长期运营的效果偏差。

魏巍（2016）[③]在通过分析自媒体传播的特点及高校基金会的公益传播诉求后，认为高校基金会在自媒体平台发布的内容有限且议题欠缺，从"内容为王"这一核心要求来看，高校基金会的公益策划能力显得相对薄弱。

王蕾、董文琪（2016）[④]认为微公益的筹资、宣传与营销模式，可以启发高校教育基金会转换思维，在原有发展方式的基础上拓宽思路，多方位创新，多元化管理。

殷洁（2017）[⑤]认为公关宣传也是基金会筹资策划的重要手段，高校基金会应当利用电视、报刊和新媒体等各种传播手段提高大学和基金会的影响力，主动介绍大学和基金会的文化及重大进展，让社会了解大学的社会责任并接受大学的教育规划，通过宣传捐赠人事迹、挖掘公益项目的社会价值或树立基金会的品牌项目来获得社会各界的支持。

王贺（2021）[⑥]选取抖音平台上的公益主题短视频为研究对象，运用文献研究、案例分析、调查问卷和半结构式访谈等研究方法，在视觉传播的视角下对当前抖音平台公益主题短视频的基本概念、传播现状进行分析，并结合视觉说服的理论从平台的传

① 徐杉. 自媒体在高校基金会公益传播中的作用［J］. 高教学刊，2017（9）：191-192.
② 许中华，王建昌，伍卓深. 高校基金会自媒体公益传播研究［J］. 华南理工大学学报（社会科学版），2014（3）：109-114.
③ 魏巍. 高校基金会借助自媒体进行公益传播的探索研究［J］. 现代商业，2016（16）：171-172.
④ 王蕾，董文琪. 微公益对我国高校教育基金会发展的启示［J］. 北京教育学院学报（社会科学版），2016，30（1）：58-62.
⑤ 殷洁. 中国高校基金会运作机制研究［D］. 上海交通大学，2017.
⑥ 王贺. 抖音平台公益主题短视频的视觉传播分析［D］. 辽宁大学，2021.

播环境、视觉叙事、视觉用户三个说服要素对公益主题短视频的视觉说服设计进行分析。研究发现，抖音平台是以手机屏幕为传播环境，重视画面的横竖设计以及音乐的渲染，在视觉叙事上根据宣传目的的强弱分为延时性目的叙事和即时性目的叙事。平台上的用户整体对公益主题短视频的接受度较高，产生的说服效果主要集中在认知和态度层面，同时公益主题短视频的真实度、煽情度、制作精美程度是影响公益主题短视频效果的重要因素。

（二）基金会的网络筹款研究

研究者通过对高校基金会的网络筹款平台进行调研和分析，探究网络筹款在高校基金会筹款中的作用和挑战。研究发现，网络筹款可以扩大基金会的受众群体，提高资金筹集的效率，但也存在着信息不对称和信任问题等挑战。

郭斌（2015）[①] 以重庆 11 所高校为样本采集地，对实际发生的捐赠行为进行深入考察，实证分析理性人在对陌生人进行分析时的动机、参与率、捐赠数额及其经济决定，以及非经济因素（专业、性别、学历、捐赠途径、宗教信仰等）对于捐赠行为的影响，发现大学生的捐赠积极性较高、捐赠金额不高且多以现金捐赠为主等，为高校教育基金会扩大收入提供政策意见。

王蕾、董文琪（2016）[②] 指出微公益在募捐过程中，特别注意分析了捐赠者的捐赠能力、捐赠偏好和捐赠行为，重视捐赠方式的创新，动态地适应捐赠者的需求，增加了捐赠者的价值。在微公益的启发借鉴下，我国高校教育基金会应转变筹资理念，将目光从知名校友、企业慈善家转移到与学校利益密切相关的普通校友、学生家长和周边社区，从定向、短期的大额捐赠转移到非定向、经常性的小额捐赠上，倡导人人参与基金会的资金筹措，助力于发展学校的办学条件和师资力量。

徐杉（2017）指出高校基金会利用自媒体微博、微信等方式对捐赠人或捐赠企业进行公益推广，或向潜在的那些捐赠者进行筹款项目信息的推介等，这种方式一方面增强了高校基金会发展的影响力，另一方面也加强了高校基金会与捐赠人之间的互动交流，有利于形成稳定良好的发展关系，有效解决高校基金会筹款难的局面。其中自媒体发展的形式和内容的多样性，使高校基金会在利用自媒体交流互动传播时更具亲和力和新颖性。

---

① 郭斌. 大学生慈善捐赠行为规律及影响因素分析［J］. 广西社会科学，2015（9）：79-84.
② 王蕾，董文琪. 微公益对我国高校教育基金会发展的启示［J］. 北京教育学院学报（社会科学版），2016，30（1）：58-62.

张君琳（2019）[①]指出随着新媒体的兴起，网民数量日益庞大，诸如"轻松筹"之类的新媒体公益慈善平台，通过在新媒体渠道组织众筹募捐的形式，打破了传统募捐在时间、空间上的限制，整合了资源，实现求助与捐赠的有效对接，大大提升了慈善的受益面，受到大家的欢迎。然而"轻松筹"上线之初通过微信引导用户发起项目，再转发至朋友圈筹资，其本身存在的随意性、风险性就比较大，也涉嫌诱导及非法营销等问题。而后推出 App 及网页版本，其栏目和内容设置多次发生调整、变化，容易让人无所适从，并产生不够严谨的感觉。总体来说，相较于传统公益慈善平台，新媒体在组织架构和内部管理方面虽然更加灵活，但相对而言严谨性则有所缺失，亟待进一步规范和改善。

崔应乐（2020）[②]通过分析认为，新媒体慈善平台对中国慈善事业的发展具有一定的促进和推动作用，但在发展过程中也存在着一些不足，针对其在公信力建设中的不足，要进行相应的制度、机制建设，强化规范管理，以便更好地提升新媒体慈善平台公信力建设，促进新媒体慈善平台发展，从而创造一个良好的慈善生态环境，促进和推动中国慈善事业更快更好地发展。

徐崇贤（2023）[③]认为网络众筹是高校社会捐赠面向社会各界与广泛群体所经常采用的方式，具有参与人数多、社会影响广、捐赠门槛低、培育潜力大的特征，并以其方式灵活、参与方便的特点为各群体喜闻乐见。并指出随着互联网与手机移动端的快速普及，这种"随手捐""微公益"的网络众筹捐赠主体较为广泛，既可以是与学校有关系的师生、校友、家长，也可以是与之没有必然联系的社会爱心人士、企事业单位。正是由于这一特质，网络众筹往往作为以上四种捐赠来源的有益补充，成为高校经费筹措的渠道之一。

随着互联网时代的快速发展，捐赠形式逐渐趋于多样化。传统的捐赠形式主要包括捐楼、高额捐款等，其中，高额捐款只能通过邮政汇款和银行转账等渠道，捐赠形式较为单一，限制了社会大众捐赠的积极性。在当前"互联网＋"的影响下，新的捐赠模式应运而生，例如河北省妇女儿童发展基金会于 2021 年、2022 年连续两年在"99公益日"期间，开展"春蕾计划——助学圆梦在河北"网络募捐活动。两年来，在河北省妇联的指导和全省妇联组织、社会各界爱心力量的积极参与下，该活动依托腾讯公益平台，共发动全省 15.6 万人（次）参与爱心捐资，筹集助学款 764.49 万元，资

① 张君琳. 新媒体背景下公益慈善发展研究［D］. 福建师范大学，2019.
② 崔应乐. 新媒体慈善平台公信力建设研究［J］. 声屏世界，2020（3）：107-108.
③ 徐崇贤. 高校社会捐赠：概念、类型与策略优化［J］. 宁波大学学报（教育科学版），2023，45（1）：111-118.

助河北省 3900 余名春蕾女童摆脱困境、安心上学，用"指尖公益"谱写出一幅动人的燕赵爱心筑梦画卷。武汉大学推出的"微爱珞珈"捐赠活动，其最低捐赠门槛为 1 元，校友可以通过微信或支付宝等渠道进行在线支付，这种小额捐助的简便模式，极大提高了校友捐赠的积极性。除此之外，北京师范大学教育基金会开展过"520 点亮地图""毕业季卫衣"等公益项目。2023 年 1 月 5 日，湖南大学教育基金会在微信平台发布了推文"网络筹款 | 晒出你的 2022 公益证书，赢取文创好礼！"，这篇推文采用互动的形式，利用网络筹款并以文创好礼为奖励方式，促进公益证书展示和公益事业的宣传，该推文引起了公众的广泛参与和关注，提高了湖南大学教育基金会的知名度和影响力。

（三）基金会的社交媒体运营研究

研究者通过对高校基金会社交媒体运营的相关数据进行分析和研究，探究社交媒体运营在高校基金会中的运用和效果。研究发现，社交媒体可以增强基金会的互动性和参与度，提高用户黏性，促进用户转化。

由于绝大多数高校基金会属于非公募基金会，高校基金会的筹款能力呈现出明显的马太效应，除了校友捐赠之外，大量的社会捐赠纷纷涌向名校，很多高校基金会缺少筹款动力，只是"守株待兔"。在数字化时代，如何引来更多的关注，让捐赠不再仅局限于学校内部？数字化成为"破圈"的方式之一。

《高校基金会数字化扫描报告》[①] 显示，在接受调查并返回问卷的 80 家双一流高校基金会中，已有 65 家高校基金会将数字化战略纳入了基金会战略发展规划，占比约 81%，对数字化应用持积极态度的高校基金会有 70 家，占比约 88%。

王蕾、董文琪（2016）[②] 认为高校基金会的公益传播要想借助自媒体发挥其较大优势，需要不断地输入专业的自媒体营销运作人员，以确保自媒体运作的持续性、一致性。

周馨瑜（2017）[③] 以微信公众号"腾讯公益"为研究对象，运用内容分析法发现，现如今基于微信平台的公益传播具有主体真实度较高、受众数量广泛且稳定、内容较为碎片化、传播成本低而效率高、公众参与效果显著等特征。

---

① 陈柯宇. 年轻的高校基金会，如何酷炫地做公益？［EB/OL］.（2023-03-23）http://ishare.ifeng.com/c/s/v002Z5ah0PqhQ9cJXWGBiACrAlYMCq7X--cT2VbQWeL3HnWE

② 王蕾，董文琪. 微公益对我国高校教育基金会发展的启示［J］. 北京教育学院学报（社会科学版），2016，30（1）：58-62.

③ 周馨瑜. 微信平台的公益传播特征——以微信公众号"腾讯公益"为例［J］. 新闻前哨，2017（4）：21-23.

万欣然（2017）^①认为，要从内容运营方面提升公益新媒体的影响力，既要有完整的内容运营规划、精准的受众定位和项目定位，还要有大公益的视野来拓宽公益话题，更要结合当前的传播技术，利用好社群平台、直播平台以及大数据技术，结合公益组织自身资源，提高受众对公益组织品牌观念的认可度，从而扩大组织影响力，激发受众的公益行为。她认为未来应注重对微信公益传播的创新机制研究。由于微信传播的速度之快，因此对于公益信息的真实性一定要核实清楚再发布，否则会极易失去微信用户对传播内容的信任感。

张萌（2018）^②通过对微信公众号近半年更新频率的分析发现，绝大部分高校基金会内容更新频率较低，多集中在"几月多次""一月多次"或"不更新"，内容更新不及时的长期积累容易降低用户黏度，导致"取关率"有所上升。

未来，随着新媒体技术的不断发展和高校基金会工作的深入推进，此类研究也会逐步深入和完善。

二、国外研究现状及评述

在西方高校，校友捐赠活动及其校友基金管理已经制度化、经常化、规范化，相关的管理机制成熟，校友捐赠的数额可观。有专门的筹资工作机构（筹资委员会、发展部），其中有学校筹资活动的负责人和主要参与人（主要负责制订募捐计划、确定任务、进行领导与组织，他们在筹资活动中的作用是举足轻重的）、学校的董事（即主要捐赠者，他们具有较高的社会地位和经济地位，他们本人对学校的捐款在学校的社会捐赠数额中占较大比例）、专业筹资者（他们持有专门的认证资格，其主要任务就是为学校筹资并与外界建立良好的社会关系）；有规范化的捐赠方式，如固定捐赠（即每年都有资金投入学校项目建设）、年度性捐赠（即在学校每年的财政年度中从校友、非校友、企业、基金会或宗教机构及其他一些团体获得现金、债券、公司产品或其他形式的财产）、大额捐赠（是针对特定项目，并局限于一定期限内完成募集目标金额的单项大型募捐活动）、直接捐赠（是指从捐款人承诺捐助和学校收到捐款之间，只经历极短暂的时间，捐赠内容可以是现金、证券、不动产或其他有形资产）、计划或延期捐赠（指捐款人承诺在一段时间后捐赠）等形式。

① 万欣然. 公益新媒体的内容运营策略研究［D］.浙江传媒学院，2017.
② 张萌. 高校基金会对微信公众平台的利用现状分析——基于对195家高校基金会公众号的内容分析［J］.卷宗，2018（9）：150-151.

就美国大学特别是私立常春藤大学而言，经过几百年的发展与演变，其筹资模式已经日趋成熟，募捐经验日益丰富，尤其是在经历了历史上若干次经济危机后，财务应变能力也有了大幅提升。因此，即便在巨大不确定性的情况下，美国大学的筹资模式、筹资运营体系以及筹资策略，依然值得我国高校学习借鉴。据美国教育资源拓展协会（CASE）统计，2019 年美国大学共筹集捐赠 496 亿美元，比 2018 年增长了 6.1 个百分点，达到历史最高水平。事实上，随着 2008 年金融危机过后的经济复苏，美国大学的募捐金额整体上处在上升区间内。

美国高校基金会的产生和发展与其社会的文化历史及时代背景有着密切的关系。1639 年，根据清教徒约翰·哈佛的遗嘱，他的一部分财产约 780 英镑和 40 册图书被捐赠给当地一所学院，该学院就是著名的哈佛大学的前身，由此开创了美国高等教育捐赠的传统。1890 年，耶鲁大学率先创立了校友基金会，专门接受和管理校友的捐赠。1925 年，在几位哈佛校友的倡议下，哈佛大学基金会正式成立，一年内有 3261 位校友捐款，总额高达 123544 美元。在随后的几十年里，美国许多著名的大学都纷纷成立了基金会，面向社会、企业和个人募集办学经费。

20 世纪七八十年代，美国因越南战争陷入严重经济危机，使得政府教育拨款在大学财政收入中的比例不断下降。1970 年，政府对大学的拨款占美国大学财政收入的 50%，到 90 年代大约只占 33%；州政府和地方政府对大学的研究经费也有所减少。为解决大学财政困难的问题，大学多次提高学生学费，大学学费在大学财政收支中的比例达到 22%。除此之外，大学开始更加积极主动地向社会和私人筹款，取得了显著的成绩。调查研究表明，20 世纪 80 年代初，美国 67% 的州立大学建立了基金会，到 1987 年发展到 86% 的州立大学成立了基金会。1971—1972 年，公立大学得到的社会私人捐赠总额为 3.56 亿美元，占当年美国高等教育获得社会私人捐赠总额的 21.6%；1988—1989 年，公立大学得到的社会私人捐赠增长到 26.7 亿美元，大约占当年美国高等教育获得社会私人捐赠总额的三分之一。

1972—2007 年，美国著名高校基金会的基金快速增长。1972 年，7 所私立高校基金总额从高至低，依次为耶鲁大学、麻省理工学院、普林斯顿大学、斯坦福大学、康奈尔大学、哥伦比亚大学、哈佛大学。经过 30 多年的发展，7 所大学的基金都有了数十倍，甚至近百倍的快速增长。1972—1982 年的十年，哈佛大学基金增长 9 倍之多，从 1972 年的第七名一跃成为美国高校基金排名第一名。1982—1992 年和 1992—2002 年的两个 10 年期间，哈佛大学基金增长幅度均为 3 倍左右，由于基金数庞大，使基金总额遥遥领先于其他的大学，拥有了绝对的优势。截止到 2007 年年底，哈佛大学的捐赠基金已经达到 349 亿美元，美国有 69 所大学的捐赠基金超过 10 亿美元。哈佛大学每年的预算是 30 亿美元，如果哈佛大学没有任何收入来源，只要现有的捐赠基金每年以 8.5% 的收益率增长，那么捐赠基金每年的增加值就足以支付哈佛大学的所有开支。更何况这些捐助基金每年都以两位数的增速高速增长。

长尾理论（The Long Tail）是美国克里斯·安德森[①]提出的网络时代兴起的一种新理论，该理论认为由于成本和效率的因素，当商品储存流通展示的场地和渠道足够宽广，商品生产成本急剧下降以至于个人都可以进行生产，并且商品的销售成本急剧降低时，几乎任何以前看似需求极低的产品，只要有卖，都会有人买。这些需求和销量不高的产品所占据的共同市场份额，可以和主流产品的市场份额相当，甚至更大。

在新闻与信息传播中，如果说大众媒体和媒体从业人员是主流市场，那么社交媒体和普通民众则是信息的长尾。新媒体的无限时空的信息储存特性使每一条信息都有一定的价值与意义。

在国外还有一类微公益网站如 FreeRice，只要登录网站参与英文猜字游戏，每猜中一个生词的意思，网站就会捐出 10 粒稻米给联合国的世界粮食计划署。自 2007 年 10 月 7 日开始运营，虽然在开通当天只募捐到 830 粒稻米，但经网上流传及传媒报道后，每日募捐到的稻米已超过 1 亿粒。按照每人每日正常摄入稻米量来计算，截至 2007 年 11 月 11 日，累积筹得的稻米已可每天让 5 万人吃饱。而截至 2008 年 11 月 1 日，该网站共累积筹得超过 490 亿粒稻米，比 2007 年同期的 13 亿超出 30 倍之多。

在美国，据马萨诸塞州德特默斯大学市场研究中心对福布斯排行榜前 200 家大型公益组织的研究显示，在 2008 年，就有近 90% 的公益组织与包括 SNS、博客、播客等新媒体保持了紧密的关系，这个数据要高于 2007 年的数据，甚至高于学术领域和商业领域使用新媒体的比例。相关数据显示，美国网民越来越倾向于运用新媒体进行捐赠。

福布斯 2017 年全球网红影响力游戏榜的第一名主播是被粉丝称为"基萌"的——Markiplier，他专注于 Let's Play 的独立游戏、动作游戏以及恐怖游戏。截至 2017 年 5 月，他的视频在 YouTube 平台上获得了超过 1729 万名订阅者和 71 亿的观看量，这是非常惊人的成绩。据最新福布斯资料显示，2016 年"基萌"年收入达到 550 万美元，虽然这一数据并不占优势，但因其慈善影响力登顶。截至目前，"基萌"已经为不少的慈善基金会网站或医院做过大型的筹款直播，包括自己居住地所在的儿童医院。

---

① ［美］克里斯·安德森. 长尾理论：为什么商业的未来是小众市场［M］. 乔江涛，石晓燕译. 北京：中信出版社，2015.

目前，美国有 4000 多所高等教育机构，包括研究型大学、文科学院和社区学院。在 2022 年底接受捐赠最多的 10 所国立大学中，平均获得获赠超过 180 亿美元，比 2021 年增加了约 14 亿美元。根据美国每年 100 多家机构报告的数据，2022 年最大捐赠基金的 10 所大学与前两年相同。哈佛大学获赠 370 多亿美元，比 2021 年同期增长 4%。

第三节 研究思路和方法

一、研究思路

本研究首先详细介绍了新媒体时代、高校基金会以及二者之间的辩证关系；其次，归纳了国内外高校基金会的发展情况和国内高校基金会新媒体的应用研究；最后，根据理论和实践经验做三方面的探讨：高校基金会募捐工作的新媒体化探讨、高校基金会投资管理的新媒体化探讨、高校基金会风险管理的新媒体化探讨。

高校基金会是独立的非营利法人实体，由大学依法设立，通过资金筹集、保存和增值为大学的教学、研究和设施建设服务。它结合了国家和社会私人的资金来源，在教育行业发挥着重要作用。高校基金会是大学筹资的重要组成部分，也是社会私人资金投资教育行业的重要平台，在教育行业占有重要地位。

本书重点分析了常见问题，并提出了一些有针对性的建议和措施，为高校基金会的快速可持续发展提供了参考意义。本书重点研究高校基金会的发展现状，分析了我国高校基金会发展过程中存在的问题，借鉴国内外优秀高校基金会的成功实践和先进经验，提出了一些适合我国社会文化环境的建议，为我国高校基金会长期可持续发展提供参考意义。

二、研究方法

本书采取的研究方法包括文献分析法、比较研究法和案例分析法。

文献分析法是指搜集和整理文献并通过对文献进行研究，最后形成对事物科学的认识方法。资料来源包括国内外相关的学术著作、论文、期刊及网络资料等。通过分析、归纳和总结相关内容，从传播学角度对我国本土非政府组织如何利用新媒体资源展开研究。本研究通过大量搜集相关书籍，利用网络资源检索和国家发布的统计资料，查询最新的研究动态，全面、及时、准确地掌握高校基金会治理理论和实践的前沿与发展，建立本研究的理论框架。

比较研究法是指通过比较国内外高校教育基金会的组织结构、筹资队伍、筹资规模、筹资渠道，较全面地了解和把握我国重点高校教育基金会的筹资现状和问题，并通过分析和借鉴国内外世界一流高校教育基金会的筹资管理体制及成功经验，以期为提升我国高校教育基金会筹资水平、改善筹资现状提供依据。

案例分析法，指对某一特定的个体、群体或组织进行长期的发展态势的考察。案例研究是一种实证研究，它在不脱离现实生活环境的情况下研究当前正在进行的现象。本研究以国内外多个基金会为研究对象，通过对其进行具体的研究与分析，从而以点带面，为新媒体视角下的高校基金会工作提供有效建议。

第二章　进入新媒体时代

第一节　　新媒体概述

一、媒体及新媒体的定义

从字面意义上讲，新媒体是一个用"新"修饰"媒体"的复合词。要理解新媒体，必须首先理解媒体。

（一）媒体的定义

"媒体"一词源自英文单词 media，为外来词，它的原意可以解释为媒体或媒介，并且在许多情况下可以互换使用。然而，两者在中文中的含义完全不同。"媒体"是一个组织的具体表现，它具有一定的复杂内部结构，以传播信息为目的，具有在不同事物之间建立联系的效果，并具有各种技术手段和实施方法。换句话说，媒体是一个至少包含两个层次概念的词汇：第一个层次是具体的表达形式，如印刷出版的报纸；第二层是维护和确保这种运营形式的组织，例如报社。两者的结合可以称为媒体。"媒介"是指第一层中的传播介质。

通常媒体是指人们用来传递和接收信息的工具、渠道、载体、中介或技术手段，以及用来传递文本、声音和其他信息的工具和手段。它是一种传播信息的手段，可以看作是将信息从来源传递给接收者的所有技术手段。媒体也可以被定义为携带信息或传递、控制信息的材料和工具。

根据传播手段的不同，媒体可分为：利用广播技术传播的媒体，包括广播、电视等；利用纸质印刷传播的媒体，包括报纸和杂志；通过互联网传输的网络媒体，包括网站、移动报纸。

（二）新媒体的定义

上海戏剧学院陈永东认为，传统媒体主要指报纸、广播、电视等。与传统媒体相比，新媒体是一种新的传播形式，主要涉及互联网、手机和户外媒体。这种表述对新媒体的具体表现形式进行了聚合和总结，但缺乏科学定义所必需的总结和提炼。

1998 年 5 月的联合国新闻委员会年会上，安南秘书长在他的报告中正式提出了互联网作为继报纸、广播和电视之后的"第四媒体"的概念。随后，移动电话、便携式设备和车载移动设备等新平台被创建出来。与互联网一样，它们具有数字化和网络交互的独特特征。这些观点将新媒体定义为一种基于计算机和网络的媒体表达形式，解决了归纳的技术层面问题，但缺乏人文层面的分析。

清华大学熊澄宇[1]认为，和报纸相比，广播属于新媒体；和广播相比，电视属于新媒体；和电视相比，互联网属于新媒体，新媒体是一种时代概念。在一段时间内，总会有一种占主导地位的媒体形式。200 年前的报纸，100 年前的广播，50 年前的电视，以及今天的计算机网络，都是不同时代和不同形式的新媒体。新媒体是一个不断发展的概念。它不会结束，也不会以固定的媒体形式结束，新媒体将永远处于发展过程中。中南财经政法大学李晓红（2022）[2]认为，新媒体与传统媒体截然不同，体现了及时、双向、互动、分散传播的特点。它的价值在于赋予公众权力，使媒体成为公民自由表达意见的平台。这一观点可以进一步表述如下：在报纸时代，无线电是一种新的媒体；在电视时代，互联网是一种新的媒体。这种观点将新媒体扩展到一个可以发展和改变的空间，几乎可以适应和解释所有的情况。然而，这并不能解释为什么"新媒体"的概念没有更早出现，这种相对论实际上避免了对新媒体的正式定义，这不利于学术界对新媒体的研究。

在"互联网 +"的基础上，新媒体实现了媒体融合和网络发展，深入我国政治、经济、文化、社会的方方面面，它已经成为我们这个时代的重要标志。[3]高阳（2020）[4]将当代新媒体定义为运行在互联网上的数字媒体。这一定义强调了 20 世纪

---

① 焦飞. 清华大学熊澄宇：对新媒体未来的思考［EB/OL］.（2011-09-30）http://www.scio.gov.cn/m/ztk/hlwxx/06/6/Document/1019762/1019762.htm

② 李晓红. 中国新媒体公益传播研究［M］.北京：社会科学文献出版社，2022：1-18.

③ 尹韵公. 中国新媒体发展报告 2018［M］.北京：社会科学文献出版社，2018.

④ 高阳. 新媒体的逻辑：内容生产与商业变现［M］.北京：社会科学文献出版社，2020：3-26.

70 年代以来的新媒体，指的是在数字通信技术基础上发展起来的媒体形式和传播范式。笔者认为，新媒体是通过数字技术、网络技术和移动通信技术等先进的多维技术呈现的一种媒体形式。这是指与传统媒体相比最近发展起来的各种形式的数字媒体。

二、新媒体的发展历程

（一）全球新媒体发展现状与思考

1. 全球新媒体发展现状

截至 2012 年年底，全球互联网用户基数已达 24 亿，其中中国网络用户数量达 5.64 亿，居全球首位。随着新的移动媒体出现，全球有 50 亿移动用户，其中 11 亿智能手机用户。31% 的美国人拥有平板电脑或电子书阅读器。在微软最重要的网站中，MSN 在全球拥有 5.386 亿用户，谷歌用户超过 4.958 亿，雅虎用户超过 4.802 亿。2012 年，就搜索引擎而言，谷歌网站每年有 12 亿次搜索查询，其中美国搜索引擎市场份额为 67%。在社交媒体方面，Facebook 每月有 10 亿活跃用户，在社交媒体世界排名第一。

2019 年年底，全球互联网普及率达到 50%，移动宽带覆盖了全球 75% 的人口。截至 2020 年年底，全球 4G 人口覆盖率高达 84.7%，3G 覆盖率为 8.5%。此外，截至 2020 年第三季度，全球家庭接入互联网的比例也达到 57%。截至 2020 年年底，美国人口总数为 3.31 亿，而网民数量为 3.12 亿，互联网普及率高达 90%。其中，Facebook 用户数量达到 2.562 亿，占美国全体网民的 80% 以上。根据 Statista 数据，2021 年全球互联网用户数量达到 49.01 亿，全球互联网渗透率达到 62.5%。

2. 对全球新媒体发展的深入思索

全球新媒体的发展是一个在信息技术快速发展的影响下逐步成形的过程。新媒体的发展和普及，使得人们获取和传播信息变得更加容易和快捷，同时也促进了信息流通和交流，促进了知识的普及，促进了社会的进步。

然而，在全球新媒体快速发展的背后，也存在着一系列问题和挑战。比如，新媒体的快速发展使传统媒体陷入困境；网络信息泛滥、信息真假难辨，极易造成网络谣言、网络暴力等负面影响；同时，个人隐私和信息安全的问题也越来越受到关注。

因此，对于全球新媒体的发展，需要进行深入思考和探讨，以应对新媒体带来的各种挑战和问题。这可能包括制定更加完善的网络法律法规和管理制度，强化信息真实性和可信度的认证机制，促进传统媒体与新媒体的融合，保护个人隐私和信息安全等方面。只有这样，才能够更好地推动全球新媒体的发展，让其真正成为促进社会进步和人类文明发展的重要力量。

虽然新媒体的发展为建立新的国际媒体秩序奠定了必要的基础，但是在新媒体领域内发达国家仍然拥有着一定优势。在非洲，互联网的速度在很大程度上与谷歌有关。谷歌加快了在非洲的扩张，帮助政府实现信息数字化，轻易地在非洲数据市场占据了巨大份额。或许在不久的将来，非洲的互联网将完全被谷歌控制。因此，发展中国家需要深刻认识到数字化时代的挑战和机遇，树立自主创新和科技引领的理念，加强自身科学技术的研发和创新能力，提高信息、文化、安全等方面的综合能力。

随着互联网技术的发展，新的媒体平台陆续涌现。在信息爆炸的时代，用户需要阅读与其需求相关的信息，而新媒体平台能够满足其所需。不过，不同类型和领域的新媒体平台具有不同的功能。

新媒体运营可以在内容、互动、营销和用户体验方面得到改进。在内容方面，有必要以多种方式呈现，如文本、图片和视频，需要增加新的创意，使内容更加生动，让用户在观看过程中有代入感；在交互方面，可以通过人机交互，实现用户与平台的深度沟通；在营销方面，可以通过各种手段吸引用户参与活动；在用户体验方面，在提升用户体验的同时，也要注意细节。

随着互联网时代的快速发展，新媒体运营将继续适应时代的变化和需求，为创造更好的产品和服务而发展。随着技术的进步和5G时代的到来，新媒体运营也会出现一些新技术和新趋势，这也意味着运营商需要不断提高自身的运营和管理能力。

（二）我国新媒体发展历程

我国新媒体的发展始于20世纪80年代末，当时国内出现了一些BBS站点，开始为人们提供在线交流和信息共享服务。1994年，我国与国际互联网的全面接入标志着中国互联网的诞生。此后，各种网络应用和服务得到了快速发展，例如网站、搜索引擎、电子邮件、即时通信等。

2000年初期，随着移动互联网的兴起，我国的新媒体开启了一个新阶段。随着移动设备的不断普及和技术水平的提高，大家开始使用智能手机等设备上网，这促进了移动互联网应用和新媒体的快速发展。同时，各种社交媒体应运而生，例如微博、微信等。这些社交媒体的出现，使得人们更加方便地获取和传递信息，实现了信息化的快速发展。

近年来，我国新媒体的发展仍在持续加速。大数据、人工智能等新技术的应用，不仅改变了新媒体的产业格局和商业模式，也极大地拓展了新媒体的应用场景和功能。例如，以短视频为代表的新兴应用开始崭露头角，成为新媒体发展的重要领域之一。

总之，随着技术的进步和应用的不断拓展，我国新媒体的发展持续了几十年，但仍面临着许多挑战。针对这一点，我们需要加强相关法律法规的建设和执行，保护个人隐私和信息安全，加强媒体专业化、公正性和责任意识的建设等方面，把中国的新媒体引导到更健康、有序和可持续发展的道路上。

1. 网络新媒体的发展

新世纪初，我国进入新媒体时代，网民数量持续增长。2005年以来，我国互联网媒体日益成熟，互联网用户数量跨越了1亿人的关口。从2006年6月起，网民总数达到1.23亿人，全国共有163家符合新闻出版条件的网站，1400多家新闻单位提供在线新闻服务。从那以后，新的媒体渗透并改变了人们的生活，扩大了他们的视野和范围。我国的互联网用户继续迅速增长，截至2010年底，这一数字达到4.57亿人；截至2012年底，这一数字达到5.64亿人；截至2016年底，这一数字已达到7.31亿人。

中国互联网络信息中心发布的《第51次中国互联网络发展状况统计报告》表明，截至2022年12月，我国网民数量为10.67亿。在较2021年12月新增3549万网民的基础上，网民规模进一步扩大。同时，我国互联网的普及率达到了75.6%，相较于2021年12月的水平提高了2.6个百分点，具有较高的普及程度，如图2-1所示。

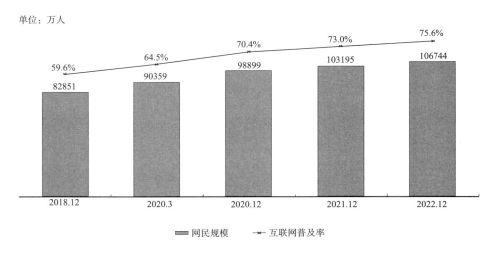

单位：万人

图2-1 我国互联网发展现状

截至 2022 年 12 月，我国在线视频用户（包括短视频）达到 10.31 亿，比 2021 年 12 月增加 5586 万，占互联网用户总数的 96.5%。其中，短视频用户达到 10.12 亿，比 2021 年 12 月增加 7770 万，占互联网用户总数的 94.8%。截至 2022 年 12 月，我国互联网新闻用户达到 7.83 亿，比 2021 年 12 月增加 1216 万，占互联网用户总数的 73.4%。截至 2022 年 12 月，我国网络直播用户规模达 7.51 亿，较 2021 年 12 月增长 4728 万，占网民整体的 70.3%。

2. 手机媒体的发展

手机是便携式电话终端的俗称，可在移动状态下进行通话和数据传输。最早的移动电话通信系统于 1978 年在美国芝加哥投入使用，但直到 1979 年日本建设了世界上第一个蜂窝移动电话网，移动通信才开始逐渐流行起来。1982 年，欧洲推出了泛欧洲的数字蜂窝移动通信系统（GSM），这一技术成果标志着移动通信技术进入了数字化时代。通过多项技术创新的推动，移动电话得以逐步普及并发展为拥有众多功能的综合性移动终端，具备了所谓现代"媒体"的各种特征。

在 1987 年，中国移动通信开通了 900MHz 模拟移动电话业务，标志着中国进入了移动通信时代。随着技术的不断创新和完善，中国移动通信于 2000 年 5 月推出短信服务，迅速获得市场的认可和广泛使用，不久之后，新的增值业务如彩信和手机彩铃等相继上线。此外，2004 年 2 月，人民网成为国内首家以手机为终端的两会无线新闻网，吸引了大量用户的关注。同年起，中国联通和中国移动开始提供手机视频服务，并于 7 月 18 日，中国妇女报推出全国第一家手机报——中国妇女报（彩信版）。在此基础上，中国第一部真正意义上的手机小说《距离》于 2004 年 11 月上线，标志着手机文学进入了全新的发展阶段。在媒体融合的背景下，手机作为一个重要的媒介逐渐发挥出了自己的特色，如北京首部用胶片制作的专供手机播放的连续剧《约定》，中央电台与联通和闪易合作开通的"手机广播"，以及新华社开通的"新华手机报"等。这些举措表明了一种新的媒体形态正在快速发展，手机作为其最重要的载体逐渐成为人们获取信息和娱乐的主要方式之一。

伴随着 3G 时代的到来，手机与互联网的融合不断加强，手机逐渐成为我国最大的网络终端。同电脑相比，手机具备体积小、携带方便、操作简单、使用广泛、功能强大、价格低廉等优势，同时也具备强大的信息传播和文化娱乐功能，使得人们越来越离不开它。特别是近年来，随着移动互联网技术的发展以及移动互联网用户数量的快速增长，更是拉开了中国移动互联网时代的帷幕。截至 2015 年，中国移动互联网用户数量已达 7.8 亿，其中手机用户已超过台式机，手机成为最大的互联网终端。在此基础上，截至 2022 年 12 月 ①，我国手机网民规模为 10.65 亿，较 2021 年 12 月新增手机网民 3636 万，网民中使用手机上网的比例高达 99.8%，如图 2-2 所示。

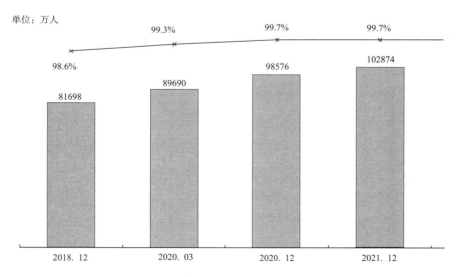

单位：万人

图2-2 我国手机网民规模及其占网民比例

　　除了网络和移动媒体这些用户数量最多、使用最广泛、影响最大的传媒形式之外，还有一些新形态的媒介正在随着新技术的发展而涌现。数码电视和 IPTV 是数字化和互联网技术结合传统电视所产生的代表，它们在中国市场也具有广阔的发展空间和市场潜力。

　　新媒体技术的发展正在逐步改变传统媒体的结构，网络媒体和数字媒体生态系统也在网络模式的影响下经历了前所未有的变化。新媒体已成为中国互联网用户获取新闻和信息的重要渠道。人们通常通过微信、抖音等新媒体渠道获得信息。超过一半的中国移动互联网用户拥有查看新闻的客户端，54.6% 的人继续关注新闻是否有其他更直观的多媒体展现形式，如视频等 ②。图 2-3 呈现了 2017 年至 2022 年中国新媒体用户在媒体选择方面的倾向，其中视频类网站和新闻客户端现在在互联网用户中非常流行。

① 中国互联网络信息中心.第51次《中国互联网络发展状况统计报告》［EB/OL］.（2023-03-02）https://www.cnnic.net.cn/n4/2023/0303/c88-10757.html

② 梅宁华，支庭荣. 中国新媒体发展报告 2020［M］.北京：社会科学文献出版社，2020.

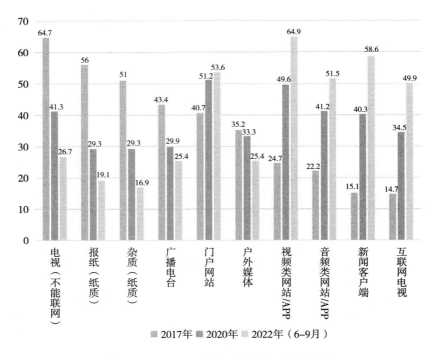

图2-3 2017—2022年中国新媒体用户分布图

三、新媒体的本质与特性

（一）新媒体的本质

新媒体是一种现代信息传播系统，旨在满足受众的需求，并使用最新技术作为手段。新媒体作为一种先进的媒介形式，随着网络化和数字化技术的快速发展，已成为传媒产业中不可或缺的一部分。与此同时，受众需求的快速增长成为各种网络化和数字化技术发展的重要推动力量，为新媒体全面飞跃提供了强劲动力。

1. 需要是区分新旧媒体的最基本点

传统媒体一直发展的是媒体自身，有明显的目的性和局限性。新媒体将媒体和受众联系在一起，并促进了二者的融合。新媒体不仅研究了他们需要什么，还研究了媒体发展所需要的东西，包括受众需要什么，以及媒体满足需求所需要的东西。因为受众是无限的，受众的需求可能是无限的，这为新媒体的发展提供了无限的潜力。更准确的理解是，在传统媒体时代，媒体推动公众前进，受众只能被动接受。

电视最早是通过无线传输电视信号而被引入居民家中的。随着传输技术的不断成熟和发展，有线电视作为一种传媒形式，已经逐渐普及到民众家庭之中。随后，数字电视传输技术的研发成熟和机顶盒等相关技术的广泛应用，使得数字电视成为有线电视的双向转型方向，并逐步得到推广。电视观看渠道的多元化和推崇新型传输技术的趋势不断加强，电视频道也更加丰富多样，画面质量也日益提高，更加清晰稳定。然而，在有线电视建设和推广过程中，存在着较大的宣传压力，舆论中存在相当大的阻力，原因是这些改进和发展不是受众或用户本身的需求。更多的观众会认为，个性化的选择比高清图像更重要，内容的多样性比计算方法的多样性更紧迫。

2. 需要是现代营销的最核心价值体现

现代营销首次通过提出"关注消费者需求""从市场出发"和"用户至上"等明确口号，简化了企业与消费者的关系。实现不同组织目标的关键是正确定义目标市场的需求和愿望，并且比竞争对手更有效地满足目标市场的期望。由此可见，随需应变是其基本理念。

随着新媒体的发展，媒体营销和营销媒体的概念也在形成。媒体是一种在市场上竞争和运作的产品。关注用户或受众的需求和媒体管理过程中的市场需求已经成为新媒体发展的驱动力和社会认可的基本价值。可以肯定的是，新媒体更加注意考虑用户的需求、与用户的关系以及他们的感受。它的主要目标是把自己推荐给用户，成为最成功的产品。

现代产业营销中，新媒体已成为一个备受关注的媒介领域。这是因为企业不仅需要宣传自己的产品，还需要广泛传达其信息动态、发展方向和企业理念等方面的内容。只有最深入地渗透到企业营销过程中，新媒体才能如此有效地达成影响力扩大的最终目标。同样，在媒体类别中，广告业也非常熟悉这一规则。

3. 需要是现代产业发展的重要转折点

自农业文明之后，人类社会经历了三次工业化革命，即蒸汽机、电力和原子能的应用，这些能源和动力上的突破大大提升了生产力，从而引发了生产关系和上层建筑的显著变化。随后，计算机、网络和移动通信产业的兴起引发了三次信息技术的大革命。这三次革命不仅促进了物质生产力的显著提升，更重要的是在意识形态上产生了飞跃。最终，新媒体的产业化发展成为推动现有生产力和生产关系的一次革命。与传统媒体不同的是，新媒体不再只是客观地观察、报道或评论，而实质上成为现代社会不可缺少的全面参与者。新媒体的信息传播过程也成为现代产业发展过程中不可或缺的重要内容，其产业化发展对现代产业的快速增长与变化起到了重要作用。

在工业发展中，为了最大限度地提高当地的经济效益，企业往往牺牲自身需求来换取大规模生产的利益，以满足公众需求。这种现象在大规模工业生产时代尤为突出。然而，随着时间的推移，在现代产业发展的过程中，企业存在过分关注自身利益而忽视用户利益、过分追求现有市场而忽视潜在市场，以及过分讲究保守策略而回避风险战略等重大弊端。这些弊端已经成为阻碍现代产业发展的一大瓶颈。

新媒体作为一种高度可定制化、个性化、用户导向的信息传播平台，能够最大限度地满足用户的需求，成为现代产业发展中摆脱瓶颈、寻求新发展的重要途径。借助新媒体的独特机制，企业能够更加敏锐地捕捉用户的真实想法和需求，深度解决其潜在需求，从而打开更广阔的市场空间，从根本上提高生产力并释放生产潜力。其中，电子商务是新媒体应用最为突出的代表，凭借着新媒体技术的发展和支持，它不仅解放了人们对消费和商品需求的限制，也引发了整个市场的共同繁荣。据相关数据显示，我国电子商务年交易额从 2009 年的 3.6 万亿元增长到 2013 年的 10 万亿元以上，到 2019 年已超过 30 万亿元。这充分说明了新媒体应用在电子商务上的巨大潜力和市场价值。

此外，新媒体本身正处于产业化发展的趋势之中，这是符合新闻媒体发展基本规律的，也是适应市场经济条件下媒体生存和发展的必由之路。信息在工业经济中的地位得到了高度认可，其价值也在不断提升，这是最根本的受众需求和用户需求。新媒体已成为现代产业发展的重要驱动力之一，在促进生产力、推动经济社会发展等方面发挥了巨大作用。

（二）新媒体的特性

1. 观念新

观念是人们在实践中形成的各种认知的汇总，这种汇总通常会产生惯性并导致思维定式。观念创新需要打破这种思维定式，对传统传播观念进行深刻的突破与革命。传统媒体在不断总结、提高的同时逐渐成熟完善，但其缺乏创新与开拓，出现了僵化和死板的弊端。相反，新媒体完全从用户需求出发，尝试一切可能的探索和突破，其实质是对传统观念的反思，也是不断寻求新答案的过程。通过对传统传播观念的颠覆和创新，新媒体在互联网时代的信息传播中扮演着越来越重要的角色。

2. 技术新

新观念的实现必须依靠新技术的应用，媒体对技术的依赖与生俱来。历史上，造纸术和印刷术的进步为报纸的出现奠定了基础，无线电技术的发展则使广播得以长期存在。近年来，微波、卫星传播技术以及视频处理设备的不断提升，使电视成为时下的传媒之王。然而，技术的发展与期望是永无止境的。人类对现有条件的不满足，是推动技术进步的重要推力。互联网技术日新月异，如今已经达到了"没有做不到，只有想不到"的地步。在此之前，HTML、Ajax、Java 等新技术的层出不穷，IM、BBS、BLOG、SNS 等新应用的前赴后继，大大降低了信息内容的生产成本，并且极大地拓宽了信息内容的传播速度与广度。同时，信息内容的展现方式也在向着越来越丰富、越来越科幻的方向发展。总体而言，媒体离不开技术的支持和进步，而技术也需要媒体的应用与推广来最大化地发挥其价值。

3. 手段新

随着新媒体的迅速发展，传统媒体面临着手段创新的困境。传统媒体通常采用权威化、中心化的传播模式，难以与传播效果、覆盖率、传播强度形成有机关联。而在传播手段方面，版面、时段和频次是传统媒体通常采用的法宝，这限制了传统媒体的手段创新和动力。相比之下，新媒体没有传统媒体先天的影响力，为了在市场中分一杯羹，必须进行手段的创新和突破。如果说新观念和新技术是促进新媒体发展的动力和基础，那么新手段则是新媒体实践操作的根本。实际上，随着电视的诞生，新技术已经开始推动传播手段的更新。而随着电脑和互联网的发展，信息传播的形式变得更加多元化，传播主体需要思考如何改进信息传播的方式和效果。新媒体注重用户或受众的评论、留言和参与，甚至将他们视为新闻报道的主体。在用户为核心的新应用中，内容几乎全部来自用户，媒体不再是主导者，而是技术手段和平台。这些新手段的广泛使用，推动了新媒体的全新发展，呈现出了一种完全不同的媒体形态。

4. 效果新

新媒体已经成为信息的主要聚集地，相较于传统媒体，其具备更快、更全、更丰富的资讯特点。此外，采用立体化、组合化的新媒体传播方式提升了人们对信息的兴趣度与关注度。在新媒体时代，人们更加乐于关注新闻与时事，更加乐于接受大容量、高频率的信息轰炸，这与新媒体灵活、丰富的表现手段密切相关。从 Web1.0 时代的超链接到 Web2.0 的标签，无论是网络编辑的主观汇总，还是基于网站程序的自动聚合，受众可以很方便地从一个信息关联到另一个信息，沿着事物内在的种种规律进行各自不同的个性阅读。此外，新媒体正在不断地吸收、整合各种各样的表现形式与表现手段，无论是文字、图片、声音、视频，以及更加有趣的动画、特效，都可以在新媒体上得到完美的综合体现。从这些方面来看，信息在新媒体传播的效果变得新奇而富有力量。受众也愿意通过新媒体去查知信息，并通过新媒体去分享信息。灵活多变的表达手法和丰富多彩的元素让新媒体成为最有影响力、最有效的媒介，这是传统媒体所无法比拟的。此外，新媒体将人性化要求高度融入其中，因为它应受众之需而生，使得媒体真正融入生活、融入受众中去了，传播的行为也更加自然了。

四、新媒体受众研究

狭义而言，受众是信息传播中的接收方，涵盖了报纸、书籍、电视、广播等媒介所面向的读者、观众和听众，以及在互联网环境下使用各种设备进行信息获取的网民。在信息日益普及的现代社会中，受众是具有社会多样性的广泛人群，每个人都接收并处理着来自各个渠道的信息。他们通过对信息的理解和应用来塑造自己的认知框架，推动着社会和文化的演进。

（一）新媒体受众的演变

媒体作为信息传播的重要渠道，其发展历程是伴随着技术进步而不断演进的。新媒体的受众早期主要集中在对新技术高度关注的小众人群之中，这些人具有一定的专业素养和意识，在成为新媒体的传播者和推动者的同时，也在不断地影响和拓展周围的人群范围。他们通过亲身实践、技术创新和社交网络等途径，将新媒体的优势和特性广泛宣传和传播，有效地推动了新媒体的快速发展和普及。

1. 新媒体受众群体的诞生

在新媒体技术中，互联网和手机这两项主要技术来源于军队的科研需求，尤其是互联网。随着冷战的结束，军事领域的互联网和相关研究项目被逐步解散。然而由于其巨大的民用潜力，这些项目的研究内容很快开始在民间得到应用和推广。各大学、政府机构和私人研究机构成为这些项目的最早参与者，相应的教授、学生、官员和研究人员是新媒体最原始的受众。

由于因特网的规模不断扩大，越来越多的计算机与局域网络开始加入，并带来了社会化的特征和功能的增多。在此过程中，媒体从业者开始关注到因特网并加入其中。这些媒体从业者通常具备较高的学历背景、优越的生活条件及相对强势的社会生活话语权。一旦发现了因特网所带来的巨大生机与活力，他们便会立即身体力行地接受、应用并推广它们。

随着互联网的出现，我国的新媒体也开始发展。1994 年 9 月，我国邮电部电信总局与美国商务部签署了一项协议，正式加入了国际互联网。1995 年，互联网已经连接了全球 4 万多个网络和 380 万台计算机，154 个国家和地区可以通过互联网发送电子邮件。当时，尽管信息高速公路的崛起开始吸引越来越多的人获取新媒体的信息，但在中国这一新兴市场中，受众群体还没有形成。随着时间的推移，从 1997 年开始，国内网络行业开始蓬勃发展，价格的相对下降也使得越来越多的年轻人接触到了电脑和互联网。消费者群体数量的增加和激烈的市场竞争促进了网吧上网价格的持续下跌。具体来看，在网吧最具吸引力的"包夜"模式中，在网吧过夜只需要 8 ～ 10 元，甚至有些地方还会赠送一碗方便面。可以说，对于那些进不起电影院、歌厅的年轻人来说，网吧成了一个好地方。其中，大中专学生、职场新人、进城务工人员占绝大多数。流动性特征使他们不太可能考虑开通有线电视和订阅报纸，因此他们选择了网络。

2. 我国新媒体受众的特点

我国新兴媒体受众的发展与其他国家存在明显的差异，这些差异主要体现在三个方面。

第一，趋向免费。在我国的新媒体市场，免费已经成为大多数受众的首选。尽管受众中有相当一部分高端用户，但他们也希望在使用在线应用时能够节省开支。而"草根"网民则更加注重免费这一特性，如此他们可以在不付出任何代价的情况下获得各种在线服务。从早期的电子邮件和个人主页，到后来的音乐、图片、聊天娱乐、网络游戏等，只要是免费的在线应用，都备受欢迎。

第二，倾向娱乐。在国内新媒体受众中，娱乐需求占据了主导地位，远远超过了对新闻信息的关注度。这与国外新媒体受众不同，他们更加关注新闻信息。在国内，消费网吧的新媒体受众首先需要的是娱乐，国内受众因此更倾向于在线聊天室、纸牌游戏和图形网络游戏等。

第三，盗版盛行。我国新媒体受众对版权意识的觉醒也在缓慢提升，最初的新媒体受众虽然愿意在互联网上进行游戏之类的消费，但在购买书籍、音乐和电影时更为谨慎。由于最开始的内容运营商忽视相关法规以及对版权所有者的蔑视，盲目迎合受众需求，导致互联网盗版泛滥成灾。知识产权著作权人虽然反应迟缓，但最终还是采取了长期而艰难的维权斗争，文学、影视和音乐行业的法律行动共同打击了互联网侵权现象。随着国内新媒体网络环境的净化和受众的逐渐成熟，公众的版权意识也逐渐复苏，但这个过程使许多最初进入该领域的公司过早消亡或丧失活力。因此，在我国发展新媒体时，有必要认识到国内新媒体受众在发展过程中的特殊性，深入了解其互联网发展过程中的各种实际情况，并有足够的心理承受能力。

（二）新媒体受众的特点

新媒体受众的形成是当前数字传媒领域的研究热点之一，其不仅具有特殊性，而且在不断发展壮大。作为一个特殊的社会群体，新媒体受众逐渐积累了一系列显著特色。

1. 隐蔽性与公开性

新媒体的出现重构了一个虚拟世界，虽然它反映现实世界，但并不一一对应。因此，网民在网络上具有隐蔽性和匿名性。当前推进的网络实名制要求在后台进行网名与真实身份的关联对应，但并没有改变在公开网络下的相对匿名状态。这种相对匿名造成许多人错误地认为，在网络上发表言论是安全的，可以不负责任。然而，事实上所有的匿名都是相对的。在合理的表达方式下，网络的匿名可以创造更自由的言论环境，但必须以不影响他人权益为原则。

若侵害他人，就有必要调用网络实名制来找出其背后的真实身份。同时，新媒体技术注重信息传递链条的可溯性，完善的网络日志技术、全面的监控筛查体系，再加上海量的存储环境，使得在新媒体上的每个人、每条信息和每个操作行为都成为有据可查、有迹可循的信息点。网络环境中每个人都会比其在现实社会中更加透明和公开。

2. 广泛性与窄众性

新媒体受众的普及性是今天数字时代的一个显著特征，它将触角伸向了全球各个地区。同时，新媒体所拥有的用户数量也在飞速增长，特别是互联网用户数量呈现出爆炸式的增长态势，并且伴随着手机、户外大屏幕等多种新型媒介的不断涌现，更是让新媒体继续扩张。虽然新媒体的覆盖面广泛，但是从另一个角度看，它也是有针对性地组织内容，通过特定话题和特定内容去影响受众的。这得益于新媒体所使用的精准营销技术，即"窄广告"。新媒体的受众越来越具有个性化和多样化的特点，我们需要不断关注他们主动发起需求、寻求信息和内容的行为，并加强新媒体的功能和应用体验。最终，聚合小众化人群的营销方式也促进了新媒体的蓬勃发展。

3. 干扰性与严谨性

新媒体传媒的出现使得受众获取信息更加方便，然而，如何判断这些信息是真实的还是混乱的仍值得讨论。由于新媒体受众直接而充分地参与其中，他们对于传媒信息的真实性和准确性存在着误解。很多人都抱有"网络信息不可信"的想法，而公众看似已经有足够的理由来支持这一观点。

具体而言，首先，绝大多数网民认为自己在网络上注册账号时可以随意填写信息并且不易被追责，这种缺乏责任感的态度可能导致他们发布或者转发虚假信息。其次，大部分网民的信息识别能力相对较差、性格冲动而轻信，当他们接收到一条可能激发共情的信息时，他们通常会忘乎所以地加入其中，成为错误信息共同的传播者。最后，新媒体传播信息的速度快而广，这使得虚假或错误信息的危害变得更加巨大。在传统媒体环境中，即使存在偏差，媒体管理人员也可以通过回收报纸和发布更正声明来核正，但是这些信息很少得到广泛的传播。与此相反，在新媒体环境中，由于信息传播速度快，一旦被传播，很难再被查证和纠正。

总之，虽然新媒体受众的素质不同，但是他们在信息传播方面的权利和地位是相似的，这对真实信息的传播和流动产生了诸多干扰。然而，另一方面，与传统媒体相比，新媒体使受众不再是单纯的信息接收者，他们可以及时提供自己对传媒信息的反馈，通过网络聚合和传播反馈，从而产生非常强大的自我纠正和自我净化功能，以检测、揭露和纠正其中的错误。

总的来说，由于网络平台的存储容量巨大，新媒体受众可以获取来自世界各地的知识和信息。众所周知，"百度知道"在其广告中曾经说过："在这个世界上，总有人知道你问题的答案！"现在，新的网络媒体已经将这一理念付诸实践。

事实上，由于新媒体受众群体庞大，新媒体平台的延伸也是无限的。如果我们能保持这个平台的畅通，拥有直面谣言的勇气和认真的核查工作，则新媒体也可以净化自身，远离干扰因素的影响。

（三）新媒体受众调查

1. 进行受众调查的需要

随着媒体在社会生活中的重要性日益增长，对受众调查也逐渐提高了需求。从社会发展的角度来看，信息传播和流动的组织者与执行者必须了解受众对所传播信息的感受和反应，这是保持健康有序的社会环境的重要基础。从媒体自身发展的角度来看，了解和掌握自己受众的基本情况，以及对所传播信息的看法、态度和反应，是媒体不断改进和提高自身传播方法与方式的关键所在。在媒体深度发展阶段，受众调查也成为媒体收集信息和报道内容的方法之一，是后续沟通和深度报道的重要手段。因此，研究机构、管理部门或媒体机构可以牵头发起受众调查，以全面判断和分析受众对媒体的看法与态度，并掌握受众对媒体信息传播的反应，以考察媒体信息传播实际效果。

受众调查属于信息反馈的范畴，是传统媒体时代信息收集的一种方法。直接调查和间接调查是常见的受众调查方式。直接调查通常采用标准问卷设计来确保调查结果科学准确。间接调查是指通过各种媒体收集和整理信息与材料，如通过电话采访、印刷品或电子媒体上的各种问卷来收集信息，而不是直接与受访者会面。调查对象的选择应使用相对科学、客观的抽样方法。在调查过程中，受访者应具有充分的自由和自主权，以确保反馈信息的准确性和真实性。虽然间接调查成本较低并节省了大量调查时间，但其在反馈信息的准确性和真实性方面存在一定不足。

2. 新媒体改变受众调查

受众调查在传媒发展中具有重要意义，但由于传统媒体时代受众调查需要耗费大量的人力、物力和财力，且周期长，导致其实施困难。然而，随着新媒体的兴起，受众调查发生了革命性的变化。新媒体与受众之间特殊的点对点连接和计算机网络的可记录和统计特性，使得规范化地进行新媒体受众调查成为可能。通过网络设备的直接读取和统计功能可获得大量信息与数据，不受受访者和调查人员主观意图的影响，使得调查结果更加客观准确。在新媒体时代，预设成熟的操作规则和分析程序可以直接获取受众的访问与阅读行为数据，并随时发布或自动生成调查报告。

3. 受众调查改变新媒体

新媒体一直强调适应用户需求，而受众调查则被认为是理解和掌握用户需求的最佳方式。受众调查不仅改变了新媒体提供信息和内容的方式，还进一步改变了新媒体的内容生产和发布过程。在技术的支持下，规范化和智能化的受众调查方法可以使新媒体获得实时的调查、反馈和互动能力，并从中扩大新闻事件的线索来源，获得受众的即时反馈，丰富各种有价值的互动信息，以创造更多样化的新闻报道和信息传播新方式。同时，这种新型受众调查也在推动新媒体的不断发展变化，使它们能够更快地获得市场反馈，识别发展弱点，抓住发展机遇，解决关键障碍。我国第一代互联网新闻网站，如新浪、搜狐、网易等，已经开始流失用户，而新一代以用户精准推送、个性阅读为特色的新闻服务品牌正在迅速崛起。这种受众调查不仅改变了新媒体提供信息和内容的方式，而且进一步推动了新媒体行业自身的发展。在这种社会大数据分析的基础上，自媒体获得了与官方媒体和行业媒体相同的发展机遇，并以其更灵活的机制和手段不断增强其竞争力。

（四）新媒体受众的双向管理

1. 受众参加互动的目的

新媒体的发展使受众得以直接参与并提供内容，这种现象的背后存在三类动机。首先，利益诉求是引导受众互动并提供内容的一种主要动机。目前的新媒体是为满足受众需求而创造的。在传统媒体时代，话语权被少数人所控制，而随着新媒体的兴起，普通受众才得以拥有自己的话语权，并维护自己的利益。因此，受众积极关注互动，并将参与互动视为追求自身利益的重要手段。其次，表达意见是第二个驱动受众参与互动并提供内容的因素。除了直接的利益，人们在社会活动中也有精神追求，这反映了他们从责任和利益的角度对社会事务的关注。在互联网时代，越来越多的"民间评论员"和"草根评论员"涌现，他们对社会事务、公共事件的高度关注，广泛的关注领域，以及专业知识的应用，令人惊叹。最后，驱动受众参与互动并提供内容的第三个因素是情绪宣泄。这类受众中有许多人在参与互动时很肤浅，只是为了凑热闹或是表达自己情感。他们没有明确的观点或目的，真正需要的是一个声音，以满足他们发泄情绪的需要。

2. 新媒体互动管理

新媒体互动管理需要考虑四个方面，分别是正常言论、激烈言论、过激言论和非法言论。其中，符合国家法律、社会道德体系以及大众基本思维与行事准则的互动言论，被认为是新媒体开放言论环境中最有价值的产物，理应得到加强和放大。对于表面上出格但未越过法律与道德底线的言论，管理者需要参与交流和讨论，并对其整体风格、语境甚至节奏加以规范和引导，以确保这些言论朝着正确的方向发展。对于主观可能未必有意但客观上已越界的言论，简单粗暴的屏蔽方式容易破坏新媒体的整体形象和宽松的互动环境，而不采取任何措施又可能导致新媒体互动气氛恶化。因此，新媒体需要从管理的角度为受众提供清晰、可量化的判断标准，在内容上容忍，标准外预防，同时对于明显违反法律法规的言论要及时管制并立即处理，毕竟新媒体不能凌驾于法律之上。

3. 渐入式的隐性管理

在"受众即媒体"这一新型传播环境下，随着平等互动日益频繁，媒体与受众之间的界限逐渐模糊。在不断升温的互动中，媒体越来越多地扮演着倾听者的角色，通过倾听受众的声音来提高管理方式的有效性。尊重和理解受众是构建良好媒体受众关系的重要基础。在交流中，程序须平等，消除不必要的门槛和限制；在身份上，媒体与受众不能存在上下级的关系，而是信息交换的对等实体。新媒体从业者要与受众合作，成为新型传播理念的共同信徒，从而成为受众互动的最大利益获得者。剖析受众是实现管理和引导的有效方式。受众虽然存在总体上的趋同性，但也有着无序性，对其观点的正确和谬误需要善于剖析。最后，管理者要主动融入受众，学习掌握新媒体应用或工具，比如 BBS、博客、IM 软件和微博等，以便更好地理解受众的第一感受，为媒体建设及发展积累市场体验。同时，改变"无冕之王"的意识，放下身段、放低视角，以受众的心态来观察新闻事件和社会百态。

第二节　非政府组织的概念

一、非政府组织概念的不同流派

非政府组织（Non-governmental Organizations，简称 NGO）是社会科学中极为常见的术语。目前还没有一种被广泛认可的非政府组织的定义，即使拥有权威性的《国际组织年鉴》也未能对其进行明确的定义。该书主要引述了联合国出台的两个文件来描述非政府组织，分别是联合国经社理事会于 1950 年通过的第 288（X）号决议和在1968 年通过的第 1296（XLIV）号决议。前者指出："任何国际组织，凡不是经由政府间协议而创立的，都被认为是为此种安排而成立的非政府组织"，而后者则将这类组织的范围进一步扩大为那些"接受由政府当局指定的成员的组织，如果这种成员资格不干预该组织观点的自由表达的话"。尽管此种界定方式较为简洁而模糊，但确切指出了非政府组织的两个重要特征，即非政府性和独立自治性。

非政府组织是指那些在政府组织体系之外设立的、不是根据政府之间协定创建的，也不属于企业各种社会组织和机构的组织。最广泛的非政府组织定义包括几乎所有的非政府和非企业社会组织，如志愿组织、社会运动组织、专业协会、工会、体育组织、慈善组织、宗教组织、商会、青年组织、基金会、非营利机构（如学术研究机构、学校、医院等），甚至包括政党。第二个最狭隘的定义则强调非政府组织的自治性、合法性、非政治性、非营利性、社会福利导向和志愿性质。而第三个略微宽泛的定义除了包含第二个定义所包含的组织外，还包括民众自助组织、合作组织和其他一些社区组织等各种"草根"组织，以及具有成员资格要求并主要面向成员服务的商会等。这三个定义的共同特征是非政府性质、非营利性质和合法性。

进一步比较这三个定义，第一个定义包括两大类组织：志愿社会组织，以及以市场化模式运作的提供费用和服务的非营利机构，如学校、医院和其他机构。然而，第二和第三个定义只包括自愿协会和组织，但不包括收费组织和服务组织。第二个定义主要是指那些更关注社会公共利益而不是其成员利益的社会组织，而第三个定义也包括那些在第二个定义所包括的组织的基础上，更关注其成员的利益而不是社会和公共利益的社会组织。从支持职能的角度来看，非政府组织的第二个定义也被一些学者称为支持组织、倡导组织等，而第三个定义也包括各种基层组织和商业协会，这些组织寻求其成员的利益。

在国内公共事务治理中，非营利组织的定义通常体现为第三个定义，也应该扩展到第一个定义。在全球层面的治理参与中，非政府组织主要面临全球性问题，几乎都属于全球公益领域，因此第二个定义更常用。

二、非政府组织概念界定

（一）非政府组织的定义

在讨论非政府组织的公共关系时，我们需要面对该词的定义和相关分类问题。联合国新闻部将 NGO 解释为"在地方、国家或国际层面组织的非营利性志愿民间组织"，由具有相似利益的人推动。它们提供多种服务，发挥人道主义作用，反映公民对政府的关切，监督政策，鼓励社区层面的政治参与。它们提供分析和专业知识，作为预警机制，并帮助监测和执行国际协议。鉴于不同国家和地区社会经济发展水平和文化传统上存在差异，对于这一问题也有着不同的理解和分类方法。

1. 非政府组织与第三部门

在三大部门理论中，政府组织被归为第一部门，企业组织则构成第二部门。此外，各种非营利组织，包括社会团体、公益机构及学术机构等都被归类为第三部门，这一观点受到了学界的广泛认同。然而，第三部门等社会组织的概念与定义一直是多样化和模糊的。针对来自国外的相关概念和术语，如第三部门、第三领域、非政府组织、非营利组织、社会中介组织、志愿组织或志愿者领域等，其名称和内涵存在重叠，因不同的国家、组织和个人对其称呼与分类存在差异。尽管如此，美国学者莱斯特·萨拉蒙提出的以下六个特征被广泛认可，包括：

（1）正规性。这种类型的组织已经正式成立并达到一定规模。一般来说，它必须具有法人资格，并有办公场所和代表。

（2）独立性。它们是政府之外的非政府组织，其管理机构不受政府官员的影响。然而，这并不意味着该组织本身不能接受政府援助或政府官员不能参加其管理机构。

相反，该组织需要具有民间组织的属性，而非官方机构的性质。

（3）非营利组织。这种非营利组织不向其成员或董事会分配利润，其职能是以实现社会福利为目的，而非以营利为中心，这将其与非政府商业组织区分开来。

（4）自治性。这些组织在内部实施自主管理，而不是由外部组织控制。

（5）志愿服务。这种类型的组织在实践活动和组织事务管理中有很大程度的自愿参与。

（6）公共利益。这些组织为某些公共目的和利益服务。

2. 非政府组织与非营利组织

另一个容易与非政府组织混淆的概念是非营利组织，这两个概念经常被互换。但严格来说，非营利组织着重表明了其经济上的非营利性质，并淡化了其政治色彩。而非政府组织则更侧重于政治领域的活动，这是它的一个重要特征。根据我国国情，非营利组织主要包括社会组织、非营利机构和民办非企业单位。

（二）非政府组织的类型

一般来说，针对组织与成员之间的关系以及组织的目标，所有的非政府组织都可以分为两种类型：互益型非政府组织和公益型非政府组织。公益型组织所服务的对象是团体外部的某些特定社会群体，其提供的是公共物品或社会物品。因此，对于公益性社会团体来说，它不应该代表其团体成员自身的利益，而应该代表其服务对象的利益，否则，该组织将失去其公益性质。例如中国红十字会总会、北京市红十字会、深圳市红十字会等均属于公益型组织。而互益型组织则完全不同，它们服务的对象仅限于其团体成员，即该类型社会团体是自我服务的，其提供的是俱乐部物品。互益性社会团体必须代表其成员的利益，并使自己的工作紧紧围绕成员的利益展开，否则，该组织将失去其存在的基础。该组织在一定条件下也可以做一些有益于社会公益的事情，但那只不过是其自我服务所产生的外部效应，或者是其自我服务的副产品。因此，这两种不同性质的社会团体不仅其社会作用不同，而且其运作规则也不同。

三、非政府组织的功能

一般而言，非政府组织的主要职能包括社会服务、社会沟通、协助、社会评价、社会裁断与调解以及社会证明功能。作为服务型社会组织，社会中介组织的基本职能是为企业和社会服务。不同类型的社会中介组织有不同的服务形式和内容。社会中介组织的服务与政府管理过程中的服务存在差异：社会中介组织与其他主体之间的服务关系原则上是民事法律关系，而政府与其他主体的服务关系原则上是行政关系。在市场经济中，社会各领域的服务原则上应由社会中介组织承担。社会中介组织通过沟通政府与企业、政府与社会、政府与市场的联系，使社会在市场机制的作用下形成新的整合，从而发挥其桥梁和纽带作用。社会中介组织可以向政府反映企业意见和建议，供政府制定政策、法律时参考，也可以协助政府宣传、指导、监督企业，使其更好地遵守、贯彻政策和法律法规。

在市场经济条件下，企业是独立的市场主体，市场不再看重企业的身份。与此同时，消费者选择的机会大大增加，通过评估、评级、鉴定和认证等活动，社会中介组织承担着客观公正的评估职能。在经济和社会生活中的一切都由国家计划的情况下，只有国家的司法或行政机关才能承担各种争端裁决职能。在市场经济条件下，社会需要一个没有行政级别、不受地域限制、当事人可以自由选择承担社会裁决职能的裁决机构。近年来，经济、技术、国际贸易、海事等仲裁机构承担了大量的社会裁决职能，大大减轻了司法机关的压力，行政机关和单位的裁决职能不断弱化。

在市场经济条件下，社会经济生活复杂多样。为了防止事后发生不必要的纠纷，许多行为和事实，如合同、证据、财产所有权、遗嘱等，都需要专门权威的机构来证明。通过公证人、认证机构、律师等的公证、见证和认证活动，实现社会中介组织的社会认证功能。因此，非政府组织具备多元的职能，通过不同形式和方式的服务，有效地参与市场经济，协助政府管理与治理，促进社会和谐，推动社会进步。

四、非政府组织的特点

非政府组织的基本特征有五个方面：一是组织性，指组织应包括组织目标、结构、行为和成员。二是独立自主性，强调非政府组织在人事任免、目标方案确定和工作安排中应具有自主权。然而，现实中政府的权力的确对其产生了渗透或干预。三是非营利性，相关指标包括组织宗旨不以盈利为目标，组织资产公有且不能转化为私人财产，组织利润无法用于成员间分配和分红。四是自治性，即在法律允许的范围内，非政府组织可以自己管理和独立实施计划，不受营利组织和政府的干预。五是志愿性，即非政府组织由自愿参与者组成，他们通过参与非政府组织活动来实现其社会责任和价值信仰。虽然部分非政府组织的工作人员是有薪水的劳动者，但志愿性仍是其独有的标志，也是区别于其他组织的重要特征。中国知名的公益性非政府组织有中国青年发展基金会、中国儿童少年基金会、中国扶贫基金会、中华慈善总会等。这些非政府组织突出了其非营利性特质，与其他社会组织相比，其公共关系目标也有不同的标准、特征和水平。

第三节　非政府组织与新媒体公益传播

一、对于新媒体公益传播的研究

目前，综观国内公益传播的研究，主要聚焦在探讨新媒体公益传播的特征、问题和解决方案上，尚未出现系统性的专著。虽然在公益广告领域有相应的研究，但对于公益传播的研究视野需要进一步拓展。特别是在非常态时期的公益传播研究以及新媒体公益传播方面，需要更多的学者开展研究，以满足现实社会的需求。因此，对公益传播的研究需要进一步深入，以更好地促进公益事业的发展。

检索了中国期刊全文数据库 2010—2022 年的文章，以"公益传播""慈善传播"为关键词，共搜到 564 篇相关论文，但是其中多数为从公益传播与新媒体的角度研究公益慈善活动。其余的和公益传播相关的文章里，一部分主要是对公益传播发展历史与现状的概述性研究，比如，王颖的《我国网络媒介中的公益传播现象研究》[①] 对网络媒介和传统媒体在公益传播方面进行了比较，发现网络媒介在传递公益信息时存在多个问题，包括公信力不足、身份尴尬、参与度不足等。在《微公益传播的动员模式研究》[②] 一文中，沈阳等人根据微公益传播的不同内容层次，提出了群内动员、跨群动员和超群动员的三种动员模式。同时，《新浪网、腾讯网公益传播中交互现象研究》[③] 一文中，赵亚妮介绍了报纸、电视、广播等传统媒体中的公益传播及传播中的交互现象，并指出门户网站的传播模式为公益传播的发展提供了新的机遇。这些研究为公益传播在网络媒介中的发展和提高公益传播效果提供了理论与实证依据，也为完善现有的公

---

① 王颖. 我国网络媒介中的公益传播现象研究 [D]. 成都理工大学，2010.

② 沈阳，刘朝阳，芦何秋等. 微公益传播的动员模式研究 [J]. 新闻与传播研究，2013，20（03）：96-111+128.

③ 赵亚妮. 新浪网、腾讯网公益传播中交互现象研究 [D]. 西南交通大学，2015.

益传播策略，制定更合理的公益传播政策提供了参考。

魏巍的《高校基金会借助自媒体进行公益传播的探索研究》[①]通过分析自媒体传播的特点及高校基金会的公益传播诉求，研究自媒体对高校基金会进行公益传播的意义，分析目前存在的问题并提出应对策略。

刘永东（2017）[②]的研究以公益传播为切入点，分析和比较了传统媒体与新媒体在这一方面的模式与特点，以期为二者融合发展、共促共融目标的实现提供有益参考。杨瑞（2019）[③]则通过问卷调查、访谈和参与式观察，对公益游戏用户的不同类型参与行为特征和深层动机进行了分析，总结出公益游戏对社会企业和公益传播带来的启示。

侯雅静（2020）[④]的研究从短视频公益传播现状的分析入手，发现短视频公益传播存在公益内容受关注度低、公益信息失真失实、公益参与缺乏理性等问题，而这些问题的形成主要是因为公益传播中内容生产系统不完善、信息把关难度增加以及情绪感染导致群体迷失。段莉的《媒介、资源、流量与传播竞争——从公益传播新形态看网络舆论格局重构》[⑤]从媒介、资源和流量等传统的、新兴的传播学概念入手，探讨在融合发展时代，传统媒体在细分、垂直领域参与传播竞争、收获流量和创造价值，重构主流媒体话语权的路径。

在社会心理学中，有一种信息推理的三段论（见图2-4），也适用于新媒体的公益传播过程：社会组织通过媒体策略影响公益问题的叙事，达到塑造公众认知框架的目的。在这个过程中，公众对获取到的信息进行编码，形成各种不同的含义组合，从而构建出其独特而恰当的信息理解和结论。然而，由于信息获取渠道、个人经验、思维方式等原因，公众也可能存在着错误的推理行为。一旦公众偏离了信息的编码，一些组合信息可能会导致错误的结论。这表明，受众在新媒体公益传播过程中的信息接收可能不一定如传播主体所期望的那样，这需要传播主体予以关注。

① 魏巍. 高校基金会借助自媒体进行公益传播的探索研究［J］. 现代商业，2016，425（16）：171-172.
② 刘永东. 传统媒体与新媒体公益传播模式及特点比较［J］. 新闻研究导刊，2017，8（12）：175.
③ 杨瑞. 公益游戏用户参与动机研究［D］. 郑州大学，2019.
④ 侯雅静. 短视频公益传播的现状、问题及对策研究［D］. 华侨大学，2020.
⑤ 段莉. 媒介、资源、流量与传播竞争——从公益传播新形态看网络舆论格局重构［J］. 新闻文化建设，2021（23）：178-180.

图2-4 信息推理的三段论

二、对于非政府组织的传播学研究

目前，国内学术研究主要从公共管理和国际关系的角度关注非政府组织，比如翁予谦（2011）[①] 在其研究中，以汶川大地震为案例，主要探讨了非政府组织在灾害救助中的角色和参与情况。该研究着重关注这些组织对灾区人民生计恢复、基础设施重建等方面所做出的具体贡献，并对相关问题进行了深入分析。通过对非政府组织在灾害救助中的实践经验和教训进行总结，研究者提出了相应的政策建议，旨在指导和优化非政府组织在灾害救助中的作用与地位。

关于将非政府组织置于传播科学领域进行分析的研究仍然很少。以中国期刊网的"核心期刊"为数据库，对2011—2022年包含"NGO"或"非政府组织"的期刊文章进行了检索和内容分析。在检索到的1098篇文章中，只有少数研究是关于非政府组织的媒体关系的。

陈刚（2009）[②] 分析了非政府组织在突发灾害中如何利用现有媒体扩大公共传播空间。通过案例分析得出结论，非政府组织在汶川地震等非常时期具有广阔的沟通空间，但如何在正常情况下保持沟通空间仍然是非政府组织需要考虑的问题。

沙勇忠等（2015）[③] 以中国红十字会信任危机为实例，采用情感分析方法对相关微博数据进行实证研究。该研究通过测量情感的时序变化，识别和描绘公众关注的事件主题领域，分析主体行为与网民情感之间的关联关系，旨在揭示影响网民情感和公众信任的核心主题领域和多元主体的行为策略。同时，该研究为非政府组织积极有效地改善行为方式与运营管理提供理论依据和帮助，以回应社会实践和理论研究对非政府

① 翁予谦. 非政府组织参与灾害救助研究［D］. 上海交通大学，2011.

② 陈刚. 非政府组织在汶川大地震中的新闻传播空间分析——以四川地区NGO为例［J］. 东南传播，2009（07）：79-81.

③ 沙勇忠，阎劲松，王峥嵘. 雅安地震后红十字会的公众信任研究——基于微博数据的网民情感分析［J］. 公共管理学报，2015，12（03）：93-104+158-159.

组织发展及其公信力重建的关注。

钟智锦、李艳红（2011）[1]在调查中发现，我国公益组织在数字硬件方面的差异并不明显，但却存在着数字媒体应用方面的鸿沟。主要表现为不同公益组织在采纳以Web2.0为代表的互联网服务方面存在明显的差异，这种鸿沟不仅存在于不同服务领域内，而且也存在于不同地区及服务对象的公益组织之间。该研究通过实证数据揭示了我国公益组织面临的数字鸿沟问题，并指出了数字鸿沟对公益组织在数字化时代下推广公益事业所带来的挑战。研究结果为公益组织如何合理利用数字媒体平台开展公益活动提供了指导和借鉴，同时对我国非营利组织在数字化时代下加强数字化转型建设提出了对策建议。

陈韵博（2014）[2]以深圳"小小草"工友家园作为劳工NGO的代表，采用网络民族志和深度访谈等研究方法，探究其在遭遇逼迁过程中新媒体实践的过程和结果，从而总结微博在事件中的作用和赋权效果。研究发现，微博在该事件中扮演了直播事态发展、与传统媒体互动、利用"话题"功能进行深入探讨和社会动员等多重角色，并在个体、人际和社会参与这三个层面上实现了不同程度的赋权效果。

刘景芳（2016）[3]的研究通过对环境NGO的实证历时研究，探究了我国环境话语空间的特色，并着重探究了我国环境话语与西方"绿色公共领域"中"绿色话语"的不同之处。该研究发现，在我国环境话语中，人们更加注重强调环境保护、生态平衡与人类利益的关系，同时也关注着人类自身的生存和发展，具有一定的现实主义倾向。这是与西方"绿色公共领域"中强调绿色哲学和环境伦理的绿色话语有所不同的。

张超义在《全球多元主体传播格局下非政府组织的话语建构》[4]中提出建构共通性强的话语框架、以社交媒体平台为中心创新渠道、优化内外协同合作机制三个突围方向。

西方国家对非政府组织的研究始于20世纪70年代，当时西方国家发生了许多政治和经济危机，非政府组织研究也在这股热潮下正式启动。目前，对非政府组织和公益事业的研究在西方国家已经发展成为一门专门学科。

① 钟智锦，李艳红. 新媒体与NGO：公益传播中的数字鸿沟现象研究［J］. 思想战线，2011，37（06）：112-117.
② 陈韵博. 劳工NGO的微博赋权分析：以深圳"小小草"遭遇逼迁事件为例［J］. 国际新闻界，2014，36（11）：51-64.
③ 刘景芳. 中国绿色话语特色探究——以环境NGO为例［J］. 新闻大学，2016，139（05）：8-16+7+145.
④ 张超义. 全球多元主体传播格局下非政府组织的话语建构［J］. 青年记者，2022，726（10）：58-60.

三、非政府组织的传播需求研究

非政府组织所开展的传播活动是当前我国公益传播的重要组成部分之一。作为非营利事业的主体和民间社会的重要组成部分，非政府组织所从事的传播活动具备双重性质，既应满足组织内部的传播需求，又须满足公共传播的社会性需求。因此，非政府组织在传播方面的行为具有公益传播的双重属性：既可以推进组织目标的实现，又能起到广泛的社会效益作用。这些传播活动不仅对非政府组织自身具有意义和价值，同时也有助于增强国家和社会的公益传播效果，成为当前我国公益传播的四个维度主体之一。

首先，非政府组织大多代表人民的声音，财政和人力资源有限。为了提高影响力，获得越来越多的社会支持，更好地传递自己的声音，它需要在使用大众媒体时采取积极主动的态度。其次，许多非政府组织的目标是通过改变社会成员的意识和行为来实现的。传播思想已成为非政府组织不可或缺的需求之一。因此，为了实现广泛的公益动员，通常使用两种方法：一种是通过人们的情绪进行动员；另一种手段是通过媒体动员公众舆论，尤其是通过媒体放大的"行为表演"。

情感共鸣和舆论包装是网络公共事件发生的基础，而媒体则扮演着发言人的角色。然而，如果传统媒体在"定义"社会运动方面发挥主导作用，那么互联网在这方面的功能就非常复杂。首先，网络允许所有观点无障碍地交流，形成一个没有中心和边界的开放式交流结构。其次，网络热点往往不会持续太久。当新的热点出现时，人们往往会对旧的话题感到遗憾，我们将这一特征称为"话题置换"。正因为如此，网络舆论很容易被划分为不同甚至对立的观点，或者迅速湮没在不断变化的信息中，从而削弱了公益动员的有效性。

随着非政府组织的不断发展，媒体的热情和公众的关注度也在不断提高。以公益为核心的非政府组织如何通过新媒体与社会成员进行有效沟通，已成为非政府组织的当务之急。

四、新媒体环境下的公益传播研究

新媒体作为第四媒体的后来者，在成本、门槛、覆盖面、速度、互动性及影响力等方面具有明显优势，任何人都可以成为信息发布者。与此同时，非政府组织具备着广阔的发展空间。这两者共同点在于它们都彰显了公民社会的公共精神，即对良知、善念、美德及正义等美好品质的呼唤。互联网等新兴技术在公益领域中产生了深远的影响，表现为沟通、捐赠、信息赋权三个方面。互联网极大地丰富了公益资源和信息，促进了公益领域的交流与合作。当前，在党的创新理论的引领下，社会主义核心价值观得到广泛传播，中华优秀传统文化得到创造性转化与创新性发展，文化事业日益繁荣，网络生态持续优化，意识形态领域正在发生全局性和根本性的转变。

当然，成功的非政府组织除了主动使用既有的网络媒体平台外，还注重在自己的网站上建立与媒体和大众互动的平台。

互联网慈善大大提高了公众的参与度，但与此同时也给了公众审视公益慈善的"放大镜"。当下公众对公益机构的透明度、公益项目的执行效率等都提出了更高要求，一旦互联网慈善募捐或项目运作存在问题，便会迅速引发讨论，同时也给部分人提供了指摘的机会，给整个公益行业带来信任危机。

作为两个新生事物，新媒体与非政府组织之间的联手才刚刚开始，随着非政府组织与新媒体的发展和成熟，双方的沟通及互动必将得以深化和升华，沟通合作也还存在着很大的空间和潜力。

这里以图 2-5 对新媒体和非政府组织的公益传播规律予以说明：

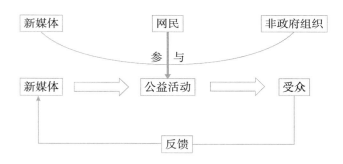

图2-5　新媒体与非政府组织的公益传播规律

新媒体和非政府组织通过协同合作联合促进网民参与到公益事业中。同时，新媒体也作为公益活动的宣传平台，向广大受众传递有关公益活动的重要信息。受众可以将自己的感受反馈在新媒体上，非政府组织可以通过新媒体平台及时有效地了解受众的感受。

2022 年年初，浙江工商大学和山东工商大学的慈善管理本科专业得到教育部的批准，这意味着我国有了正式的慈善本科专业，这无疑会加强慈善专业人才的培养，同时还可以加强慈善部门与其他部门之间的人才流动，实现慈善组织与政府、大学、金融机构等部门之间人才的良性循环。

第三章　走进高校基金会

第一节　非营利组织概述

一、非营利组织的概念与功能

（一）非营利组织的概念

在美国，非营利组织意指符合 1954 年的国家税法（Internal Revenue Code，IRC）"为公共利益工作而给予免税鼓励的团体"，其中包含教育、环保等领域的团体。关于"非营利组织"一词，目前国内研究引用最多者应属美国约翰·霍普金斯大学莱斯特·萨拉蒙的定义。根据萨拉蒙的定义，非营利组织的构成应具备下列六个特点。

1. 正式的组织

意指非营利组织必须具有某种程度的制度化，若仅是暂时性、非正式性的民众集合，并不能称为非营利组织。同时该组织必须得到政府法律的合法承认，并且有正式的组织章程、定期的会议及规划运作过程。

2. 私人性质

意指非营利组织必须与政府机构有所区分，并非隶属于政府部门，亦非由政府官员所管理。但这并不是说非营利组织不能接受政府的特定支持，或是政府官员不能成为其董事，关键在于非营利组织的基本结构必须是民间组织。

3. 非营利且不得分配盈余

意指非营利组织并非为组织拥有者获取利益而存在，非营利组织虽可以获取利益，但必须将所获取的利益运用在组织宗旨限定的任务上，而非分配给组织成员，此点是非营利组织与企业最大的不同之处。

4. 自主管理

意指非营利组织具有能够管理自身活动的能力，不受政府与企业部门等外部力量所影响。

5. 志愿性质

意指非营利组织在组织行动与事务管理上，应有具有志愿性质的志愿者来参与，但并不意味着组织的多数员工必须是志愿者。

6. 公益属性

意指非营利组织的成立或活动的目标应具有公共利益的性质，并以服务公共利益为目的。

而另一位较常为非营利组织研究者所介绍的是哈佛大学肯尼迪政府学院教授托马斯·沃尔夫，其认为非营利组织具有以下六项特质[①]：

（1）必须具有公共服务的使命。

（2）必须是非营利或慈善的机构。

（3）其经营结构必须排除私人利益或财物的获得。

（4）经营享有合法免除政府税收的优惠。

（5）必须具有法律上的特殊地位，捐助者或赞助者的捐款必须列入免（减）税范围。

（6）为政府立案的合法组织，且接受相关法令规章规范管辖。

由萨拉蒙和沃尔夫的定义可知，非营利组织一词或许缺乏统一的定义，但他们皆强调组织的公益性和不以营利为目的的特质。此外，正式的民间组织与享有税赋上的优惠也是非营利组织的重要构成要素。

一般来说，非政府组织开展的活动通常是全球性的，涉及以公民为主体的海外合作、民间交流、环境保护、人权问题和发展援助等。重点是不同于国家的非政府活动，如国际知名的无国界医生组织、红十字会和绿色和平组织，这些都属于非政府组织。非政府组织强调国际性，其活动需要跨越国界，包括其组织成员、财务或活动范围，这些活动不限于一个国家。相反，非营利组织的活动范围、组织成员和财务大多由一个国家主导，具有基层和地方性质。一般来说，非政府组织应该包括非营利组织的特征，但非营利组织不能完全涵盖非政府组织的特征。根据林书欣的定义，"非政府

---

① ［美］托马斯·沃尔夫. 管理21世纪的非营利组织［M］. 胡春艳，董文琪译. 北京：商务印书馆，2016.07.

组织是指具有国际规模和经营范围、跨国性质、非营利特征和超国家总体目标的常设机构"。这表明了非营利组织与非政府组织的本质区别。

（二）非营利组织的功能

关于非营利组织所扮演的社会功能，可以整理为下列四项。

1. 开拓与创新的功能

非营利组织往往具有丰富的创造力和灵活性，对社会变化和公众需求很敏感。因此，他们会制定新的应对策略，并通过实际行动实现组织目标和使命。例如，董氏基金会是我国台湾地区第一个促进烟草控制的非营利组织。它致力于烟草控制工作的规划、教育和宣传，以及促进相关控烟政策的制定。

2. 改革与倡导的功能

非营利组织往往通过社会各级的实际参与来洞察社会脉动，并利用服务经验中的信息来发动舆论和游说，敦促政府改进或建立符合需求的服务。

3. 价值维护的功能

非营利组织通过实际运作来有系统地激励民众对社会事务的关怀，并借由各种方案的实施向人们提供人格教育与再社会化的机会。如人本文教基金会，即通过不同的渠道与相关研究来推动尊重学童的人权，反对体罚的价值观念，这些均有助于正面价值观的维护。

4. 服务提供的功能

非营利组织的出现弥补了政府资源有限，无法充分保护社会中所有公民的缺陷，同时提供多样化的服务来满足特定人群的需求，使他们能够及时获得需要的援助。

二、非营利组织的兴起背景

非营利组织作为一种特殊的组织形式，自诞生以来一直在政府与市场的夹缝中寻找自己的生存空间。非营利组织之所以能够从政府那里"抢工作"，并在激烈的市场竞争环境中生存和成长，根源在于非营利组织探索政府与市场之间生存空间的能力。这种能力的获得在理论上归因于非营利组织在公民社会发展的背景下与政府、市场和公民社会互动的作用。

（一）非营利组织的活动与国家政治

非营利组织的基本职能之一是向社会提供公共产品和服务，作为政府的有效补充形式。因此，非营利组织的主要活动必须在公共领域进行。在传统社会中，公共产品领域主要由政府部门承担和垄断，而非营利组织之所以能够在这一领域获得自己的发展空间，主要是因为非营利组织能够克服政府部门的一些固有缺陷和局限性。非营利组织通常通过将自己与政府进行比较来定义自己。政府被它们贴上僵化、官僚主义、等级森严、无法触及社会底层等标签。然而，非营利组织和政府之间的关系往往很复杂。可以说，它的基本活动离不开与政府的互动。

非营利组织的计划与政府的宏观经济政策之间有着密切的关系。例如，如果汇率被高估，或者农村地区因城市偏见而在其他方面受到不同对待，即使地方非营利组织能够为农民提供有效生产更多粮食和更好作物的最佳计划，它们最终也会因与政府的总体计划背道而驰而失败。如果没有对新种子进行研究，那么对汇率的正确估计仍然是纸上谈兵。一般来说，只有非营利组织的计划和行动与良好的政府政策有效结合，才能产生有效的行为。同样，良好的宏观经济框架是依靠外部投入和市场规划的非营利组织取得成功的先决条件。从不依赖宏观经济政策，只从社区获取所有资源的计划在实践中是不可行的。

非营利组织计划通常由政府提供，协调政府与非营利组织之间的规划关系已成为非营利组织成功的关键。非营利组织之所以能在这种情况下取得成功，是因为它们能够有效地将其群众基础、经验、管理制度与强有力的政府规划支持相结合，以获得政策和制度支持。例如，肯尼亚的人口计划为非营利组织在政府计划中提供某些服务树立了榜样。在协调了政府与地方非政府组织管理的计划生育服务之间的关系后，国家人口与发展委员会提高了计划实施的有效性，充分允许地方非营利组织负责传递信息和教育普及。

非营利组织和政府之间的第三个联系是它们的财务联系。数据显示，非政府组织的财政收入越来越多地直接或间接来自政府、跨国银行和发展中国家政府的捐款。据世界银行统计，从 1983 年至 1996 年，各国通过非营利组织获得的捐款和援助比例从26% 到 31% 不等。在某些情况下，政府对非营利组织颇有微词，因为它们获得了大量资源。对于政府和非营利组织来说，合作显然是最明智的做法。

非营利组织可以对政府政策的制定产生一定的影响。非营利组织往往可以利用其基层优势对政府决策者施加各种影响。非营利组织可以参与政策对话，施加政治压力以改变政策，如减少债务，并批评政策。这样，非营利组织将有潜力通过这些行动为既得利益和不平等而战，并成为促进穷人权利的独立机构。

从上述非营利组织与政府的密切关系可以看出，非营利组织在基层提供更贴近社会现实的公共产品和服务方面具有独特的优势，如地方道路建设、城市环境维护等方面。但是，作为社会组织和公共产品的提供者，它们的活动必然受到政府的约束和限制。只有在政府宏观经济控制的情况下，其计划和行动才有可能产生有效的行为结果。当然，不可否认的是，随着非营利组织权力的逐渐扩大，它们不可避免地会对政府产生越来越多的不利影响，从而发挥其为公民社会服务的作用。

（二）非营利组织的活动与市场经济

非营利组织的迅速发展被许多人视为对市场经济失败的回应。这种观点认为，地方非营利组织的发展是对涉及利益、成本和腐败等实际问题的回应。同时，这种观点还认为，非营利组织的主要活动领域由其非营利性质决定，将不可避免地处于市场范围之外。一旦进入市场经济，非营利组织可能会经历异化，失去优势。这种观点在非营利组织发展的早期阶段就显示出了强大的力量，并严格限制了非营利组织的活动范围。应该说，在非营利组织发展的初始阶段，为了获得尽可能多的外部资源和捐赠，非营利组织往往避免将自己引入市场领域，以消除由此可能导致的潜在腐败问题。此时，非营利组织主要依靠会费和捐款开展健康、环保、传播等各种公益活动，或与政府合作提供一些基层公共服务。这形成了早期非营利组织发展的有限空间，主要是指提供政府负担不起的公共产品和不涉及市场竞争、利润问题的公益活动。

然而，随着社会的发展和非营利组织活动的扩大，越来越多的学者和非营利机构领导人开始质疑这一观点。如斯蒂拉特[①]和亨克特在他们的文章中就争辩道，把本土的非营利组织始终排除在市场的领域之外是一种不全面的发展战略。其中一个原因是，当发展中国家逐渐完成以市场为导向的经济改革时，非营利组织开始发展成为有影响力的行动者。第二个原因是非营利组织和营利组织在行为表征方面的界限越来越模糊。非营利组织正在进入以营利为导向的商业活动。

值得提出的是，虽然一些非营利组织的行为表征趋同于企业，但其在意识形态上的定位却与企业市场经济的定位完全不同。自主不仅是确定组织合法性的关键，而且对于它们进行灵活机动的实践活动也起了极其关键的作用。同时，他进一步指出，成

---

① J. L. 费尔南多，A. W. 赫斯顿. 国家、市场和公民社会之间的非政府组织［A］. 何增科. 公民社会与第三部门［C］. 北京：社会科学文献出版社，2000.

功的非营利组织是那些在公共和市场领域同统治机构建立了战略性关系的组织。市场与非营利组织之间的关系，需要在日益开放和竞争加剧的国内、国际市场背景中理解。

可以看出，随着非营利组织活动的扩大和对这些活动所需资源的要求的增加，非营利组织不可避免地介入市场领域，成为市场的引领者之一。只有有效干预市场经济，为其活动获取尽可能多的资源，才能为非营利组织的未来发展提供更广阔的空间。这里需要明确指出的是，非营利组织能否保持其非营利性质，并不取决于它是否参与市场，而是取决于它是在内部分配获得的利润，还是将其用于提供服务和公益活动。

从北美、欧洲的发达国家到非洲、拉丁美洲和中国，以及世界各地的其他发展中国家，人们正在建立协会、基金和类似机构，以提供各种人类服务，促进基层经济发展，防止环境退化，保护公民权利，并执行数千项以前没有得到重视或委托给该国的其他任务。无论从规模还是范围来看，这种转变都是非常大的。应该说，在二十世纪的最后二十年里，我们正在经历一场全球结社革命。历史将证明，这场革命在 20 世纪末对世界的重要性不亚于人类社会发展中任何理论创新所带来的社会变革。这场结社革命的结果是出现了全球第三部门，即大量自我管理的私人组织。这种特殊的组织形式并不致力于追求利润并将其分配给股东或董事，也不以获得政治权利为最终目标，而是在正式的国家机关之外追求公共目标。这些群体的激增显然注定会永久改变国家与其公民之间的关系，它们的影响力远远超过了其所提供的物质服务。

三、影响非营利组织发展的因素

目前，非营利组织面临着许多发展问题。三个最重要的问题是：非营利组织活动日益商业化；国家和地方政府关于慈善筹款活动的规定；非营利组织董事会（或受托人）的作用。

（一）商业化趋势问题

当一个非营利的免税组织在参加被认为是商业性的活动时，商业规则将确定其从事的是不适当的非免税活动。如果一项或多项商业活动成为该组织的主要活动，该组织可能会失去非营利组织的地位，其免税地位也将被取消。商业活动通常被认为是非营利组织的无关业务。如果一项活动由营利性部门进行，则可能被视为商业活动。在评估非营利组织是否有资格免税时，如果法院发现该组织的活动和项目与营利组织的工作基本相同，则可以否认该组织的免税地位。许多案例表明，如果非营利组织销售的商品或提供的服务与营利组织相同，该组织将被取消免税资格。

非营利组织开展的其他商业活动包括：直接开展与营利性（商业）组织竞争的活动；使用营利性部门常用的方法对商品进行定价；利用宣传材料和其他形式的广告开展宣传活动；没有志愿者参加活动；没有慈善捐赠作为慈善组织的基础。

（二）基金筹集规则

在一些国家，筹资规则最初是以许可证制度的形式制定的。该法律的主要部分后来演变成了申请慈善捐赠的规则。而如今，慈善捐助的方式已不再是那么简单。慈善机构聘请了全职人员来告诉捐助者如何申请捐助，以及捐助时该做什么和不该做什么。筹资规则制定者的目标是防止捐助者上当受骗。许多地方政府正在努力根据各种信息使慈善组织和专业筹款人的工作形式多样化，一些地方政府甚至对电话募捐人员的工作内容有明确规定。

（三）董事的作用

非营利法规面临的第三个问题涉及董事的作用。非营利组织和营利组织对董事的要求存在差异。作为营利组织的董事会成员，人们希望他能够以合理的方式利用组织的有效资源，为组织寻求最大的利润。相比之下，衡量非营利组织（尤其是慈善组织）董事（或受托人）行为的标准有所不同。在英国的习惯法中，慈善托管会的受托人必须遵守慎重标准，这意味着他们必须以高度慎重的态度来处理组织的财产、收入和其他资源，就像这些资源是他们自己的一样。这种标准的制定，更多的是考虑到非营利组织的公益性质和社会责任，以及避免慈善资金被滥用或浪费等问题。

四、非营利组织的理论基础

（一）市场失灵理论

经济学的基本原理告诉我们，在一定条件下（完全竞争、完全信息等），市场可以有效地配置社会资源。然而，在现实生活中，这些条件很难满足。因此，市场经济的自发运行会带来一系列问题。首先，市场无法有效地为社会提供公共产品。由于公共产品在消费中的非竞争性、非排他性和不可分割性，其提供者很难将不花钱的人排除在外，也很难通过收费和其他方式补偿其供应成本，如导航灯塔、国防和其他公共产品。这导致了公共产品消费中普遍存在的现象，即"每个人都希望别人为自己的'顺风车'买单"，这使得此类公共产品难以私下运营，因为它们无法通过市场定价，这意味着公共产品无法通过市场体系有效供应。其次，市场无法解决生产或消费的外部性问题。一方面，一个社会实体的生产或消费行为增加了其他社会组织或个人的福利，而行动者无法通过市场获得相应的补偿；另一方面，一个社会实体的生产或消费行为给其他实体或个人造成福利损失，但行为人不为此支付成本或赔偿。此外，在市场运行中，由于市场供求的不完全或不平衡，也存在着供需矛盾导致的"市场失灵"现象。这种"市场失灵"表现为购买力较弱群体的需求往往被市场忽视，导致市场在确保社会公正方面失灵。教育领域的非营利组织可以为购买力有限的群体开设一些学校，以减轻他们的负担，满足他们的教育愿望。即使是一些教育成本高于公立学校的教育机构，也有很强的公益性，因为它们可以帮助政府解决一些学生的入学问题，节省政府可支配的资源，并使政府有更多的能力空间来解决贫困家庭儿童的入学问题。因此，"市场失灵"已成为非营利组织产生和发展的重要前提与基础。

（二）合约失灵理论

合约失灵理论是由美国法律经济学家亨利·汉斯曼最早提出的，这一理论具体解释了营利性组织的局限性，以及在市场机制和非营利组织之间选择后者的原因。由于信息不对称，生产者和消费者之间的合同不能消除消费者受到伤害的机会，这就是所谓的合同失败。生产者和消费者之间存在的信息不对称，使得消费者往往难以评估商品和服务的质量。特别是当产品由营利性组织提供时，生产者有能力通过提供不合格的商品、损害消费者利益和导致合同失败来获得高利润。汉斯曼认为，在提供复杂的个人服务、服务的购买者和消费者分离、存在价格歧视和不完全贷款市场、提供公共物品等制度条件下，都会出现合约失灵的现象。为了解决合约失灵问题，必须为产品和服务寻求新的供体，这个供体就是非营利组织。合约失灵理论更多地关注非营利组织本身的特性，深刻揭示了非营利组织在提供私人物品方面的优势地位。

（三）供给理论

供给理论主要解释人们愿意从事公益事业的原因，或者人们提供公共产品的动机。学术界对供给理论没有统一的解释。香港中文大学王绍光认为，组织非营利组织的团体和个人有多种动机，可以概括为三大类：第一种是通过参与非营利组织活动来寻求个人或团体的利益；第二种动机是利他的，但目的是期望得到回报，包括精神上的满足；第三种动机纯粹是利他的。

第一种将非营利组织视为寻求个人和团体利益的手段，强调参与者通过参与其活动获得物质利益、社会地位、荣誉和权力。例如，非营利组织的负责人可以为自己提供免费的支付账户、免费的住房、免费的汽车等。第二种强调参与的目的是获得精神上的回报。例如，宗教团体热衷于参与非营利组织活动，其中确实涉及利他主义因素，但更重要的目的是吸引人们皈依这个教派。第三种是纯粹的利他主义。尽管这一类别很少见，但它对公共福利的影响是巨大的。这类人会把参与公益事业视为自己的义务，把帮助他人视为自己义不容辞的责任，把促进慈善事业发展视为自己的使命。这种动机在现实中确实存在。

第二节　基金会与高校基金会

一、基金会概念与特点

（一）基金会概念

《基金会管理条例》第二条规定：本条例所称基金会，是指利用自然人、法人或者其他组织捐赠的财产，以从事公益事业为目的，按照本条例的规定成立的非营利性法人。《基金会管理条例》规定，基金会分为面向公众募捐的基金会和不得面向公众募捐的基金会。公募基金会按照募捐的地域范围，分为全国性公募基金会和地方性公募基金会[①]。

自 1981 年中国儿童少年基金会成立以来，我国基金会行业经历了四十多年的发展。据国家统计局公布的数据显示，2003—2021 年中国基金会发展情况见表 3-1。

---

① 中华人民共和国国务院令（第400号）基金会管理条例［EB/OL］.（2004-03-08）https://www.gov.cn/gongbao/content/2004/content_62724.htm

表3-1　基金会与社会组织总量变化表

年份	基金会数量 （个）	社会组织总量 （个）	基金会数量占比 （％）	基金会较上年增长率 （％）
2003	954	266612	0.36	～
2004	892	289432	0.31	-6.50
2005	975	319762	0.31	9.30
2006	1144	354393	0.32	17.33
2007	1340	386916	0.35	17.13
2008	1597	413660	0.39	19.18
2009	1843	431069	0.43	15.40
2010	2200	445631	0.49	19.37
2011	2614	461971	0.57	18.82
2012	3029	499268	0.61	15.88
2013	3549	547245	0.65	17.17
2014	4117	606048	0.68	16.00
2015	4784	662425	0.72	16.20
2016	5559	702405	0.79	16.20
2017	6307	761539	0.83	13.46
2018	7034	817360	0.86	11.53
2019	7585	866335	0.88	7.83
2020	8432	894162	0.94	11.17
2021	8877	901870	0.98	5.28

（二）基金会的类型

根据登记管理机关的不同，可以将我国基金会分为全国性基金会、地方性基金会和跨地区基金会。除此之外，根据不同的分类标准，还可以把我国基金会分为以下几种类型。

1. 半官半民型基金会和民间基金会

按照政府部门对基金会的介入程度，可以将基金会分为半官半民型基金会和民间基金会。如果基金会是由政府部门推动成立的，由政府部门提供了部分资金，并且基金会的运营和管理体制在一定程度上按照政府部门的体制方法，那么该基金会属于半官半民型基金会。半官半民型基金会还可以分为官办民助型基金会和民办官助型基金会，前者相比于后者，政府介入程度更深。例如，宋庆龄基金会就属于官办民助型基金会，中华环境保护基金会属于民办官助型基金会。

与发达国家的民间基金会相比，我国的民间基金会主要是由社会公众捐赠创办及运行的，在内部管理机制上主要采取民主的形式，相较于半官半民型基金会，民间基金会数量较少，受到的官方干预不大。这一现象的存在可以归结于我国对于民间组织管理的法律规定和政策环境。在我国，只要涉及对基金会的管理一定会有政府参与，例如官方规定基金会一定要设立业务主管单位。因此，在目前的法律框架下，我国的民间基金会难以摆脱政府的影响和掌控，这也使得我国民间基金会的组织形式和构成方式与发达国家存在一定的差异。然而，正是由于这一差异性，民间基金会在我国才具备了其特有的功能和价值，在公益事业中起到了重要的作用。

2. 资助型基金会和运作型基金会

依据基金会的运作模式，可以将我国的基金会分为资助型基金会和运作型基金会。前者也叫捐赠型基金会，它的主要运作模式是将社会上募捐到的资金提供给特定的社会组织和个人，以让其完成一定的公益目标，并为受资助者提供一定的指导和监督。

相比于资助型基金会，运作型基金会是通过自身的具体行动，将收到的资金直接用于特定领域公益活动的开展，并不会将资金用于其他个人或社会组织。现阶段，我国大部分基金会都是既接受社会捐助，自身也从事具体的公益活动的运作型基金会。

3. 公募基金会和非公募基金会

《基金会管理条例》将我国基金会划分为公募基金会和非公募基金会两类。前者是可以面向社会公众筹集捐赠资金的。不同的公募基金会接受捐赠的范围也有所区别，能够面向全国范围筹集资金的属于全国性公募基金会，其他局限于一定区域内向公众募集资金的属于地方公募基金会。非公募基金会是单个人、家族、企业或其他组织成立创办的基金会，其资金主要来自组织创始人或基金会的原始资金。该类基金会的募集范围有限，不像公募基金会那样普及。由于资金来源比较特殊，私募基金会在特定领域能够快速且灵活地实施项目，同时也保护了创始人的隐私。相比而言，公募基金会是一种更加公益化和透明化的基金会模式，资金规模和影响力更加广泛。而私募基金会则更加精细化和专业化，能够在特定领域开展深入的公益探索。二者各有优缺点，都是我国公益事业发展中不可或缺的重要力量。

（三）基金会特点

1. 以一定的独立资金作为成立的基础

成立基金会需要有创办人或发起人，且必须具备专门的资产，如注册资本、捐赠资金。我国要求成立非公募基金会的最低限额为 200 万元，公募基金会的最低限额为

400 万元^①。

2. 非营利性，不进行盈余分配

这一特点是根据基金会的公益性质而来的。基金会的主要目的是资助和开展公益事业，为社会做出更多的贡献，而非谋求获利。因此，基金会的经济活动以公益为目的，没有营利目的，这是基金会为公众服务的宗旨。不过基金会并非不能通过从事营利性活动来获取资金，而是不能将基金会的收益分配给个人或者利用基金会牟取非法利益。

3. 以公益为目的

公益性是基金会最为核心的特点。基金会的宗旨和目的是为公益服务，成立初衷是为了资助和推动公益事业的发展，如教育、科学、文化、环保、扶贫等领域，让更多人受益。基金会获取的资金除了维持基金会管理和运作的必要支出外，其他资金均用于促进社会公益事业的发展。

4. 正式登记的独立法人

基金会是经过正式登记注册的、独立于出资人和管理者的法人组织，属于一种独立的非营利组织，在法律上享有独立的地位，并负有独立的责任。

（四）基金会不同行业类型占比情况

我国的基金会行业经历了过去十年的黄金时期，获得了巨大的发展。受益于巨大的本地化需求，发展出了许多大型的头部基金会，其中顶尖的基金会体量和规模甚至接近世界水平。

据基金会中心网公布的数据显示，截至 2020 年 12 月 31 日，从体量上来看，尽管 2019 年我国基金会平均净资产规模仅为 3316 万元，但规模最大的基金会净资产将近百亿之巨（见表 3-2），基金会间体量差距极大。在所有 5587 家披露了 2019 年财务信息的基金会中，净资产规模亿元以上的仅有 299 家，这些基金会掌握着全国 70% 的基金会资产；而净资产规模前 100 名、前 50 名和前 10 名的基金会分别掌握着全国 51.7%、40.4% 和 20% 的基金会资产。

---

① 中华人民共和国国务院令（第400号）基金会管理条例［EB/OL］.（2004-03-08）https://www.gov.cn/gongbao/content/2004/content_62724.htm

表3-2　2019年净资产规模前10名基金会信息

序号	基金会名称	基金会类别	注册地	公开募捐资格获得情况	净资产（亿元）
1	清华大学教育基金会	学校型	民政部	非公募	93.30
2	北京大学教育基金会	学校型	民政部	非公募	64.56
3	河仁慈善基金会	个人背景	民政部	非公募	36.68
4	浙江大学教育基金会	学校型	民政部	非公募	31.78
5	上海市慈善基金会	系统型	上海市	公募	31.44
6	陕西省神木市民生慈善基金会	系统型	陕西省	非公募	30.25
7	三峡集团公益基金会	企业型	民政部	非公募	18.87
8	杭州市西湖教育基金会	个人背景	浙江省杭州市	非公募	18.63
9	广东省哥弟菩及公益基金会	个人背景	广东省	非公募	17.53
10	上海交通大学教育发展基金会	学校型	上海市	非公募	15.61

2020年年末净资产排名前20的基金会名单[①]（见图3-1）。大家可以看出在前20名中，高校基金会有7家，这7家高校基金会的年末净资产总额占基金会净资产总数的15.9%，排名前20的基金会占到基金会净资产总数的27%。

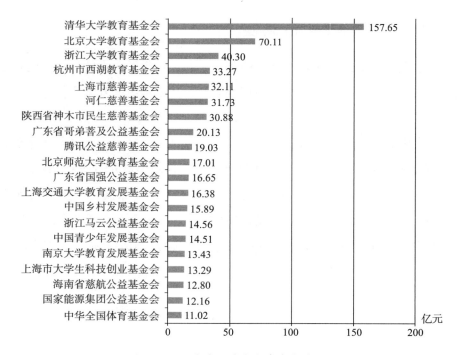

图3-1　2020年中国基金会净资产前20名

① 胡小军：中国基金会行业发展观察（2020-2022）［EB/OL］.https://mp.weixin.qq.com/s?__biz=MjM5NDAyOT czNg==&mid=2650132632&idx=1&sn=4429c8024206631c050e151582e3b995&chksm=be8f795f89f8f0496a03c524b4be ed2bddc69ac300c482b45bdb95555d4c60ae1c704f097eb6&scene=27

据基金会中心网公布的数据显示，2020 年，全国 6737 家基金会净资产总额约 2186 亿元，与 2019 年同比增长 18.61%。捐赠收入与公益支出相较于 2019 年分别同比增长 38.32% 和 40.32%，基金会在新冠疫情肆虐时开展了大量工作；投资收入占净资产比例约为 3.2%，基金会资产保值增值仍有待加强。基金会项目主要集中在教育、扶贫助困、公共服务和医疗救助四个领域，其中教育领域项目占比接近 40%。

随着 2014 年《国务院关于促进慈善事业健康发展的指导意见》、2016 年《中华人民共和国慈善法》等一系列相关政策法律的颁布实施，在我国基金会总量不断提高并保持强劲增长势头的同时，就活动领域而言，其服务范围大幅扩展，在各行业内的数量也得到了不断地增长。截至 2021 年年末，我国基金会行业共涉及生态环境、工商服务、法律、体育、宗教、农业及农村发展等 14 个统计类别。除"其他"统计类别外，分布数量列前五的行业依次为：社会服务（2807 个）、教育（1934 个）、文化（381 个）、科技与研究（346 个）、卫生（283 个），该五类合计占全部基金会数量的 64.79%，由此可见，我国基金会发展呈现业务服务领域集中的特点，如图 3-2 所示。①

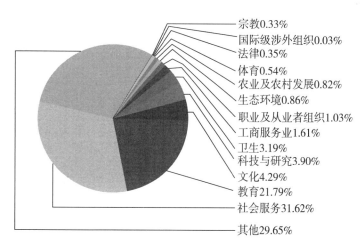

图 3-2　2021 年中国基金会不同行业类型占比情况

---

① 黄晓勇. 社会组织蓝皮书中国社会组织报告 2022［M］. 北京：社会科学文献出版社，2022.10.

二、高校基金会定义与宗旨

（一）高校基金会的定义

高校基金会是高校自愿设立的，以服务于本校及高等教育事业发展为宗旨的非营利性基金组织。高校基金会属于私募组织，即不得面向社会公众筹资，它主要面向校友、校友单位等特定对象开展公益活动。

高校基金会募集的资金主要用于资助学生、教师和科研项目，促进了我国高等教育的发展和科研水平的提高。高校基金会建立起与学生、教职工、校友等关系紧密的社交网络，为这些人提供服务，增进彼此之间的联系和了解。

一般来说，大学教育基金会的主要工作是筹措和管理资金，为院系、学生、教师等提供奖学金、助学金、科研经费、设备资金等支持；同时也会组织各种公益活动，如公益讲座、志愿服务等，以增强高校教育基金会在社会公众中的知名度和影响力。不过，在实践过程中，高校基金会有时也会对本校以外的其他慈善活动进行资金上的支持，特别是那些与大学教育相关或有利于提升社会整体素质的公益事业。因此，大学教育基金会也可以被视为一个连接高校与社会、为社会公益事业服务的桥梁和纽带。

由于各种原因，目前公众对高校基金会的认识尚不全面。自清华大学 1994 年 1 月创办教育基金会，以及北京大学 1995 年 7 月创办教育基金会至今，我国的高校基金会的规模逐年递增。腾讯公益慈善基金会副秘书长刘琴认为[①]，高校基金会服务的对象、承担的职责以及衔接的资源对于公益行业可持续发展来说有着非常独特的价值。

截至 2020 年 6 月 30 日，全国有各级各类高校基金会 623 家。目前我国一些重点大学，包括北京大学、清华大学、浙江大学、复旦大学等都已在国内和海外创办了教育基金会。此类高校基金会为高校的运营和发展给予了资金上的支持与实际帮助，如承办学术交流会议、促进国际交往、设置奖学（教）金、置办教学仪器设备、资助科研及成果落地转化、兴建修缮图书馆等方面，都起到了巨大的积极作用。

（二）大学教育基金会设立的宗旨

虽然我国的高校基金会宗旨各不相同，但综合来看，大部分高校基金会的成立宗旨主要反映了两个层面的含义：一是该高校基金会的作用和原则；二是与其他高校基

---

① 马兴帆. 中国互联网公益峰会探讨高校基金会数字化模式创新［EB/OL］.（2023-03-20）http://www.gongyishibao.com/html/gongyizixun/2023/03/23358.html

金会相比，该高校基金会的区别是什么。高校基金会宗旨主要陈述以下基本内容。

（1）高校基金会创办和运行的根本目的。

（2）高校基金会为达成根本目的所做的日常运营范围。

（3）高校基金会运行和管理所遵循的原则。

从已阐述宗旨的高校基金会来看，其宗旨主要表达的含义是助力高校的发展。

例如，北京大学教育基金会章程中写道该基金会的宗旨是："本基金会遵守宪法、法律、法规和国家政策，践行社会主义核心价值观，弘扬爱国主义精神，遵守社会道德风尚，自觉加强诚信自律建设。本基金会致力于加强北京大学与国内外各界的联系和合作，促进北京大学教学、科学研究和高新技术开发事业的发展。"[1]

清华大学教育基金会章程中写道该基金会的宗旨是："为推动我国教育事业的发展，提高教育质量和学术水平，弘扬清华大学的文化和理念，争取国内外组织和个人的支持和捐助。本基金会遵守宪法、法律、法规和国家政策，践行社会主义核心价值观，弘扬爱国主义精神，遵守社会道德风尚，自觉加强诚信自律建设。"[2]

浙江大学教育基金会章程中写道该基金会的宗旨是："始终坚持党的领导，把党的工作融入基金会运行发展的全过程中。汇八方涓流、襄教育伟业，全面支持和推动浙江大学的建设和发展。本基金会遵守宪法、法律、法规和国家政策，践行社会主义核心价值观，弘扬爱国主义精神，遵守社会道德风尚，自觉加强诚信自律建设。"[3]

值得注意的是，《基金会管理条例》规定了基金会应根据其章程规定的宗旨和公益活动的业务范围使用其财产，2018年10月30日发布的《慈善组织保值增值投资活动管理暂行办法》（民政部令第62号令）亦规定了慈善组织直接进行股权投资的，被投资方的经营范围应当与慈善组织的宗旨和业务范围相关[4]。相当多的基金会章程起草时未充分考虑未来的投资需求，其章程规定的业务范围未包含与《基金会管理条例》和62号令上述规定相衔接的内容，有违规嫌疑，建议在其章程规定的业务范围内增加"做好捐赠资产管理，实现基金保值、增值"或者类似表述。

① 基金会章程-北京大学教育基金会［EB/OL］.https://www.pkuef.org/gywm1/jjhzc.htm
② 清华大学教育基金会［EB/OL］.http://www.tuef.tsinghua.edu.cn/column/infomation
③ 浙江大学教育基金会［EB/OL］.http://www.zuef.zju.edu.cn/index.php/webSite/webColumn/index/38.html
④ 《慈善组织保值增值投资活动管理暂行办法》（民政部令第62号令）［EB/OL］.（2018-10-30）https://www.mca.gov.cn/article/gk/wj/201906/20190600017735.shtml

三、高校基金会特征

高校基金会的主要特征如下。

(一)高校基金会的主要资金来源是捐赠

前文提到,高校基金会属于非公募组织,不能面向公众募集资金。非公募基金会的募捐对象相对较少,因此能更加灵活地根据募捐的情况调整基金会的运作策略,满足自身的需求。

高校基金会的主要资金来源是教育捐赠。捐赠是指一个主体将现金或其他资产无条件地转移给另一个主体,或是在一项非互惠的自愿转移中清偿和免除另一主体的债务,而该主体不作为对方的所有者[①]。从字面意思来看,捐赠就是赠送,非营利组织因获得其他个人或组织带来的现金或非现金形式的收入就是捐赠收入。对于非营利机构来说,捐赠收入是其主要收入,是其开展捐赠活动和日常运营管理资金的基础。

同其他经济形式,如交换、代理等相比,捐赠的区别表现为以下几个方面:

(1)交易目的不同。捐赠者捐赠的目的是无偿向他人或机构提供资金、物品、服务等资源,以支持公益事业或社会福利事业。

(2)交易的效果不同。捐赠的效果主要表现在向受赠人提供资源,并非双方利益的最大化。

(3)交易方式不同。捐赠的交易方式是一方向另一方无条件无偿地提供一定的价值资源,即单向交易。

根据捐赠财产是否有限制,可以将捐赠收入分为两类:无限制捐赠收入和受限性捐赠收入。无限制捐赠收入是指捐赠人向接受捐赠的机构或个人捐赠财产,且没有任何附加条件或限制。也就是说,捐赠人对该捐赠财产不设任何特别要求或限制,受赠人可以自由支配、使用该笔资金或者财物,用于自己的正常运营、发展以及其他需要。受限性捐赠收入是指捐赠人向接受捐赠的机构或个人捐赠财产,但是捐赠人在捐赠时附加了一些限制或条件。这些限制可以是指定资金的用途范围、时间限制、地域限制等。如果受赠人违反了这些限制,捐赠人可以撤回捐赠财产或采取法律行动维护自己的权益。

---

① 美国FASB第116号公告《财务会计准则》

（二）大学教育基金会捐赠主体和动因

大学教育基金会获得的社会捐赠按照捐助者的不同可以分为校友捐赠、个人捐赠、企业捐赠和私人基金会捐赠四类。

1. 校友个体捐赠

校友向母校捐赠的主要动因包括以下几点：

（1）情感因素：校友与母校之间存在着浓厚的情感联系，他们对母校有着深厚的感情和认同，并希望通过捐赠来表达自己对母校的感激和支持。

（2）社会责任感：一些校友对于社会公益事业有着强烈的责任感，他们希望通过捐赠来回馈社会，同时也为其自身树立良好的社会形象。

（3）彰显个人价值观：一些校友的捐赠行为是为了彰显自己的个人价值观。例如，他们认为教育是重要的社会资源，因此愿意为其母校的发展和高等教育事业做出贡献。

（4）税收方面的优惠政策：校友捐赠可以享受到相应的税收减免或抵免，从而提高了校友进行捐赠行为的积极性。

影响校友捐赠的因素有很多，包括以下几点：

（1）校友在校期间的经历。如果校友在校期间受到过学校的资助，毕业后也更有可能回馈母校，向高校基金会捐赠资金。

（2）捐赠渠道的便利性。过于复杂和烦琐的捐赠流程会降低校友捐赠的积极性。

（3）校友本身的因素。主要包括校友的收入、性别、年龄、家庭情况等。

（4）捐赠用途的透明度。校友需要清晰了解捐赠用途，他们倾向于把资金用于可见的、有实际效益的项目上。

（5）捐赠行为的公开与宣传。如果高校基金会对捐赠人的捐赠行为进行公开宣传，也能鼓舞其他校友进行相应的捐赠行为。例如，为了拉近与捐赠校友之间的距离，上海交通大学曾将年度捐赠的宣传信息联合《上海交大报（校友月末版）》一起发给校友，刊物详细展现了学校的阶段成就、工作重心以及现阶段的实际需求，让校友更加明确母校的实际需要，在校友群体的募捐活动中取得了良好的效果。

2. 个人捐赠

这里所说的个人捐赠指的是除了校友之外的个人捐赠。利他是一种基于社会交换的心理机制，指的是人们愿意帮助那些曾经或可能帮助过自己的人。在大学捐赠中，如果高校基金会能够合理使用捐赠基金并获得良好的效果，这种利他心理将会得到进一步的加强和巩固，促使捐赠者更多地进行捐赠，甚至吸引更多的人参与到捐赠活动中来。而个人捐赠行为的主要动机则是为了追求自我价值的实现和精神需求的满足。因此，大学教育基金会的募捐工作不仅可以为学校提供更多的非营利价值和资源，也可以提供给捐赠者一个实现自我价值、满足精神需求的平台，从而更好地推动捐赠事业的发展和进一步促进社会公益事业繁荣。

捐赠者的个体特征是影响个人是否捐赠及捐赠金额大小的重要因素。个人捐赠者的薪资水平、学历水平和个人经历等因素直接或间接地影响着个人的价值观、社会责任感和慈善意识，进而影响到个人捐赠行为。例如，收入高、教育程度高和拥有慈善经历的人更倾向于进行捐赠，而个人经历中受到过贫困、疾病等援助的人也往往比其他人更具有慈善意识。而高校的社会声誉对于捐赠行为同样产生了巨大影响，声誉高的大学吸引力强，更容易得到公众的认可和支持，从而易获得更多的捐赠。此外，基金会的募捐方式和方法同样是促进个人捐赠者进行捐赠的关键所在。如果募捐方式和方法能够很好地满足捐赠者的需求与期望，提高透明度和可信度，那么就会更容易获得公众对于捐赠的信任和支持，增加募捐总额。

3. 企业捐赠

企业捐赠作为一种公益行为，其动机不仅仅是出于道德伦理、社会责任感等方面的考虑，也受到了自身经济利益等多方面的考虑。企业在进行高校基金会的捐赠时，一是可以通过捐赠树立公益形象，提升品牌知名度和美誉度，进而扩大影响力和市场份额。二是企业可以通过捐赠获得税收优惠、政府补贴或者产业政策支持，从而降低成本，获得额外收入。三是企业在进行捐赠时，还可能考虑其他的非经济利益，比如帮助高等教育的发展、培养优秀学子、促进行业良性发展等。四是通过与大学、教育机构等建立合作关系，企业可以获得专业人才资源储备、技术研发支持、维护相关政策利益等多重优质资源。以北京大学教育基金会为例，其捐赠鸣谢办法第四条规定：对提供捐赠的海内外企业、事业单位、机关、团体及个人，在国家法律、法规和学校规章制度准许的范围内，可优先享用学校的教学、科研等优质资源，优先享有开展合作、共建等权利[①]。

企业的自身因素是企业进行捐赠时需要考虑的第一个方面。企业的综合经济实力以及企业捐赠的决策人将直接影响捐赠与否和捐赠资金的多少。其次，高校的知名度、人才培养质量和科研创新水平也是影响企业捐赠的重要因素。企业会权衡不同高校的声誉和实力，为企业的利益和需求寻求最优解决方案，并根据双方约定选择合适的捐赠方式。例如，现阶段我国本土企业纷纷向清华大学、北京大学等进行捐赠，以提升

---

① 见北京大学教育基金捐赠鸣谢办法。

企业的社会知名度。此外，在选择高校基金会募捐方式时，企业也会综合考虑不同的因素。企业的自利经济动机主要表现在对企业声誉的提高，以及与大学建立合作关系并获得合法权益等方面。因此，在注重道德和社会责任层面的同时，企业需要充分权衡各种因素，为企业的利益和需求寻求最优解决方案。

4. 私人基金会捐赠

私人基金会被认为是一种更加高级的形式，因为它不仅仅是简单的资助，更是对公益事业长期、可持续发展的支持。其在国外得到了广泛的应用，例如，美国的著名私人基金会皮博迪教育基金会、福特基金会、礼来基金会等。我国大陆的私人基金会数量较少，我国香港等地的私人基金会数量较多。不过，我国许多高校基金会都接受过私人基金会的捐赠，例如邵逸夫基金会向多个学校捐赠兴建过图书馆。北京大学教育基金会于21世纪初接受了德国戴姆勒奔驰基金会、美国戴维与露西亚·帕卡德基金会、美国洛克菲勒基金会等多家国外私人基金会的捐赠。与个人或企业捐赠相似，私人基金会在捐赠时也往往设有专门的资助项目和审批机构，并且按照严格的标准和程序进行申请和审批。然而，与个人或企业捐赠不同的是，私人基金会募捐者需要更加深入地了解其特点和要求，以此确保能够成功地获得资助。同时，在申请过程中，募捐者也需要充分利用各种有利因素，尤其是通过对资助项目、募捐对象等方面的详细介绍和说明来表达高校的募捐意愿，争取通过其董事会的审核。值得一提的是，私人基金会的存在对于教育、医疗、文化、公益等领域的发展产生了积极的促进作用，并成为推动国际合作与交流的桥梁和纽带。

（三）设立目的的公益性与指向性

在我国，基金会的法人属性问题备受关注，而现有的《基金会管理条例》虽用"非营利性法人"来界定基金会的属性，却无法给予明确的定性。根据我国《民法通则》的分类，我国存在四种法人形式：企业法人、机关法人、事业单位法人和社会团体法人，然而基金会的运行与管理和常规的社会团体法人有所不同。从基金会的人员构成和运行机制来看，基金会理应属于财团法人。社团法人要求至少有两个及以上的成员才能成立，而财团法人则是对于特定财产集合赋予民事权利能力而形成的，并以捐赠目的和设立章程为活动依据的法人。因此，社团法人与财团法人的主要区别就在于是否有社员。

高校基金会的设立旨在为学校的发展提供可持续的资金支持，不仅要满足学校当前的开支需求，也需要为学校长远的发展储备资本金。根据高校基金会资金的结构和不同使用目的，高校基金会的资金使用方向可以分为奖助学基金和项目基金两个大方向。其中，奖助学基金针对在校学生群体中表现优秀的个人或家庭困难的贫困生，而项目基金则主要服务于学校教育建设、课题科研等领域。在实际操作中，高校基金会的资金使用方向主要分为引进高水平人才、对学校的奖学金和助学金资助、学校的设施建设，以及资助学科发展、科研项目、教育合作和学术交流。

耶鲁大学捐赠基金的首席执行官大卫·史文森认为，捐赠基金作为高等教育机构的重要收入来源，可用于三方面。首先，捐赠基金能够增强高校的自主性和独立性。通过维护一定规模的捐赠基金，高校能够减少对政府拨款和学费收入的依赖，从而获得更多的自主权和管理独立性。其次，捐赠基金有助于提高高校的收入稳定性。由于捐赠基金的可持续支出规模越大，高校的收入稳定性就越强，使得高校能够更好地实施长期发展规划，并增强其长远发展的能力。最后，捐赠基金可用于创造优越的教学与科研环境。高校捐赠规模越大，产生的收入越多，高校也就越能吸引优秀人才，提供更为优良的设施，支持创新性研究和教育实践活动，为营造优质的教学和科研环境提供财务上的保障。

高校基金会作为非营利性组织，在我国高等教育体制中扮演着重要的角色。然而，由于其特殊的组织形式及运作机制，其存在一些独特的特点与问题。因此，本书旨在从多个方面对大学教育基金会的运作机制进行系统的研究，主要包括组织机制、投资管理、核算与财务机制、评估机制等方面。

（四）享受税收优惠

针对大学教育基金的法律地位，其接受社会各界对大学的捐赠在一定程度上属于社会公益事业的范畴。因此，大学教育基金会可以根据相关政策申请免税，并且为捐赠者提供税收优惠政策。具体而言，现有税收优惠政策主要包括以下几方面：一是基金会的存款利息免缴企业所得税；二是企业用于公益、救济性的捐赠，在年度应纳税所得额3%以内的部分，免缴企业所得税；三是外资企业用于中国境内公益、救济性质以外的捐赠，全部免缴企业所得税；四是个人捐赠额未超过应纳税所得额30%的部分，免缴个人所得税；五是用于公益事业的捐赠物资，可以减征或者免征关税；六是社会团体（包括基金会）接受土地、房屋用于办公、教学、医疗、科研和军事设施的，免征契税。根据2004年2月5日下发的《财政部国家税务总局关于教育税收政策的通知》第8条规定："纳税人通过中国境内非营利的社会团体、国家机关向教育事业的捐赠，准予在企业所得税和个人所得税前全额扣除。"

（五）专业化的投资管理

高校基金会必须进行专业的投资管理来保持捐赠资产的购买力并实现基金的保值增值。在美国，高校基金会都是专业的机构投资者，参与资本市场的投资。耶鲁大学捐赠基金表现优异，在各大学之中名列前茅。该校基金经理人大卫·史文森通过降低传统股票和债券比例，加重对冲基金、房地产的投资，成功避开了 2000 年网络泡沫危机。截至 2021 年 6 月 30 日的 10 年中，耶鲁大学捐赠基金年回报率为 12.4%，基金规模增长至 423 亿美元，为该大学的运营预算贡献了 121 亿美元。相比之下，我国过去由于资本市场欠发达，一些高校基金会的资金管理通常以存入银行为主，难以实现保值增值。但随着金融市场的快速发展和金融创新的涌现，我国高校基金的管理者在制订投资规划时可选择的投资产品也越来越多。

第三节　国内高校基金会的发展环境

一、法规政策环境

在我国，2004 年以前基金会往往被归入社团法人，但基金会不是以人为基础，而是以财产为基础设立的组织，这与社团由会员组成的基本特点有着本质差异，因而民政部无法将基金会按照社团的方式来登记、管理，必须制定相关的专门法规。我国的高校基金会与中国扶贫基金会、壹基金等基金会一样，受到与基金会相关的法规政策约束。

（一）基金会

根据《基金会管理条例》，公募基金会可以面向公众募捐，而非公募基金会不得面向公众募捐。我国的高校基金会绝大多数都以非公募的身份存在，目前只有三个是公募基金会（见表 3-3）。其中，宁夏银川大学教育发展基金会在 2009 年由非公募转为公募。此外，1997 年注册成立的吉林大学教育基金会于 2013 年由公募转为非公募。有业内人士指出，非公募基金会的身份对大学非常有利，一方面这并不耽误学校的筹款工作，另一方面学校筹得的资金可以长期分配，因为非公募基金会的支出规则比公募基金会宽松得多，这在无形中推动了近几年国内高校基金会的快速发展。

表3-3　我国三所公募性质高校基金会的概况

名称	登记部门	成立时间	原始基金（万元）（注册资金）	净资产（亿元）（2020年）	净资产（亿元）（2021年）
中国科学技术大学教育基金会	安徽省民政厅	1996年	580	8.25	9.05
宁夏银川大学教育发展基金会	宁夏回族自治区民政厅	2005年	400	0.05	0.05
西安交通大学教育基金会	陕西省民政厅	2006年	400	4.61	5.78

资料来源：根据基金会中心网资料整理而成。

国务院民政部门和省、自治区、直辖市人民政府民政部门是基金会的登记管理机关。省、自治区、直辖市人民政府有关部门或者省、自治区、直辖市人民政府授权的组织，是在省、自治区、直辖市人民政府民政部门登记的基金会的业务主管部门。在我国，成立基金会所需具备的条件如表3-4所示[①]。有学者认为，我国基金会成立的原始基金在形式上仅限于货币资金并不妥，也应该包括实物资产，此外非公募基金会的原始基金不低于2000万元有些偏高，应适度降低且考虑地区差异。

表3-4　我国成立基金会的条件

目的	为特定公益目的而设立
原始资金	全国性公募基金会不低于800万元 地方性公募基金会不低于400万元 民政部注册的非公募基金会不低于2000万元 地方注册的非公募基金会不低于200万元 原始资金必须为到账货币资金
构成	有规范的名称、章程、组织机构 有与其开展活动相适应的专职工作人员 有固定的住所
责任	能够独立承担民事责任

（1）在投资方面，在1988年出台的《基金会管理办法》中，基金会被定性为非营利投资机构，由中国人民银行出台关于基金会投资的限制性和指引性规定。至2004年《基金会管理条例》颁布实施，国家从未禁止基金会对其资产进行投资，而是实行原则性、开放性政策。虽然未对基金会的保值增值行为做具体要求，但政府仍力图通过

---

① 中华人民共和国国务院令（第400号）基金会管理条例［EB/OL］.（2004-03-08）https://www.gov.cn/gongbao/content/2004/content_62724.htm

社会监督、内部监督来约束基金会的投资行为。基于《基金会管理条例》第 43 条的规定，一旦基金会投资失败，参与决策的理事须承担相应损失。这就意味着，基金会的投资赚钱了，归基金会所有；投资失败了，责任由理事承担。很显然，这在一定程度上制约了基金会的决策层做出相关的投资决策，也因此限制了基金会投资增值的能力。

（2）在支出方面，法律对公募基金会和非公募基金会的要求差别较大。根据《基金会管理条例》第 29 条，公募基金会每年用于从事章程规定的公益事业支出占上一年总收入的比例不低于 70%，非公募基金会每年用于从事章程规定的公益事业支出占上一年基金余额的比例不得低于 8%。很明显，公募基金会的资金支出压力很大，每年必须重新募集大量的捐赠资金才能既保证支出要求，又不必过分动用原始基金致使其低于法律规定的最低值。公募基金会每年募集大量的资金，同时不断地将募集的捐赠用于其支持的公益项目，资金流动性高，难以实现本金长期的保值增值。非公募基金会则不同，由于支出比例较小，可以保留较多的资金，非公募基金会在投资方面更为灵活，可以通过对本金和每年留存资金的再投资来获取不菲的收益，从而可持续地支持公益事业。这一点与高校事业发展的需求是非常吻合的。这两类基金会的其他项对比详见表 3-5。

表3-5　公募基金会与非公募基金会的比较

	公募基金会	非公募基金会
筹资对象	面向公众募集资金	面向特定个人或组织，不得向公众募集资金
主要分类	按募捐的地域范围分为全国性公募基金会和地方性公募基金会	按类型主要分四种：公司化基金会、高校基金会、企业内部基金会、社会名人基金会
首次出现	1981 年，中国儿童少年基金会成立，原始基金 800 万元	2004 年，香江社会救助基金会，原始基金 5000 万元（企业出资） 2006 年，王振滔慈善基金会，原始基金 2000 万元（个人出资）
申请难度	难度较大，门槛较高	难度较小，门槛较低
管理体制	由登记管理机关和业务主管单位构成的双重管理体制	只要是业务涉及民政所主管的社会福利、慈善等领域的非公募基金会，民政部与地方民政部门都会积极承担业务主管职责
治理结构	具有亲属关系的不得同时在理事会任职	用私人财产设立的非公募基金会，相互间有近亲属关系的基金理事，总数不得超过理事总人数的 1/3；用非私人财产设立的非公募基金会，具有亲属关系的不得同时在理事会任职
公益支出	每年不得低于上一年总收入的 70%	每年不得低于上一年基金余额的 8%

基金会的支出分为公益支出和非公益支出。公益支出包括基金会从事公益事业的所有支出，如公益资助项目的费用、执行项目的成本以及基金会组织募捐的费用等。其他支出如基金会专职工作人员的工资福利、基金会日常办公的行政开支等属于非公

益支出。《基金会管理条例》规定，基金会工作人员工资福利和行政办公支出不得超过当年总支出的 10%。以上提及的三个比例数据均是经过 3 年多的论证和听取各方意见后得出的。

（3）在监管方面，不仅《基金会管理条例》中有相关规定，民政部还在该条例的基础上进一步制定了《基金会年度检查办法》和《基金会信息公布办法》，从年度工作报告报审、信息公开的内容和方式等方面更为详细地列出了相关规范性条款。这些条款不仅是为了加强对基金会代表机构的管理，也是为了保护捐赠人及相关当事人的合法权益。

此外，在注册方面，曾有很长一段时间基金会只能在民政部或者省级民政厅注册。2009 年 7 月，《民政部、深圳市人民政府推进民政事业综合配套改革合作协议》签订后，深圳市成为首个基金会审批权限下放城市。2012 年，民政部开始正式在全国推动审批权限从省级下放到市县级，截至 2014 年 12 月，全国已有 20 个省会出台了基金会审批权限下放政策。政府下放基金会审批权限直接促成了大批基金会的诞生，允许这些基金会的成立和成长，有助于相关人士探索出基金会发展的更好模式，也有利于形成一个良好的基金会生态环境，从而反过来推动基金会立法的完善。

据基金会中心网公布的数据显示，截至 2022 年 4 月 22 日，我国基金会数量近9000 家，超九成是在 2004 年及以后成立的。2004 年以来，基金会数量年均增长率达到 13.375%，呈先激增后趋缓的态势。2016 年《中华人民共和国慈善法》的正式实施与此前出台的《基金会管理条例》等相关的基金会发展政策一起，初步构成支持促进基金会发展的法律法规体系，使相关部门对基金会的日常监管与规范得以加强，因而在增速上略有下降。

（二）税收

毫无疑问，教育作为一个造福世代的公益事业，是社会捐赠的重点领域。《中华人民共和国公益事业捐赠法》旨在鼓励和规范捐赠与受赠行为。表 3-6[①] 列出了政府对公益事业捐赠的优惠措施，从中可以看出，无论是组织还是个人，无论是境内还是境外，只要向该法第 2 条所界定的公益事业提供捐助，都可获得相应的税收优惠。

---

① 《中华人民共和国公益事业捐赠法》［EB/OL］.（2005-05-25） https://www.gov.cn/banshi/2005-05/25/content_903.htm

表3-6　公益事业捐赠的优惠措施

第 1 条	为了鼓励捐赠，规范捐赠和受赠行为，保护捐赠人、受赠人和受益人的合法权益，促进公益事业的发展，制定本法
第 2 条	公益事业是指非营利的下列事项：（一）救助灾害、救济贫困、扶助残疾人等困难的社会群体和个人的活动；（二）教育、科学、文化、卫生、体育事业；（三）环境保护、社会公共设施建设；（四）促进社会发展和进步的其他社会公共和福利事业
第 24 条	公司和其他企业依照本法的规定捐赠财产用于公益事业，依照法律、行政法规的规定享受企业所得税方面的优惠
第 25 条	自然人和个体工商户依照本法的规定捐赠财产用于公益事业，依照法律、行政法规的规定享受个人所得税方面的优惠
第 26 条	境外向公益性社会团体和公益性非营利的事业单位捐赠的用于公益事业的物资，依照法律、行政法规的规定减征或者免征进口关税和进口环节的增值税
第 27 条	对于捐赠的工程项目，当地人民政府应当给予支持和优惠

　　从理论上讲，基金会是同企业一样的纳税人，但是作为公益性非营利法人，基金会不能像企业那样通过以营利为目的的手段获得财产，其全部财产来源于捐赠及捐赠资金可能带来的投资收益。而且，基金会从事社会公益事业，做一些政府不便做、不能做，而群众生活和社会发展又切实需要的事情，理应获得政府的支持。因此，基金会应当享受税收优惠。税收优惠是政府对基金会支持和监管的一种手段，从某种意义上说，也是政府对基金会的捐赠。

　　在我国，基金会可以享受的税收优惠包括公益性捐赠税前扣除资格（税前扣除资格）和非营利组织免税资格（免税资格）。这两种税收优惠的受益者是不同的：当基金会享有税前扣除资格时，向该基金会捐赠的单位可在捐赠后享受税前扣除的优惠；当基金会享有免税资格时，基金会可以在一些收入上免缴或者少缴纳税收。这些税收优惠资格都需要向有关单位提交申请，并且达到一定条件才可享受。截至 2013 年年底，共有 3034 家基金会公布了自己所享有的税收优惠，其中大部分（1927 家，64%）享受公益性捐赠税前扣除资格，小部分（740 家，24%）享受非营利组织免税资格，两种资格都具备的基金会有 614 家，占比约为 20%。[①] 根据慈善中国官网数据显示，截至 2023 年 4 月中旬，共有 7272 家基金会，其中大部分（3737 家）享受公益性捐赠税前扣除资格。财政部、税务总局、民政部发布的 2022 年第 40 号文件《关于 2022 年度一

---

① 基金会的税收优惠_数据报告_基金会中心网［EB/OL］.（2014-12-05）http://foundationcenter.org.cn/report/content?cid=20150612140458

2024 年度和 2023 年度—2025 年度公益性社会组织捐赠税前扣除资格名单的公告》显示，2022 年度—2024 年度符合公益性捐赠税前扣除资格的公益性社会组织包括：周大福慈善基金会、中国老龄事业发展基金会、中国退役军人关爱基金会、中国法学交流基金会、华鼎国学研究基金会、欧美同学基金会、铁路青少年发展捐助中心、中联肝健康促进中心、中国社会工作联合会。2023 年度—2025 年度符合公益性捐赠税前扣除资格的公益性社会组织包括：中国社会福利基金会、中华少年儿童慈善救助基金会、中华社会救助基金会、中社社会工作发展基金会等 145 家。①

1. 捐赠者层面

向具有公益性捐赠税前扣除资格的基金会捐款的个人和企业能够在应纳税所得额中扣除一定的额度，只是个人捐赠和企业捐赠所适用的比例不同。对个人捐赠而言，《中华人民共和国个人所得税法》及其实施条例规定，个人将其所得通过中国境内的社会团体、国家机关向教育事业、其他社会公益事业以及遭受严重自然灾害地区、贫困地区捐赠时，捐赠额未超过纳税义务人申报的应纳税所得额 30% 的部分，可以从其应纳税所得额中扣除。如 A 某 2022 年的应纳税所得额为 30 万元，同年 A 某向 Z 基金会捐赠 5 万元。因为捐赠数额在应纳税所得额的 30%（9 万元）以内，因而全部捐赠可享受税前扣除，即 A 先生在 2022 年最终需要纳税的个人收入为 25 万元。

对企业捐赠来说，企业通过公益性社会团体或者县级以上人民政府及其部门，用于《中华人民共和国公益事业捐赠法》规定的公益事业的捐赠支出，在其年度利润总额 12% 以内的部分，准予在计算应纳税所得额时扣除。这是 2008 年 1 月 1 日起生效的《中华人民共和国企业所得税法》对原使用的《中华人民共和国企业所得税暂行条例》（1994 年 1 月 1 日生效，2008 年 1 月 1 日废止）的修改：一是扣除比例的变化，从 3% 提高到 12%；二是扣除依据（计算基数）的变化，将"年度应纳税所得额"改为"年度利润总额"。其中，年度利润总额是指企业依照国家统一会计制度的规定计算的年度会计总额。如 2022 年，B 公司向 Y 基金会捐赠了 200 万元后，其当年的利润总额为 1500 万元。因为捐赠额度超过了年度利润总额的 12%（180 万元），所以只有 180 万元可享受税前扣除，即 B 公司当年应纳税的利润总额为 1520 万元。

公益性捐赠税前扣除资格的认定有严格的法律程序。根据《财政部、国家税务总局、民政部关于公益性捐赠税前扣除有关问题的通知》和《财政部、国家税务总局、

---

① 财政部 税务总局 民政部关于2022年度—2024年度和2023年度—2025年度公益性社会组织捐赠税前扣除资格名单的公告［EB/OL］.（2022-12-30）http://www.chinatax.gov.cn/chinatax/n810341/n810825/c101434/c5183528/content.html

民政部关于公益性捐赠税前扣除有关问题的补充通知》，公益性社会团体应同时向财政、税务、民政部门提出申请，并分别报送材料，民政部门负责对公益性社会团体资格进行初步审查，财政、税务部门会同民政部门对公益性捐赠税前扣除资格联合进行审核确认。

2020 年 5 月，财政部发布了《关于公益性捐助税前扣除有关事项的公告》（财税〔2020〕27 号文），与 2019 年相比，2020 年获得公益性捐赠税前扣除资格的公益性社会组织数量大幅度减少。以北京市为例，2019 年获得这一资格的公益性社会组织有 770 家，2020 年则仅有 265 家。在业界的争议声中，2021 年 2 月 7 日，三部门针对上述公告再度联合发布《关于公益性捐赠税前扣除资格确认有关衔接事项的公告》。其中就《关于公益性捐助税前扣除有关事项的公告》中对于公益慈善事业支出和管理费用比例、评估等级、非营利组织免税资格等方面的规定进行了调整和放宽。2 月新规一出台就被业内视为《关于公益性捐助税前扣除有关事项的公告》的"补丁公告"，"补丁公告"的出台一定程度上弥补了此前公告的瑕疵。

2. 非营利组织免税资格

尽管《基金会管理条例》中明确了基金会应当享受税收优惠的政策原则，但是很多具体的免税条款却没有得到相应的法规政策支持。2008 年年初《企业所得税法》及其实施条例生效后，非营利组织的认定及其收入免税问题一直处于搁置状态，直到 2009 年年末《财政部、国家税务总局关于非营利组织企业所得税免税收入问题的通知》和《财政部、国家税务总局关于非营利组织免税资格认定管理有关问题的通知》发布后才让相关问题有了政策依据。如表 3-7 所示，获得免税资格的基金会，其进口关税和进口增值税，以及所得税条目下的政府财政资助和社会捐赠享受不同程度的免税：来自有价证券收益和经营收入的所得按正常规则纳税，营业税、增值税、消费税以及所得税中的存款利息则尚无明确法律规定。非营利组织免税优惠资格的有效期为五年，其应在期满前三个月内提出复审申请，不提出复审申请或复审不合格的，其享受免税优惠的资格到期自动失效。

表3-7 针对非营利组织不同税种的优惠政策

税种		税收政策
所得税	政府财政资助	不同程度地免缴税收
	社会捐赠	不同程度地免缴税收
	存款利息	无明确规定
	有价证券收益	征缴税收
	经营收入	征缴税收
营业税		无明确规定
增值税、消费税		无明确规定
进口关税、进口增值税		不同程度地免缴税收

根据《财政部、国家税务总局关于非营利组织免税资格认定管理有关问题的通知》规定，被认定具有免税资格的非营利组织必须满足"财产及其孳息不用于分配，但不包括合理的工资薪金支出"。而高校基金会基本上都有明确的支出要求，其资金所获得的利息被用于教学、科研、学生等诸多方面，因此不符合免税资格认定标准。事实上，在基金会中心网上检索的结果也显示，高校基金会的优惠资格类型通常只有公益性捐赠税前扣除资格，而无非营利组织免税资格。

3. 税收障碍

尽管有税前扣除和免税等优惠，我国的慈善捐赠仍然面临一些税收障碍，举例如下。

（1）基金会的原始基金不能享受税收优惠。2007年，湖南人卢德之与几位出资人以两亿元在民政部注册成立了华民基金会，这在当时是我国原始出资额最大的非公募基金会。然而，由于这笔钱是捐赠者在北京的公司从其深圳子公司获得的分红，用来注册基金会需缴纳税款，在与有关部门协商两年多未果后，基金会的出资人最终不仅按照深圳市2008年出台的新企业所得税规定的18%税率补缴了3600万元的税金，还为税款拖欠交了2000万元滞纳金。在2013年的非公募基金会发展论坛上，华民基金会理事长卢德之透露，因不堪税负，基金会已将两亿元注册资金降低为5000万元。针对非公募基金会原始基金征税这一问题，有学者指出，基金会成立当年即应享受税收优惠，对超出当年额度的部分，可在后几个年度实行税前扣除。

（2）基金会的投资收益不享受免税优惠。2007年，南都基金会将半年来获得的1600万投资收益（净利润1000万元）变现，并在年度报表上体现出来，结果交了33%的企业所得税款330万元。

（3）股权捐赠面临高昂的税负。2011年5月，福耀集团董事局主席曹德旺向河仁慈善基金会捐赠 3 亿股福耀玻璃股票，是我国首例通过股权方式向基金会注资的慈善捐赠。然而，这笔市值为 35.49 亿元的捐赠却面临 5 亿多元的税款，约占捐赠数额的 14%。经与有关部门协调后获得特批，河仁慈善基金会暂缓五年缴纳所得税。2016 年 3 月 16 日第十二届全国人民代表大会第四次会议通过的《中华人民共和国慈善法》第 83 条规定："捐赠人向慈善组织捐赠实物、有价证券、股权和知识产权的，依法免征权利转让的相关行政事业性费用。"这一规定极大地鼓励了相关捐赠活动。

二、高等教育环境

教育是基金会发挥其公益职能的一个重要领域。中国共产党第十四次全国代表大会在建设有中国特色社会主义理论的指导下，确定了 20 世纪 90 年代我国改革和建设的主要任务，明确提出"必须把教育摆在优先发展的战略地位，努力提高全民族的思想道德和科学文化水平，这是实现我国现代化的根本大计"。中共中央、国务院于 1993 年颁布了《中国教育改革和发展纲要》，不仅对教育本身的改革提出了要求，也强调建立教育经费多元化的体制。其第 47 条指出："要逐步建立以国家财政拨款为主，辅之以征收用于教育的税费、收取非义务教育阶段学生学杂费、校办产业收入、社会捐资集资和设立教育基金等多种渠道筹措教育经费的体制。"

党的二十大报告指出，过去十年来我国建成世界上规模最大的教育体系，教育普及水平实现历史性跨越。习近平总书记指出："让人民生活幸福是'国之大者'。"推动高等教育高质量发展，必须坚持人民至上，始终把实现好、维护好、发展好最广大人民根本利益作为一切工作的出发点和落脚点。把我国高等教育发展方向同我国发展的现实目标和未来方向紧密联系在一起，牢牢坚持高等教育为人民服务、为中国共产党治国理政服务、为巩固和发展中国特色社会主义制度服务、为改革开放和社会主义现代化建设服务，扎根中国大地办大学，加快建设中国特色、世界一流的大学和优势学科。

党的二十大提出，高等教育是人才培养和创新驱动的重要阵地，建设一流大学、高水平学科是国家中长期发展战略中的重要任务。因此，要创新高等教育治理体系和治理能力，优化高等教育环境，营造良好的创新氛围和学术环境。要推进高等教育综合改革，完善高等教育政策法规，加强质量评估和监管，深化人才培养模式改革，推进工科类高校转型发展等。同时，还要加强高等职业教育和成人教育，逐步缩小城乡、区域、校际差距，使更多人享受高等教育资源。重视高等教育教师队伍建设，提高教育教学质量。要加强师德师风建设，优化师资队伍结构，提高教师职业素养和教学水平，推进教育教学改革。

党的二十大报告强调了高等教育环境建设的重要性，在推进高等教育综合改革、加强师资队伍建设等方面提出了具体措施。这些措施有助于提高高等教育质量，培养更多高素质人才，促进我国教育事业的发展。

高校基金会本身是高等教育领域中一个非常重要的组成部分。高校基金会通过资助教学、科研、人才培养等方面的发展，起到了推进和支撑高等教育事业的作用。大学教育基金会是基金会发展相对稳定时期出现的新事物。随着高等教育规模的扩大，办学经费不足、教育成本上升等问题日益凸显，政府还专门出台了一些法规政策来支持和引导高等教育财务体系的调整。本着提高教育质量和学术水平、加强学校与社会的联系、争取国内外团体和个人的支持与捐助的目的，大学教育基金会的存在适应了我国高等教育经费需求扩大与筹资管理专门化的需求。我国众多的高校都相继设立了教育基金会，尤其是顶尖名校，更是早已意识到社会捐赠的重要性，并开始借助本校的基金会来更好地实现其高等教育的职能。

（一）经费需求扩大

就目前来说，我国高等教育财政收入已从单一的政府拨款模式，发展成为政府拨款为主、多渠道筹资为辅的财政体系。鲍威[①]将我国高等教育经费来源的变迁分为三个阶段。从最初的无偿教育到有偿教育，教育成本逐渐被分摊给受益者，学费从无到有并逐渐上升到接近受益者的支付上限。虽然政府在高等教育成本分担中的比例有所减少，但我国高等教育经费仍然主要来自中央和地方政府的拨款。

根据教育部、国家统计局、财政部联合发布的《关于2021年全国教育经费执行情况统计公告》（教财〔2022〕3号）显示：2021年国家财政性教育经费为45835.31亿元，比上年增长6.82%，占国内生产总值（GDP）比例为4.01%，该比例在2017年、2018年、2019年、2020年分别为4.14%、4.11%、4.04%、4.22%。已连续多年超过4%，达到了国际标准。然而我国教育经费占GDP的比重与发达国家相比仍有较大差距，教育经费投入不足依然制约着我国教育事业的发展。努力增加教育经费总量，不仅要大力增加财政性教育经费，还要积极鼓励社会资金投入教育。

随着高校功能日趋复杂、高等教育成本不断上升，世界一流大学之间的竞争加剧，

---

① 王蓉，鲍威. 高等教育规模扩大过程中的财政体系：中日比较的视角．[M].北京：教育科学出版社，2008.06.

对大学发展资金的需求不断增加。然而，全球公共财政对高等教育体系的总体支持减弱，大学对社会资源的依赖显著增加。

（二）筹资管理规范化

在我国，正式注册的大学教育基金会属于非营利组织——基金会的一种，是由高校设立发起，以服务高校为目的、面向海内外的筹款与捐赠管理机构。大学教育基金会基本上是非公募基金会，并不面向社会普通民众开展募捐活动，其资金来源于特定个人或组织，如校友和校友创办的企业等。一般而言，大学教育基金会只接受校内外的慈善捐赠而不对外进行募捐。

为推动高校筹资专业化与规范化，我国政府出台了不少与高等教育财务活动相关的法规政策。《中华人民共和国高等教育法》及其实施意见都直接表明，国家鼓励高校实现多渠道资金筹集，鼓励社会组织和个人支持高等教育发展。2009 年起财政部、教育部设立配比基金，对中央级普通高校通过筹款工作获得的资金给予适当比例的配比支持，引导社会资源向教育领域配置，积极鼓励高等教育学校筹资的政策实施，使得高等学校筹集社会资源的积极性进一步提高。教育部、财政部、民政部于 2014 年 9 月发文就加强中央部门所属高等学校教育基金会的财务管理提出了相关意见。

三、宏观经济环境

高等教育从游离于商品经济生产过程之外，逐渐成为知识的主要创造者，并在经济发展中发挥越来越重要的作用：高等学校从自给自足的象牙塔到日益主动参与到市场中寻求各种教育资源，其中最为突出的表现是通过筹措办学经费来保障自身发展的稳定性与可持续性。财富的大量积累，使得个人和组织拥有多余的资金来回馈和帮助社会公益事业，尤其是教育、扶贫等领域。当高校基金会拥有一定数量的捐赠后，基金的保值增值就提上日程，金融市场的发展和专业投资公司的出现，为高校基金会的投资增值提供了很好的途径。

（一）社会财富的积累

改革开放以来，我国的乡镇企业、民营企业、三资企业大量兴起，经济实现了持续的高速发展，总体经济实力不断增强，为我国包括高等教育在内的诸多事业的发展奠定了良好的经济基础。

随着社会财富的不断增加，富裕阶层也不断增多，不少企业和个人在自身富裕起来的同时，开始积极设立各类基金会。在市场内生的路径下，已经拥有相当财富的主体是基金会产生的重要推动力。

非公募基金会是整个社会的财富以及富有阶层所拥有的财富规模积累到一定程度应运而生的组织形式，是市场中已有的私人财富探索回馈社会的一种方式。个人背景基金会主要以个人财富为捐赠来源，多由企业家个人或者其家族发起创立，并持续向基金会捐款或者捐赠股权。这批基金会代表了企业家向慈善家转变的趋势，越来越多的个人财富进入慈善领域，终将成为现代慈善的有力支撑。

2019 年 1 月 15 日，北京师范大学中国公益研究院联合深圳国际公益学院发布《中国家族慈善基金会发展报告（2018）》。截至 2018 年年底，我国共有家族慈善基金会 268 家，占全国基金会总量的 4%；2005—2017 年，我国家族慈善基金会捐赠支出由 873 万元增长至 37 亿元，呈几何级数增长。家族慈善基金会的善款主要投向扶贫、基础教育、高等教育领域。半数的家族慈善基金会以 200 万元资金注册成立。东南沿海家族慈善基金会最多。

在市场化不断深入的大背景下，需求和供给同受刺激，企业的快速发展带动了诸多行业的繁荣，充裕的资金催生了众多的企业基金会。2020 年中国企业基金会发展报告中指出，截至 2020 年底，我国基金会数量已达 8565 家，其中企业基金会数量达到 1709 家，占全部基金会数量的 19.95%。截至 2019 年底，企业基金会净资产规模占全国基金会净资产的 16%，捐赠收入占全国基金会的 21.7%，公益支出占全国基金会的 15%。

2021 年是"十四五"开局之年。《中华人民共和国国民经济和社会发展第十四个五年规划和 2035 年远景目标纲要》中提出"鼓励民营企业积极履行社会责任、参与社会公益和慈善事业"。2022 年全国两会中，全国人大代表雷军建议"适度放宽企业基金会注册门槛及业务范围限定，促进民营企业深入参与社会公益慈善事业"；全国人大代表崔根良建议"分类施策、合理管理民营企业非公募基金会，鼓励更多民营企业家终身投身社会公益慈善事业"。

（二）金融市场的发展

金融市场为包括高校基金会在内的机构投资者提供了种类丰富的投资产品。市场开放和金融创新促使我国金融市场上的投资产品越发丰富多样，主要包含现金管理类、固定收益类和权益类。这三大类资产的风险递增，收益也逐渐增长。目前，已经开始尝试投资的高校基金会主要选择现金类和固定收益类的产品，对股权类投资涉及较少。虽然期货、期权等衍生金融工具由于受到政策限制，并不适用于高校基金会的投资，但仍有许多其他的高收益股权投资标的可供选择。随着需求凸显，市场上也将出现更加契合高校基金会投资特点（期限长、高收益、低风险等）的投资品种。

四、捐赠文化环境

捐赠行为是在捐赠能力和捐赠意愿共同作用下完成的。捐赠能力通常由捐赠者的经济水平决定，有高有低，而捐赠意愿则通常受文化因素的影响。早在商汤时期就有"饥者食之，寒者衣之，不资者振之"的赈恤饥寒措施，这被视为我国古代慈善事业的起源。捐赠文化形成于人类长期的捐赠事业发展过程中，是社会成员自觉接受和普遍认同的捐赠价值观念与捐赠行为规范的总和。捐赠文化能够催生"助人""互济"等一系列高尚的社会行为，是衡量一个民族道德水准和社会文明程度的重要标志。本书中所说的"捐赠"特指慈善捐赠，即我国税法中所称的"公益、救济性捐赠"。慈善和捐赠两者是紧密联系在一起的。一方面，捐赠是慈善事业的重要资金来源，社会各界的自愿捐赠构成整个慈善事业生存与发展的经济基础；另一方面，捐赠本身就是一种重要的慈善行为。

早期的民间慈善捐赠活动多以血缘或地理关系为基础，捐赠对象通常是宗族内的贫困者或遇到困难的乡邻。宋代范仲淹创建的义庄即以赡养同宗族的贫穷成员为目标，这种私人义庄模式一直运转到清朝宣统年间，持续了800多年。然而，宗族慈善捐赠的目的并非纯粹的济贫，而是为了维持家族的声望，受益人有限，具有地域观念和亲族观念的狭隘性。因此，早期民间慈善捐赠的意义主要在于宗族制度的发展，而不在于推动广义的社会福利，相关的历史记载也大多是零散的个案。

义赈制度在19世纪70年代末"丁戊奇荒"之际应运而生。为了应对当时华北各省出现的特大饥荒，江浙绅商组织和发动了民间义赈，并利用报刊和电报来刊登募款信息，手段先进，规程严密。由于组织有力，这次活动得到社会各阶层的积极响应。就地域范围来说，此次并不限于上海、江浙等地，而是以上海为中心向周边广大地区辐射，遍及我国内陆大部分省份，并远达香港、澳门地区，甚至辐射到日本的横滨、长崎和美国的旧金山等地。就社会身份来说，上至达官名流、富绅巨贾，下至仆隶乞儿、普通百姓，还有远隔重洋的爱国华侨等。这种"善举不择人而与，亦不择地而出"的捐赈盛举，大大突破了传统宗法乡土观念的束缚，使赈灾成为一项具有广泛群众基础的社会性事业。

2008 年，全国爱心人士齐聚汶川，全民慈善风暴兴起，我国慈善迈进媒体宣称的"公益元年"，"中国式慈善"获得井喷式发展。然而高潮过后，我国慈善事业遭遇重挫。一系列负面消息爆出，在国内掀起了"问责风暴"，基金会等慈善机构的公信力面临危机，民众对社会捐赠的热情降低，社会捐款数额随即出现锐减。2011 年 6 月全社会捐款额为 10.2 亿元，7 月则直降至 5 亿元，跌幅超过 50%。我国慈善机构对受赠财物监管不严，财务状况不够透明，被曝光的负面事件挫伤了民众捐赠的初心，让本该受到褒扬的慈善事业遭到诟病。这是我国社会捐赠领域存在的一大问题，捐赠不仅需要民众的积极参与，也需要受赠机构的健康运营。

无论从理念还是模式上，我国的捐赠文化都得到了长足的发展，而高校基金会的出现也大大受益于捐赠文化在社会中的渗透。教育作为惠及全民的公益事业，多年来吸引了不少成功人士的支持。我国香港地区的一批爱国人士，如包玉刚、邵逸夫等，为我国高等教育事业捐资捐物，做出了巨大贡献。2007 年《中华人民共和国慈善法》被列入了全国人大的立法规划和国务院的立法计划，2016 年 3 月两会授权发布了审议通过的《中华人民共和国慈善法》全文，并于同年 9 月 1 日施行，这更是鼓励并规范了社会捐赠。几乎所有高校都开始积极建设校友网络，通过广大的校友资源，为学校争取到更多捐赠。充分动员以吸纳这些潜在资金来支持高校事业的发展需要值得信赖的渠道，而高校基金会正是具备这样潜力的募资机构。

第四节　高校基金会在高校中的作用

一、募集社会资金，助力高校办学

高校在我国高等教育行业中发挥着不可或缺的作用，因此政府对高校的支持也在逐年加大。每年，国家会根据地区的不同和各高校自身情况的不同为各高校分配专项经费。虽然国家计划经费可以满足大学日常开支的需求，但是大学所需的发展经费则取决于各自的力量。为了满足高校的发展需要，高等教育基金会开始成立并逐步协助各高校应对所面临的挑战。

截至 2016 年年底，全国高校基金会净资产已经超过 300 亿元，超过全国非公募基金会净资产总量的 50%。2016 年，全国高校基金会捐赠收入超过 70 亿元，公益支出超过 50 亿元。作为我国高等教育发展的重要支持力量，高校基金会扮演着不可或缺的角色。

2019 年，泰禾投资集团与字节跳动各向南开大学捐赠了总额达 1 亿元的善款，用于支持"南开大学·牛津大学国际联合研究院"等项目。同年，宜宾五粮液集团向四川大学捐赠了 1 亿元，用于帮助四川大学建设高端人才队伍。

2021 年，宁德时代董事长曾毓群将所持有的市值 13.74 亿元股票捐赠给上海交通大学。继杭州市西湖教育基金会推动创办西湖大学之后，2021 年由曹德旺创立的河仁慈善基金会承诺投入 100 亿元在福州市建设福耀科技大学，并向河南省人民政府捐赠 1 亿元用于防汛抗灾。2021 年 5 月 8 日，浙江工商大学迎来了 110 周年校庆。在这一天，中静新华资产管理有限公司出资 3.5 亿元成立了浙江工商大学英贤专项基金，用于资助浙江工商大学建设慈善学院，并培养一批本、硕、博国民教育系列的公益慈善人才。这些善款将有助于学校提升办学质量和人才培养质量。

二、整合资源，支持学校发展

高校基金会被赋予了最大限度地为高校筹集教育资金，服务于大学发展的核心任务和使命。因此，如何拓宽高校基金会的筹资渠道成为一项受到高度重视的工作。最近几年，高校捐赠呈现快速增长的趋势，其中不仅占比高、数额多，而且流向名校的情况也日益明显。根据《2014—2017 年中国慈善捐助报告》的统计数据，2015 年以来，高校收到的社会捐赠迅速增加，收到的教育类捐赠已经超过医疗健康类捐赠，约占捐赠总额的 30%。与此同时，国内高校所获得的单笔捐赠额纪录也在不断刷新。例如，在 2018 年，碧桂园集团董事局主席杨国强就向清华大学捐赠了 22 亿元；而在 2019 年，融创中国董事会主席、清华大学校友孙宏斌向清华大学捐赠了 10 亿元。这些都表明高校捐赠受到了全社会越来越多的支持和重视。

为了实现跨越式发展的既定战略目标，高校需要有效整合校内外各种资源和力量。而高校教育基金会可以通过聚集和整合社会各方的力量，以需求为导向，以项目为驱动，以平台化的方式进行资源整合，同时兼顾多方利益，成为一个优质资源整合载体。高校教育基金会的主要功能是根据学校战略目标合理调配各种需求和利益，将增量资源分配给关键和潜在领域。在增量资源有限的情况下，高校教育资金会可以重新配置现有资源，并通过有选择性的整合来追求资源的合理使用，这是高校教育基金会的基本功能定位。这种高效有序的整合主要集中在财政、人才和信息等资源上。

高校基金会的重要使命之一是将募集到的资金合理运用于教学、科研等领域，以缓解高校的财政压力。除了直接的资金支持，高校办学所需的社会资源在大学教育中的作用也是至关重要的。这些资源还包括人力、物力、智力、时间以及社会关系等间接资源，这些间接资源都可以转化为实质性的资金。通过专业化的运营，高校教育基金会能够促进社会资源的流动和财产属性的转化，从而创造出实际的社会效益。高校教育基金会的筹款部门、外联部门和财务部门不仅在学校重大决策中发挥着发展智库和资源支持的作用，还引入了来自社会和市场的各种创新理念、管理方法、评估机制等隐性资源，从而为高校带来外部显性资源，同时也推进了高校的创新和发展。

三、促进大学自身管理的科学

高校教育基金会在高校制度化建设中能给予其巨大的支持，不论是在具体制度安排上的执行，还是通过科学化管理与组织推动高校的科学化建设。高校需要通过改革和创新加强学校的战略发展能力，破除制约学校发展的体制性、政策性和观念性障碍。随着高校内外部事务的日趋复杂，为了修正高校的发展方向，提高高校的发展质量，高校进行内部组织结构变革，建设高水平行政服务体系也就成为必要措施。作为高校重要组成部分和相对独立而又灵活的组织系统，高校基金会带有非营利组织的特性，内部具有组织治理结构、组织运作方式、组织激励模式以及组织第三方监督与评估机制，其组织特性、制度建设和规范发展都为高校的组织变革和高校自身管理的科学提供了有益的经验和启示。

四、优化高校管理，提升教育质量

（一）强化人才培养

高校教师的水平高低是评价一所高校教学质量是否优秀的重要指标。拥有高水平教师队伍的高校能够获得更多的教育经费，吸引更多优秀的学者以及学生。在人才培养中，教师扮演着不可或缺的角色，其作用不可忽视。因此，各大高校教育基金会也越来越重视学校师资的培养，并给予相应的资金支持。

高校教育基金会设立了多种教师奖励资金，主要目的是奖励优秀教师、吸引优秀人才进入高校，包括奖教金、讲座教授基金等。其中，奖教金主要用于奖励在学术上有突出表现、师德高尚的优秀教师。例如：浙江大学竺可桢奖就是用来表彰奖励在学校教学、科研、管理等方面做出重大贡献的教职工的一个奖项。该奖项是学校授予本校教职工的最高个人荣誉称号，获奖者能获得学校颁发的荣誉证书和 5 万元奖金。

高水平的师资队伍是建设世界一流大学的重要保障。为了吸引更多高水平师资人才，仅仅靠政府拨款是远远不够的。因此，高校教育基金会设立了"教席项目"（又称讲座教授基金），通过向社会筹款，为特定研究领域的高校特定教师提供永久留本性专用基金项目的资助。这些基金数额较大，一般超过 500 万元，并且也有以非留本方式的捐赠，每年提供 10 万—100 万元的资金。教席项目的设立，可以长期对某一领域的教学科研工作提供经济资助，支持该学科延揽和培养优秀的领军人才，创造良好的研究条件，促进研究工作的健康、可持续发展。例如，2006 年叶谋遵先生就向北京大学教育基金会捐资 500 万元设立了"叶氏鲁迅社会科学讲座教授基金"，这是北京大学获得的第一个校级讲座教授基金，也是北京大学第一个专门资助社会科学方面的讲座教授基金。

为了培养学术人才，许多捐赠指定用于前沿性科学研究的经费支持，例如邵逸夫奖。邵逸夫奖是按邵逸夫先生的意愿于 2002 年 11 月设立的，由邵逸夫奖基金会有限公司来管理和执行。该奖项共包含三个类别，分别为天文学奖、生命科学与医学奖、数学科学奖，每个奖项的奖金是 120 万美元。2018 年 5 月 6 日，邵氏基金（香港）宣布捐资 5 亿元，设立北京大学邵逸夫教育基金，目的是支持北京大学生命科学前沿研究机构的建设和发展。该基金会表示，此次捐资将用于永久性设立生物动态光学成像中心逸夫创新基金，用于支持人类细胞图谱计划的开展。同时，将用于永久性设立生命科学学院逸夫发展基金，延揽顶尖科研人才，为创新型人才提供科研启动资金，以及支持科研攻关联合体共同解决原创性重大科学问题，以推动未来生命科学领域的发展。

2018 年，杨振宁、饶毅、施一公、潘建伟、谢晓亮等 14 位知名科学家与腾讯基金会发起人马化腾联合发起"科学探索奖"。其中，腾讯基金会资助了 10 亿元作为该奖项的启动资金。科学探索奖的宗旨是：面向未来、奖励潜力、鼓励探索。该奖项主要是为了让最富有创造力却承担较大生活压力、资源相对匮乏的科学家能够卸下部分重担，缓解部分压力，心无旁骛地勇闯科学"无人区"而设立。在首届科学探索奖的颁奖典礼上，杨振宁先生曾说："一个科学研究工作者，一生有两个最困难时期，一个是做研究生的时候，一个是得了博士学位之后的 5—10 年。"而科学探索奖重点关注的是科学研究工作者面临的第二个最困难时期。杨振宁先生认为这是一个非常有远见的计划。截至 2022 年底，科学探索奖已经资助了 150 位青年科学家，成为国内资助金额最高的青年科技人才资助计划。2022 年更是出现首位"90 后"获奖者，他就是来自北京邮电大学的研究员王光宇。

京博科技奖由山东京博控股集团有限公司出资，中国化学会主办，主要用于鼓励和表彰在化学化工与材料领域做出突出贡献的科技工作者，为行业科技进步和产业转型升级凝聚科研力量。产教融创发展论坛力求以创新的模式开展产教融合共育，立德树人，培育专业化人才，助力转化孵化科研成果，推进产业高质量发展。京博科技奖自 2019 年成立以来，吸引百余名院士以及 1000 余位高校校级、院级领导参与组织、提名、评选等活动，985 院校覆盖率 94.59%，211 院校覆盖率 82.14%，评选出以刘中民院士（2020 年京博科技奖卓越奖）、刘忠范院士（2022 年京博科技奖卓越奖）为代表的 386 位获奖者，累计发放奖金 1710 万元。

2022 年 11 月，由腾讯发起设立的新型资助基础研究、纯公益性质的新基石科学基金会正式在深圳落地。同时，腾讯宣布将在 10 年内投入 100 亿元，资助杰出科学家专注于基础研究，实现"从 0 到 1"的原创性创新。

（二）完善基础设施

高校基础设施是发展教育事业所必需的基础物质资源，高校基础设施建设是人才培养和科学研究的基础与前提。强化和完善高校基础设施建设，对于当前教育整体环境水平的改善与提升具有积极作用，还能有效促进高校师生学习和教学成效的提升，使高校更加适应现代化高等教育的发展要求。而高校基金会的一个重要职能就是完善高校的基础设施。为满足学校日常发展的需要，高校基金会通过大额募捐能为学校引入更多资金支持，用于支持学校基础设施（尤其是高校图书馆）的建设。以邵逸夫基金会为例。

1973 年，邵逸夫先生以校董的身份向我国香港的苏浙公学捐款了 50 万港元，用以资助该校新建一座能够藏书三万多册的图书馆。这是邵逸夫第一次做出如此重要的捐赠，充分表现了他对教育事业的关注和支持。此后不久，苏浙公学进行校舍扩建，邵逸夫再次慷慨解囊，向该校捐赠了 100 万港元。为此，苏浙旅港同乡会一致决定，推荐邵逸夫为"永远荣誉会长"，以表达对他长期以来无私援助教育事业的崇高敬意。

1985 年，邵逸夫开始向内地捐赠教育款项，第一笔捐赠资金为 1 亿港元，用以支持内地 10 所大学的图书馆和科技馆的建设。这 10 所大学分别是南京大学、南开大学、西北大学、云南大学、华东师范大学、华中师范大学、东北师范大学、北京师范大学、浙江师范大学和西南大学（西南师范大学）。邵逸夫早期的捐赠项目重点是内地的师范学校，因为他认为一名教师可以教授 50 名学生，而 10 名教师就可以教授 500 名学生，教育作用显著。1987 年 4 月，邵逸夫回到了他阔别 40 多年的故乡——浙江宁波。他决定向在老家附近的宁波师范学院捐款 500 万港元以新建一座图书馆。这座图书馆最终以他的名字命名，被称为"逸夫图书馆"，并于 1990 年 10 月落成后正式投入使用。

自 1985 年以来，邵逸夫向内地捐助社会公益和慈善事务的金额总计已经超过 100 亿港元。他兴建了 6000 多个教育和医疗项目，并通过邵逸夫基金，连续多年向内地教育捐赠巨款用于学校教育教学设施建设。截至 2014 年 1 月 7 日邵逸夫逝世时，他向内地教育捐款近 47.5 亿港元，建设各类项目共 6013 个 [1]。其中包括大学、中学、小学、职业技术学校、师范学校和特殊教育学校的图书馆、体育馆、教学楼、艺术楼、科技楼和学术交流中心等，捐赠项目遍布全国 31 个省、市、自治区。

以邵逸夫名字命名的逸夫楼、逸夫图书馆几乎遍布全国各地。邵逸夫的捐赠行为不仅限于国内，在世界其他国家和地区的文教及公益事业上他也进行过多次捐赠。例如，1990 年，他向英国牛津大学捐赠了 1630 万美元，用于支持牛津大学建立一个中国研究所 [2]。当然，他的主要捐赠对象还是在国内。

（三）扶持弱势群体

弱势群体是指那些因为缺乏社会机会、经济机会、政治机会而在社会中处于不利地位的人群。在高等教育中，弱势群体可以被界定为因为缺乏社会机会、经济机会而无法享受平等受教育机会的人群。

1. 贫困学生

为了进一步提升国家助学贷款政策实施效果，经国务院同意，2021 年 9 月 3 日，财政部、教育部、人民银行、银保监会联合印发《关于进一步完善国家助学贷款政策的通知》（财教〔2021〕164 号），将全日制普通本专科学生（含第二学士学位、高职学生、预科生）每人每年申请贷款额度由不超过 8000 元提高至不超过 12000 元，全日制研究生每人每年申请贷款额度由不超过 12000 元提高至不超过 16000 元；明确国家助

---

① 邵逸夫先生已向内地教育捐款近47.5亿港币，项目6013个［EB/OL］.（2014-01-07）http://www.moe.gov.cn/jyb_xwfb/gzdt_gzdt/s5987/201401/t20140107_162023.html

② 张润生．邵逸夫：广厦万间庇学子——遍布全国的"逸夫楼"及其背后的故事［J］.四川统一战线，1998.（8）.

学贷款优先用于支付在校期间学费和住宿费，超出部分可用于弥补日常生活费。

为了进一步指导各地做好退役士兵教育培训工作，帮助退役士兵提升就业创业能力，2021年9月7日，退役军人事务部、教育部、财政部等7部门联合印发《关于全面做好退役士兵教育培训工作的指导意见》（退役军人部发〔2021〕53号），规定自2019年秋季学期起，对通过全国统一高考或高职分类招考方式考入普通高等学校的全日制在校自主就业退役士兵学生均实行学费减免，减免最高限额按规定标准执行；全日制在校退役士兵学生全部享受本专科生国家助学金；退役士兵参加全日制中等职业教育的，按规定享受中等职业教育国家奖学金、助学金和免学费政策。

2021年，全国累计资助学前教育、义务教育、中等职业教育（含人社部门技工院校）、普通高中教育和普通高等教育学生（幼儿）15251.68万人次（不包括义务教育免除学杂费和免费教科书），累计资助金额2668.29亿元（不包括义务教育免除学杂费和免费教科书）。其中，资助普通高等教育学生3925.77万人次，资助金额1450.40亿元。2021年学生资助资金中，普通高等教育资助财政资金投入819.28亿元，占普通高等教育资助资金总额的56.49%。2021年，普通高等教育国家助学贷款430.86亿元。2021年，各级各类学校从事业收入中提取支出资助资金共计198.18亿元，占资助资金总额的7.43%。2021年，企事业单位、社会团体和个人捐助等各类资助资金共计32.21亿元，占资助资金总额的1.20%。[①]

2021年，政府、高校及社会设立的各项普通高等教育学生资助政策共资助全国普通高等教育学生3925.77万人次，资助资金1450.40亿元。其中：高校从事业收入中提取并支出的资助资金183.58亿元，占普通高等教育资助资金总额的12.65%。社会团体、企事业单位及个人捐助资助资金（简称"社会资金"）16.68亿元，占普通高等教育资助资金总额的1.15%。

（1）奖学金：2021年，各类奖学金共奖励全国普通高等教育学生714.52万人次，奖励金额260.58亿元，占普通高等教育资助资金总额的17.97%。国家奖学金共奖励学生10.50万人，奖励金额共14.80亿元。国家励志奖学金奖励学生102.84万人，奖励金额共51.42亿元。研究生学业奖学金奖励研究生204.92万人，奖励金额148.81亿元。其他各类奖学金共奖励普通高等教育学生396.26万人次，奖励金额45.55亿元。

（2）助学金：2021年，各类助学金共资助全国普通高等教育学生1283.10万人次，资助金额485.57亿元，占普通高等教育资助资金总额的33.48%。国家助学金共资助学

---

① 《人民日报》2021年中国学生资助发展报告［EB/OL］.（2022-08-28）http://edu.people.com.cn/n1/2022/0828/c1006-32513070.html

生 1155.07 万人，资助金额 460.63 亿元。其他各类助学金共资助学生 128.03 万人次，资助金额 24.94 亿元。

（3）国家助学贷款：全国发放国家助学贷款 532.80 万人，发放金额 430.86 亿元。

（4）应征入伍服兵役国家资助（含直招士官）：全国享受国家资助的全日制高校学生士兵（含直招士官）26.59 万人，资助金额 46.49 亿元。

（5）退役士兵学费资助：退役士兵考入普通高校享受学费资助 59.34 万人，资助金额 54.19 亿元。（2021 年，有关部门对退役士兵学费减免政策进行调整，调整后政策自 2019 年秋季学期起实施，该项数据包含 2019 年和 2020 年追加资金。）

（6）基层就业学费补偿国家助学贷款代偿：全国 7.37 万高校毕业生赴基层就业享受学费补偿国家助学贷款代偿，资助金额 8.01 亿元。

（7）师范生公费教育：中央部属六所师范大学师范生公费教育政策资助本科生 3.06 万人，资助金额 4.42 亿元。

（8）大学新生入学资助：大学新生入学资助 31.80 万人，资助金额 2.00 亿元。

（9）研究生"三助"岗位津贴：研究生"三助"岗位津贴资助 48.90 万人次，资助金额 29.35 亿元。

（10）勤工助学：普通高等教育学生参与勤工助学 126.91 万人次，资助金额 13.72 亿元。

（11）其他资助：特殊困难补助 387.08 万人次，补助金额 5.64 亿元。伙食补贴发放 86.33 万人次，资助金额 2.20 亿元。学费减免资助 30.83 万人次，减免金额 13.98 亿元。校内无息借款资助 1.44 万人次，资助金额 0.83 亿元。其他项目资助 350.53 万人次，资助金额 28.88 亿元。此外，2021 年秋季学期，通过"绿色通道"入学的家庭经济困难学生 144.08 万人。

例如，宇通客车自 2006 年起开展的一项纯公益性的助学计划——金秋助学。该助学计划以"助其自助、引导成长"为核心理念。2022 年 8 月 26 日，68 名准大学生从全省各地相聚宇通，共接受了总额为 44.25 万元的助学金资助。在资助仪式上，宇通客车党群工作部部长杨晓东和郑州慈善总会基金管理部部长赵慧娜为这 68 名贫困学生发放了宇通助学金和宇通笔记本。截至 2022 年 8 月 26 日，金秋助学计划已经累计资助了 1700 余名怀揣梦想的贫困学子进入大学，总资助金额达 776 万元。

2. 女性学生

对于经济困难的女大学生，可以提供助学金资助，也可以通过提供勤工助学岗位等方式帮助其减轻经济负担，以保证她们能够正常地学习和生活。同时，还应该引导这些经济困难学生积极申请国家助学贷款等相关救助，以缓解她们的经济困难。例如，"红凤工程"是陕西省妇联于1996年发起并实施的，旨在推进女性成才的一项公益助学项目。26年来，在社会各界爱心人士和爱心机构的大力支持下，"红凤工程"接受社会各界爱心捐助资金达3000余万元，资助女大学生6000余名，在帮助妇女、脱贫攻坚、乡村振兴战略中发挥了显著作用，并取得了良好的社会效应。目前，"红凤工程"已经成为陕西省推进性别平等的公益助学品牌项目。"红凤工程"2022年的资助标准为：资助人出资金额2200元/年/人，学生受益2000元/年/人，红凤协会执行费200元/年/学生，持续4~5年，直至学生学业完成。此外，西安工业大学还为家庭经济困难的女大学生设立了"绿色通道"，以满足她们在入学时的基本学习和生活需求。在"绿色通道"的申办项目中，包含了学费住宿费缓缴、"爱心卡"减免代收费、爱心大礼包发放、一卡通充值、路费补贴、新生专项生活补助、受灾学生专项补贴等资助项目。

考虑到性别歧视的存在，针对女大学生的心理健康也需要给予关注和支持。这可以通过开设心理辅导课程、提供心理咨询服务等途径实现。同时，鼓励女大学生参加自我提升的培训和活动，如职场技能培训、学术讲座、社交活动等，以提升其综合素质和竞争力。

女大学生正值青春年华，心地善良，思想和行为正处于塑造和发展阶段，对外界不良事物辨别判断能力弱，是容易受到侵害的弱势群体。高校基金会可以邀请安全专家或警察到校园为女大学生进行安全知识的培训和讲解，加强女大学生的安全意识和防范意识；基金会可以组织一些实践和体验活动，如自我防卫、火灾逃生等演练，让女大学生亲身体验并掌握相关技巧，增强应对突发事件的能力。

3. 残障学生

我国残疾人高等教育经历了产生、发展和壮大的过程。[①] 1985年滨州医学院开始招收肢体残疾人，1987年长春大学成立了我国第一所高等特殊教育学院，面向视障、听障、肢体残疾的学生全面招生。1988年中国残联成立后，随着我国残疾人事业的发展，残疾人高等教育逐渐步入正轨，多项法律、法规、政策和扶持措施出台，天津理工大学、北京联合大学、南京特殊教育师范学院等一批高等学府相继建立了高等特殊教育学院。截至2022年，我国开设专门招收残疾人专业的高等院校28所；招生专业64个，遍及文、理、工、农、医、艺等多个学科门类；办学层次涵盖专科到研究生。据不完全统计，目前全国有300多所高校招收残疾大学生，在校残疾大学生近6万人。

① 丁勇.我国残疾人高等教育发展的回顾与展望[J].现代特殊教育，2021（20）：3-13.

根据中国残联历年《残疾人事业发展统计公报》数据，2017—2021 年，全国共招收残疾大学生 72770 人，全国有 62444 名残疾人被普通高等院校录取，10326 名残疾人进入高等特殊教育学院学习。

高校基金会可以为残障学生提供易于进出的教学楼、校舍和公共场所，配备无障碍设施和辅助工具，如残障人士专用电梯、坡道、扶手等，以方便残障学生的出行和学习。为残障学生提供职业规划和就业指导，为他们提供通向职场和社会的途径。为残障学生开设适合他们特点的体育活动，如残疾人篮球、轮椅篮球、残疾人排球等，让他们能够参与到体育运动中来，不仅有益身体健康，也能提升自信心和社交能力。推广和倡导无障碍文化与技术，如智能助听器、屏幕阅读软件等，提高残障学生在学习和生活中的便利程度。

例如，2018 年，清华大学在校园总体规划中增设了无障碍专项研究。该校委托学校无障碍研究院，对校园无障碍现状进行系统调查，并结合师生需求，提出改进建议和改进方案。武汉理工大学成立了全国高校首家残疾人联合会，从残疾师生的教育、就业、生活等多个方面建立帮扶机制，有效保障了残疾学生能够顺利完成学业，并顺利就业。武汉理工大学余家头校区在校内的 5 个食堂都设置了残疾人专座，确保残障学生能在食堂就餐高峰时顺利用餐。另外，长春大学特殊教育学院致力于研究和开发视障人群导航系统、携带式盲文识别与语音交互技术等项目，以帮助残障学生可以更好地融入校园生活。2022 年 4 月 25 日，在首届全民阅读大会上举办的"书香暖神州"的图书捐赠活动，组织了各地出版集团，联合相关协会、社会组织，向全国特别是边远地区中小学生、视障人士等特殊阅读群体捐赠了图书，以便更多人能够享受阅读。

五、支持高校社会服务，增强社会责任感

通过高校基金会支持大学的社会服务是一项重要任务。高校社会服务有广义和狭义之分。其中，广义的高校社会服务是指高校作为学术组织对社会做出的，包括直接贡献和间接贡献在内的所有贡献；狭义的高等学校社会服务是指高校通过学术、技术和管理等方面的实践活动，满足社会各种需要和解决社会各种问题的过程。大学社会服务可以通过开展科普教育、提供技术转化服务、参与社会福利活动等多种形式实现。

2021 年 11 月 6 日，清华大学公益慈善研究院和敦和基金会联合主办了首届"清华—敦和中国高校公益慈善教育论坛"，深入探讨了中国大学公益教育的使命、中国高校公益教育现状和发展方向、人才需求视角下的高校教育与行业支持、公益慈善通

识教育的未来以及课程教学组织与方法等议题，并发布《中国高校公益慈善教育报告2021》。

　　高校基金会的支持可以帮助大学更好地开展社会服务工作，增强社会责任感。由于筹款和管理资金的优势，高校基金会可以支持大学开展科普教育和扶贫等社会服务项目。此外，高校基金会还可以联系大学的校友、企业、政府等资源，提供更广泛的支持和帮助，帮助大学更好地开展社会服务工作。这些工作可以进一步提升大学的社会声誉和影响力，增强大学的社会责任感。

第五节　新媒体对高校基金会工作的意义

　　随着社会的不断发展，信息化和数字化已成为时代主流，新媒体是数字化的重要载体之一。新媒体是一种利用数字技术通过计算机网络、无线通信网络、卫星，以及计算机、手机和数字电视等终端向用户提供信息与服务的传播形式。无论在平台提供、爱心集结，还是在透明公开、舆论监督、意识传播等方面，新媒体都有着其他媒体难以比拟的优势。而这些作用，除了形成对高校和学术界的帮助之外，也在推动着高校基金会的根本转变。高校基金会也需要跟上时代的步伐，充分利用新媒体的优势发挥作用，提高工作效率，更好地为大学的发展和建设服务。

一、新媒体助力互动交流

　　新媒体对高校基金会的意义不仅仅在于提升其知名度和形象，更重要的是自由的自媒体空间让高校基金会能够更主动地参与公益事业，成为社会公益活动的主导者。高校基金会的公益项目和慈善活动需要广泛的社会参与和支持，而自媒体平台提供了一个便捷的渠道，让更多人可以得知这些项目及活动，并进行相关的捐赠和参与。同时，自媒体平台也提高了公益行动的透明度和公正度，通过实时更新捐款使用情况、公开捐款来源等方式，让公众更加信任和支持高校基金会的公益活动。此外，自媒体平台也可以展示高校基金会工作人员的专业素养和工作效率，为高校基金会赢得更多信任和支持，使高校基金会成为更加重要的社会力量，推动社会公益事业的发展。因此，自媒体平台的力量不仅可以帮助高校基金会取得社会认同和支持，更可以将个体的公益参与汇聚成社会公益，为社会福祉贡献力量。

自愿无私地热情参与一直都是公益慈善得以持续发展的保障。在高校基金会中，公益的精神是指人们基于一定的公共意识、关怀意识、责任意识、参与意识、合作意识、利他精神和奉献精神，受个人偏好（如自愿、追求生命的意义和价值）影响的自觉行动。个人的自主自愿是高校基金会开展公益行为的前提。而新媒体平台为高校基金会提供了全新的展示和传播方式，可以更好地吸引和动员社会各界力量来参与爱心捐赠，提升公益事业的知名度和影响力。此外，新媒体平台也使得高校基金会与捐赠者之间的互动更加频繁和直接，有助于更好地理解和满足捐赠者的期望与需求。同时，个人的自主参与和互联网的便利性，为高校基金会的拓展和管理提供了不可替代的支撑，使得公益事业可以更加有序和高效地进行。因此，使用新媒体平台开展公益事业是高校基金会必不可少的一环，也是构建更加和谐的社会的重要途径和手段。

2004 年 7 月 5 日 18 点 46 分，居住在广东开平市的张妙娥在天涯社区以实名发布了一篇名为"全天下的朋友恳请进来"的帖子。她在帖子中详细介绍了个人病情、家庭状况及其他相关个人信息，希望广大网友能够伸出援助之手，帮她筹款做心脏手术。张妙娥的这篇帖子发出后，很快就吸引了众多网友的注意。网友们在核实帖子中的信息后对其进行了捐助，还有部分网友提到要设立专项基金，监管捐款使用状况。之后网友不间断在网上公布对张妙娥的救助进展，并及时公布对张妙娥收到的捐款和资金的使用情况。张妙娥事件是当前记载中，国内首例个人利用自媒体传播募捐的案例，它开启了网民自传播、自组织网络公益慈善传播活动的先河。对此后的网民公益慈善传播产生了深远的影响。至今，自曝式的开帖求助依然是网民为获得救助采用的主要方式，而与之对应的，自发性的网民帮助也是当今网络公益的主要方式。

个人的自主参与和互联网的便利性，为高校基金会的拓展和管理提供了不可替代的支撑，使得公益事业可以更加有序和高效地进行。新媒体可以帮助高校基金会更好地与校友和社会团体进行互动交流，同时也提高了公益事业的透明度和信誉度。在新媒体平台上，高校基金会可以建立各种形式的互动机制，如在线问答、微信群、在线活动等，与校友、捐赠者和其他社会群体进行更深入的互动交流。通过这种方法，高校基金会可以加强与捐助者的联系，了解他们的需求和意见，并更好地提供服务。他们还可以及时回应社会关注和热点问题，增强基金会的公信力和影响力。

二、新媒体助力宣传推广

新媒体的普及为高校基金会提供了全新的展示和传播方式，使得公益事业得以更好地吸引和动员社会各界力量参与爱心捐赠，提升公益事业的知名度和影响力。在高校基金会的工作中，传媒宣传是非常关键的一环。新媒体通过其高效传播和低成本的特点，为基金会提供了更好的宣传方式。

新媒体可以帮助高校基金会更好地宣传和推广它们的工作和项目。在新媒体平台上，高校基金会可以发布各种形式的宣传材料和信息，如文本、图像、视频等，通过社交媒体、微博、微信等渠道发布信息，基金会可以将更多的资讯和项目信息传递给更多人。这些信息可以被广泛传播，吸引更多的人关注、参与和支持基金会的工作，从而扩大其影响力。并且这些信息可以针对不同的受众群体进行分类和定制，以达到更好的宣传效果。

新媒体可以让基金会节省宣传成本。相比于传统媒体的广告宣传，新媒体的宣传成本更低、更灵活。基金会在新媒体上发布的信息可以被广泛转发和分享，从而获得更大的曝光率。同时，基金会也可以通过社交媒体平台的付费推广功能，将信息有针对性地推送给更多感兴趣的用户，从而提高信息传递效果。

三、新媒体助力了解变化

新媒体的数据分析功能可以帮助高校基金会更好地了解受众需求和市场变化。通过跟踪和分析用户行为，高校基金会可以了解用户的兴趣、需求和反馈，从而提供更准确的信息和服务，进而提高工作效率和满意度。同时，新媒体还可以帮助高校基金会更好地了解市场变化和趋势，及时调整工作策略和方向，提高工作质量。

总之，新媒体在高校基金会工作中发挥着重要作用。它可以帮助高校基金会更好地宣传和推广他们的工作和项目，与校友、捐赠者和其他社会群体进行更深入的互动和沟通，了解受众需求和市场变化，提高工作效率和满意度。因此，高校基金会应积极利用新媒体的优势，在大学的发展和建设中发挥重要作用。

四、新媒体助力舆论监督

新媒体（如微博、抖音、小红书等）对高校基金会的舆论监督起到了重要的推动作用。作为公益领域的重要组成部分，高校基金会的独立性和透明度一直备受社会关注。而新媒体的出现使得舆论空间更加开放，任何人都有权利参与到对基金会的监督中来。在发现、质疑、深挖、扩展和思考的过程中，新媒体能够揭示基金会管理中存在的问题，促进其逐步走向规范化和阳光化。就像当年自媒体揭露中国红十字总会及其下属分会的问题一样，新媒体也能够在高校基金会中发挥巨大作用。利用自己庞大的网民群体，新媒体可以发现问题、质疑问题并通过舆论力量迫使相关部门解决问题，推动高校基金会更好地服务公众。这种透明公开的运作模式不仅符合当前公益领域的需求，更为重要的是，它有助于提升遵循诚信、公平、公正原则的社会风气，让大众更信任高校基金会及其所推动的公益事业。

美国学者汤普森[①] 在《意识形态和现代化文化》中指出："新的技术媒介却使得新的社会互动成为可能，它改变或者是消解了旧的互动形式，为行为和互动创造了新的焦点和场所，因而也就重新建构了作为其中一部分的现存的社会关系，以及体制和机构。"在高校基金会领域，新媒体的出现不仅提供了互动的场所，而且打破了旧有互动形式强弱悬殊的对比。更重要的是，民众相信在新媒体平台上更容易找到真相，因为相对于其他媒体，新媒体更具有透明度和公正性。对于那些希望改变现实社会关系的人来说，新媒体可以成为一个值得信任的寄托，民众可以通过新媒体平台监督高校基金会的运作情况，对其管理存在的问题提出质疑和批评。这样的舆论监督不断倒逼着高校基金会更好地服务公众，更加规范化、透明化、阳光化。虽然新媒体舆论的倒逼现象可能存在一定的弊病，但是总体来说，它始终代表着民主、独立、公正的姿态，有助于推动高校基金会逐步走向规范化和阳光化，让公众更加信任其所推动的公益事业，促进社会良性发展。

---

① Thompson. J. Ideology and Modern Culture［M］.Stan-ford University Press，1990：227-228.

第四章　高校基金会发展比较

第一节　海外高校基金会的发展现状

一、美国高校基金会研究

美国的高校基金会属于信托组织。信托组织由受益人、受托人和委托人三方组成，通过将资产委托给受托人进行管理来实现受益人的利益，具有独立法人身份，一般不受其创立者的限制，可以长期存在并持续发挥作用。美国高校基金会的捐赠者（也就是委托人）捐赠给高校一定的资产，部分捐赠者在捐赠时会对资产的使用范围作出一定的限制，要求其捐赠的资产只能用于特定的人群或项目，这类捐赠属于限制性捐赠。美国的高校基金会在收到限制性捐赠时会按照捐赠人的要求来管理和使用受赠资产，例如捐赠人会要求其捐赠的资金只能用于某学院的日常开支，其捐赠资产不得进行投资等。在捐赠人没有限制资产的使用与管理的情况下，美国的高校基金会也会根据实际需要来妥善使用和管理受赠资产。

高通货膨胀和市场上较低的投资回报率都会影响捐赠资金的收益，进而导致捐赠资金贬值。为了避免这一情况的发生，美国高校基金会对非限制性捐赠基金采取了积极的管理手段，并取得了良好的效果。

美国高校基金会起步较早，管理体系较为完善，其根本宗旨是"确保高校基金为每一代师生提供相同的服务，从而实现'代际平等'"。近年来，美国高校基金会发展迅猛，规模快速增长。笔者将从法律制度、资产配置和支出政策保障制度三个角度来分析美国的高校基金会资金管理，并从制度保证和实际操作两个方面为我国的高校基金会进入资本市场、实现资产增值提供参考。

（一）美国高校基金会投资发展现状

捐赠人捐赠的资产（包括货币、证券、房产、专利权、房产等多种形式）与资金带来的投资收益是美国高校基金会资产的来源。美国国家教育统计中心（The National Center for Education Statics，简称 NCES）2016 年的调查数据显示，美国 805 所高校的基金会（美国大学捐赠基金，University Endowment）资产总值共计 5151 亿美元，平均每所学校的资产为 6.4 亿美元；总资产超过 100 亿美元的高校基金会有 7 所，超过 10 亿美元的有 91 所，有一半以上的高校基金会资产超过了 1 亿美元。

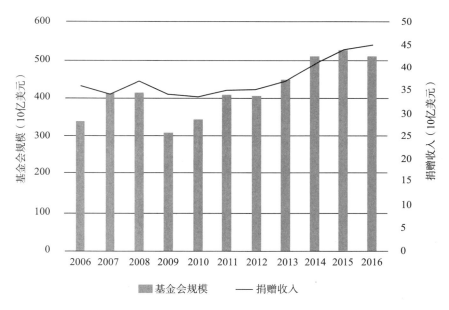

图4-1　2006—2016年美国高校基金会资产规模及捐赠收入

从图 4-1 可以看出，除了 2009 年金融危机期间，美国高校基金会平均收益为 -18.7%，美国高校基金会近年来的资产总值与捐赠收入始终呈增长趋势。

美国高校基金会资产规模的扩大主要因素是其良好的投资管理。在投资收益方面，单年短期内的投资收益率起伏较大，但长期来看，其收益率较为稳定。2014—2016 年美国高校基金会的平均投资收益率为 5.2%，将时间线拉长至 5 年，也就是 2012—2016 年的平均投资收益率为 5.4%，拉长至 10 年则为 5.0%。从大学的类型来看，公立高校与私立高校无论是长期收益还是短期收益，表现都没有太大区别。但资产规模不同的高校基金会无论是在长期收益还是短期收益上都呈现出一定的差距，例如资产规模低于2500万美元的高校基金会与高于10亿美元的高校基金会，前者的短期收益（一年内）和长期收益（3—10年）都显著低于后者。可见，高校基金会的投资收益与其自身拥有的资产规模有较大关联，而与其学校性质没有较大联系。另外，资产规模扩张速度远远大于投资收益增加速度的美国高校基金会，其资产规模总体上保持上升趋势，这主要得益于其良好的投资方法与合理的开支政策。

客观来讲，各个高校的规模不同，总的资产规模与投资收益不能成为衡量一个高校基金会财力的标准，而用生均捐赠基金来比较更为合理。生均捐赠基金是指按照学校的学生人数平均分配给每个学生的捐赠资金的金额。从生均捐赠基金的角度来看，美国高校基金会的规模依旧很庞大，有的高校的生均捐赠基金的金额已达到百万美元，例如美国私立研究型大学普林斯顿大学2016年的生均捐赠基金就达到了266万美元。然而，资产规模的扩张没有使学校的开支比例上升，其中最显著的表现是美国多数高校的学费依旧保持上升趋势，这也引发了社会公众对美国高校基金会的质疑："高校基金会是否很好地发挥了慈善作用！"

美国的高校基金会虽然发展强劲，但这并没有让基金会高层管理人员完全满意，因为他们希望能始终保持高校基金的支付能力，最终实现高校基金会的"代际平等"。高校基金会的"代际平等"是指基金会能够为每一代师生提供相同的支持服务。例如，一个资产规模为300万美元的高校基金会，如果当年使用了基金的4%作为必要支出，也就是12万美元买了2万本书，达到"代际平等"就说明即便过了10年、20年、50年，该校的基金会也能保证每年至少可以购买2万本书。因此，要达成高校基金会的"代际平等"，就要求基金会在赚回支出部分的同时还要考量通货膨胀等因素。美国高校基金会的可持续发展对大学的未来发展具有至关重要的意义，基金会作为一种资金渠道，在很大程度上影响了大学经费的充足与否，进而影响了学校的科研、教育、聘用和设施等方面的支出，从而直接决定了美国高校能否吸引更多高质量的教师与学生，以及在学术研究领域的竞争力和影响力。与此同时，美国高校基金会还起到了弥补政府职能缺失的功能，例如大学的招生和就业工作，最无可替代的功能是帮助高校对抗未知的金融风险，达到资产保值乃至增值的目的。

只有保持和提高高校基金会资产的支付能力，才能最大限度地发挥高校基金的慈善功能。坚持这样一个长远的、战略性的发展目标，就意味着如何科学运作高校经费成为关键。美国高校基金会被定位为"永久性基金，其收入用于支持特定目的"。高校经费作为高校财政预算的一部分，必须考虑收支问题。成功的高校基金会无一例外地设法平衡了大学当前的发展需要和基金的永久发展之间的关系。就高校基金会投资收益的实际管理而言，"代际平等"只能通过支出政策与投资政策相结合来实现。由于美国高校基金会的永久性质，其能够进行多种组合型、长期型、固定型资金投资方案。美国高校基金会的支出政策制定的前提条件是一定要以高校自身的发展为优先，另一方面要将对资产配置的影响降到最低。美国高校基金会为了实现"代际平等"，其投资首要考虑的因素就是通货膨胀，并采取一定的措施来保持相同的资产购买力，这对不同规模、不同类型的美国高校基金资产配置策略的制定者和实施者带来了一定的考验。

（二）美国高校基金会投资法律制度

1. 谨慎投资规则（Prudent Investor Rule）初显：以谨慎态度规避风险

在 19 世纪之前，大多数美国大学将其高校基金投资于票据、抵押贷款、信贷和房地产。一些高校基金经理把他们的钱投资于高风险的非政府支持证券，结果损失惨重。美国高校基金的投资者管理制度起源于 1830 年哈佛大学的"埃默里案"。裁决规定了基金投资者的受托责任：在投资者管理自己的事务时，进行尽职调查，进行理性判断，发挥判断和智力，不进行短期投机，而是进行长期资金配置，同时考虑到可能的回报及资本投资的安全性和健全性。该命令强调理性，要求投资者非常仔细地考虑高校基金的长期回报，并避免高风险的投机领域。因此，美国高校基金更多地投资于更安全、收益更高的领域，比如政府债券。

与以往武断的限制相比，法院对投资者责任的限制实际上给了投资者一定的发展空间。当时的高校基金出于多种原因青睐保守的投资策略。首先，规则不完整，法律中没有指导方针，使得法院没有依据来判断投资者是谨慎的还是投机的。"谨慎"这一措辞可理解范围很大，如果按照最保守的政策，高校基金的投资者只能选择风险最低的投资。同时，基金会在投资时要充分考虑当时的资本市场环境与自身拥有的资金规模。如果自身拥有的资产不够雄厚，承担的风险就要尽可能地低，但也要保证资金的流动性，因此必然会选择风险低的稳定投资。

2. 从 UMIFA 到 UPMIFA："组合投资"和"代际平等"成为关键准则

随着 20 世纪 60 年代以后股票市场的迅速增长，高校基金会的投资者们也开始对股票市场充满热情，重新审视传统的投资策略。这一时期，股票市场因其高收益率而备受高校基金会的欢迎；其次，还停留在保守型投资的基金管理者很快发现，由于美国经济的通胀水平不断上升，保守型基金会的资金支付能力正逐步下降。尽管股票市场的收益非常诱人，但高校基金会并没有将资金快速投入股票市场，主要是受投资政策的限制，让高校基金会不能拿出固定资产用于股票的投资。并且，即便收益不高，保守型投资依然能很好地保值本金。因此，到了 20 世纪 70 年代，股票市场带来的经济高通货膨胀，以及自身投资策略没有及时转变，美国高校基金会平均失去了 60% 的支付能力，美国高校基金会的投资政策迫切需要改革。

2006 年，美国统一州法委员会（National Conference of Commissioners on Uniform State Law，简称 UCCUSL）在《公共机构基金统一管理法》（Unilak-MPM International Foundation Agency，简称 UMIFA）的基础上重新颁布了《统一机构基金谨慎投资管理法案》（The Uniform Prudent Management of Institutional Funds Act，简称 UPMIFA）。这两个法案都对慈善机构的投资管理进行了详尽的规定，例如支出占据所有资金的比例是多少、为什么支出、如何投资等。

相比之下，《统一机构基金谨慎投资管理法案》为高校董事会成员和基金会委托代理人提供了更大的投资空间，更加强调"代际平等"的原则。第一，《统一机构基金谨慎投资管理法案》对慈善类机构的投资委托范围进一步扩大了，法案允许机构高层人员授权委员会、办公室人员、职员和代理人进行资金管理和投资决策。只有在授权给机构的外部人员进行管理和投资时，高层人员才需要谨慎选择。在理论层面，法院制定的《信托法》规定，慈善机构的法人不能让他人来承担机构的投资责任，这说明美国高校基金会需要为自己的资金负责，这一规定明显限制了基金会投资工作的展开。高校基金会要想扩大投资范围，就要有相应的法案来支持。《非营利法人示范法》和《信托法重述二》授予美国的慈善组织、信托机构和其他非营利性质的组织法人的权利，允许其将大部分资金投资的责任转移到外部，如第三方投资公司或者投资经理人。法案还允许慈善机构在资金捐赠者知情并允许的情况下，制定内部的资金管理、投资和使用途径的限制性政策。这给美国的高校基金会的投资委托提供了法律依据，但基金会需要注意，法院可能修改一些不合时宜的或者实施受阻的法律条款。第二，《统一机构基金谨慎投资管理法案》强调为了获得最大化的投资回报，禁止机构采取单一的投资，除了因特殊情况董事会表决一致不能采取多样化投资。这一规定使组合式投资成为美国高校基金会资金管理和投资决策制定的首要考量因素。法案同样规定了机构投资的收益率确保能满足大学的现实情况，同时高校基金会的高层人员或者投资管理人员在进行投资操作时一定权衡捐赠者的目的和基金会建立的初衷。第三，《统一机构基金谨慎投资管理法案》的关键法则是美国高校基金会的投资人员在非限制性捐赠的情况下，投资的项目种类没有限制，可以灵活地支配基金，甚至能够支配原始资本。虽然该法案没有规定高校基金会预留部分基金作为保底基金或者只能支配基金的收益部分，但是《统一机构基金谨慎投资管理法案》要求基金会必须考虑斟酌基金会的"代际平等"问题。第四，《统一机构基金谨慎投资管理法案》规定基金会确保每年支取一定的资金来维持机构的发展，同时要制定资金的开支政策，明晰机构的开支比例，例如"机构能开支 3 年基金的平均市场值的 4%"这样的表述。《统一机构基金谨慎投资管理法案》还列出机构制定开支政策时需要考量的因素，包括：税收影响、机构的其他资源、通货膨胀和通货紧缩的影响、总体经济环境、每项投资在组合投资中的作用、期望的收益和增值的总体回报、慈善机构的需要和开支及保留资本。

《公共机构基金统一管理法》和《统一机构基金谨慎投资管理法案》详细说明了机构的投资人员"考虑通货膨胀影响、保持基金购买力、保持本金、投资组合"的责任，在法律层面授予了机构的外部委托投资者更大的操作范围，同时明确要求了机构必须采取多元组合投资的手段，提出了更高的"代际平等"要求。这些规定对美国高校基金会制定投资管理政策、资产配置策略和支出政策提出了挑战。一方面，法案对美国高校基金会的投资行为提出了规范，限制了基金会的投资行为，划分了责任；另一方面，谨慎决策的建议操作实际上是为了在市场无法预测、风险不可控的情境下给投资者提供一定保障的理性投资行为，因为一旦基金会发生了重大损失，只要投资人员是按照投资原则、遵从法案法规的要求来操作投资行为的，就可以不承担投资失败的责任。不过，一旦发生此类事件，法院也会根据实际情况进行具体地判断。法案也要求投资人员隔一段时间上传投资操作的具体财务信息，例如投资的项目，各基金投资的数额和比例等。税务机关会对投资者提交的信息进行审查，使其投资行为符合相关法案及财务会计审计准则。

目前美国高校基金会的管理模式可以分为两类：一是基金会授权外部投资机构来管理基金；二是高校在直接管理范围内设立投资部。根据美国相关法律规定，高校基金委员会也就是基金会法人，能够委托第三方机构对基金会的资金进行投资，基金会对外部机构的投资行为进行监督。不管运用哪种投资方法，在高校基金投资委员会委托外部机构投资的合法性基础上，都要清晰地明确第三方机构的责任和权利，同时确保高校基金会能够安全、妥善地管理和投资大学筹集的资产。在法律层面上，法案赋予了美国高校基金委员会授权第三方机构的权利，同时许可委员会制定投资规则来限制第三方机构的投资行为；其次，法案规定了被委托人或者机构（如基金会内部的投资委员会成员、高级管理层人员、投资部员工、外部机构的投资人员、信托公司等）的投资行为准则，以此作为判断投资损失责任的依据。法案规定了大学基金投资的"投机行为"，要求投资在较小的风险范围内；"组合投资"准则和"七项支出政策制定"

准则为高校基金会的持续稳定发展提供了法律依据，同时也制定了对应的投资行为约束制度，也就是确保采取符合最新的组合投资理论，必须考虑通货膨胀，必须制定支出政策等。与此同时，美国高校基金会要定期提交投资的具体信息，接受审计。从以上信息可以看出，美国高校基金会的投资范围是逐渐扩大的，投资空间越来越宽松，有利于实现法案规定的高校基金会"代际平等"的最终发展目的。

（三）美国高校基金会资产配置和开支政策

1. 资产配置：另类投资成为显著特征，策略存在明显的差异性

高校基金会进行投资时的首要准则是操作稳健、降低风险，多样化投资，保证安全性和收益的最佳统一。在投资类别上，美国高校基金会普遍采用的金融工具有以下几类：固定收益、现金、债券、股票（美国股票和海外股票）、另类资产等。其中另类资产包括：私募股权、期货基金、房地产（如商业地产和住宅地产）、能源和自然资源（如黄金）、风险投资等，在这些投资方式中，相比于传统的常规投资，另类投资的不确定性因素更多、更复杂、流动性差，所以风险更高。

《统一机构基金谨慎投资管理法案》颁布后，尤其进入 20 世纪 80 年代后，美国高校基金会的资产配置从保守的固定收益类逐渐转向风险更大同时收益更高的股票类。20 世纪 90 年代末和 21 世纪初，由于过度投资、估值过高和错误判断等因素，美国爆发了一场股市危机——"互联网泡沫"，再加上"9·11事件"后美国经济受到影响，高校基金会的投资战略也相应开始改变。这一时期，非传统投资的比重逐渐在美国高校基金会资产配置中加大了。危机爆发前，在美国高校基金会的投资分配中，股票的比重占据总投资项目的 63.4%，固定收益占 30.8%，另类投资仅占 5.8%。如图 4-2 所示，危机爆发后，每年非传统投资的比例显著增长了，相对的，固定收益和现金的配置比例逐渐降低。其中，2009 年以来非传统投资（另类投资）的配置均在50% ~ 53%。2016 年另类投资配置比例达 53%，较 1997 年，其比例增加了 8 倍。可以看出，另类投资已经成为美国高校基金会资产配置的首要选择，最主要的原因是非传统投资带来的高收益。另外，这还与美国税收优惠政策有关，美国高校基金会在进行投资时可享受免税待遇，因此可选择范围更大。

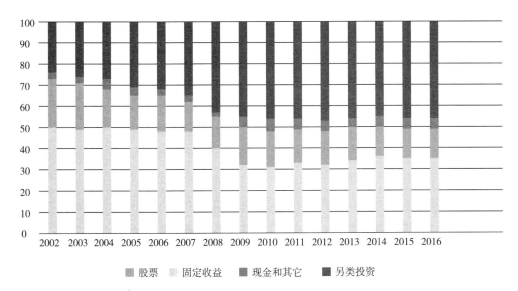

图4-2　2002—2016年美国高校基金会资产配置比例

　　就美国高校基金会整体来说，不同资产规模和类型的高校基金，在资产配置方面表现不同。尽管在大多数投资分配组合中，股票型投资占比最大（通常是32% ~ 59%）。这主要与股票的自身特质有关，股票的风险居于中位，且收益可观，因此成为美国高校基金会资产配置的主要选择。另外，资产规模越小的高校基金会其股票的占比越大。在股票的选择上，2016 年，美国高校基金会选择的美国国内股票占总投资比例的 16%，国外股票占 19%。耶鲁和哈佛大学近些年来都青睐海外股票，特别是发展中国家的股票市场。从大学的类型来看，公立大学的非传统投资比例要低于私立大学。可以说，资产规模越大的大学，其非传统投资配置的比例就越大。究其原因：第一，非传统投资配置可以提高组合型投资分配的收益边际，在一定风险系数范围内可以实现更高收益。资产规模越大的美国高校基金会一方面想保持大学现有的资产规模而追求高收益，另一方面又担心高风险带来的资产减少的可能性，因此更倾向于选择高回报的非传统投资组合。第二，相对于公立大学，私立大学特别是一流私立大学的资产规模和强大的资源在风险抵抗上颇具优势，这些高校通过一些途径，例如增收学费、扩大招生、降低学生资助等方式提高资金的流动性。另外，美国高校基金会的风险抵抗能力还与投资委员会的专业化程度有关，在美国高校基金会资产规模排行榜中，排名前十的基金会通常有 8—9 位投资委员，其中平均有 4 人具备专业的投资知识，平均有 2.5 人有非传统资产投资的经验，一流院校的非传统资产投资经验的平均人数高达 5.5 人。资产规模较小的高校基金会投资者可能是讲师、教授、行政管理人员和高层官员，这类人员的投资经验和专业程度很难承担难度较大的非传统投资。第三，大型的美国高校基金会对资金的投入管理成本更高，奖励政策更完善，投资渠道更广泛，因而更有可能进行高质量的另类资产投资。国外实证研究结果也证明，高校内部的风险指标（如学校类别、资产规模、生均捐赠资产、负债收入比、研究经费收入比等）与高校的投资组合有统计学层面的关联，其中，与非传统投资配置的占比有较为显著的关联，而与股票类投资比例缺乏显著联系。在非传统投资中，私募基金和风险投资的收益波动性最大。因此，高校基金会本身的风险指数越小，就越能够进行私募基金和风险投资。整体来看，美国高校基金会的投资组合与学校本身抵抗资金风险的能力有关，包括投资人员的投资专业素养及高校本身风险指数，资产规模越大的高校基金会越愿意投入更多成本，这也形成了美国高校基金会"富者更富"的现象。

2. 三种支出政策：孰优孰劣

对于美国高校基金会来说，考虑到投资收益的不稳定性，投资收益具有波动性，为了维持长时间的稳定的支付能力，投资分配策略与支出策略同等重要。美国高校基金会支出政策的制定首先要考虑市场波动对基金资产的影响，稳定资金收益波动；其次，要协调高校实际发展需求和资产投资策略，要同时满足高校经费和基金会资金的稳定收益。20 世纪 50 年代以前，美国高校基金会的支出政策较为简单，即只支出投资的收益部分。美国 1969 年税法改革时期，美国国会考虑到要确保基金会资产用于慈善，从而明确了慈善基金的最低支出比例，制定初期将其设为 6%，后来改成 5%，但后续的修改并没有任何理论依据或现实基础。2006 年，《统一机构基金谨慎投资管理法案》明确了高校基金会支出占比需超过 7%，但实际情况下，这一比例并没有完全实现。事实上，美国高校基金会在 2007 至 2016 年间，每年的支出比例均值维持在 4.2%~4.6%，只在个别年份里，部分资产规模较大的高校其支出比例均值超过了 5%，其中最高的支出比例也仅为 5.7%，远远达不到法案要求的 7%。整体来看，公立高校的支出比例略低于私立大学；资产规模较小的高校基金会（小于 2500 万美元）支出比例最低，2007—2016 年小型的美国高校基金会平均年支出率为 4%。

美国高校基金支出率制定方法主要有三种：平滑法（smoothing）、抑制通货膨胀法（inflation-based）、开支混合计算法（Hy-brid）。

（1）平滑法是最常用的支出率计算法，是根据过去几年市场价值的均值进行计算。具体而言，预算平滑法是一种将支出和收入分散到更长时间段中的方法，以便在每个期间内保持稳定的支出和收入水平。这样可以减少因周期性支出或收入波动而导致的会计困难，并且能够使决策者更好地估计未来资金需求和可用性。高校基金会将资金投放到股票市场后，投资的风险性显著增加，为了消除市场波动和突然的预算变化，平滑法逐渐在美国高校基金会广泛应用。2007—2016 年，美国高校基金会的年支出比率在 4.2% ～ 4.6%。[①] 由于基金投资收益波动性较大，而高校每年的预算支出较为固定，平滑法相比于固定不变的支出策略更能稳定基金资产，保留本金。但该方法也有一定的缺点，即可能会导致高校基金会在市场疲软时出现高支出，市场前景良好时产生低支出，但综合来看，平滑法是确保高校基金稳定支出的最佳策略。

（2）抑制通货膨胀法，是一种控制市场价格上升对资产价值影响的策略，通过膨胀率来调整支出。为了保持资产的购买力，高校基金会需要将市场的通货膨胀部分从投资收益中扣除。美国高校基金会一般采用消费者指数（CPI）或高等教育消费指数（HEPI）来预测通货膨胀率。抑制通货膨胀法在市场形势较好时所计算得出的支出率要小于平滑法计算所得的支出率。这是由于依据资本市场的规律，股票市场的投资收益能够覆盖通货膨胀带来的损失。因此，高校基金会会选择性地使用支出策略，如果基金会将大部分资金投入股票市场且市场发展形势较好，那么省出来的支出部分可以在市场低迷的时候发挥作用。总体上，抑制通货膨胀法所得的支出数额小于平均值法，且波动性小，也最好预测。

（3）混合支出策略，即前两种方法的结合，在使用支出率方法时，根据实际情况，综合考量当前的市场情况和以往的支出情况。斯坦福大学率先使用这一策略，虽然在其他高校的应用并不普遍，但近年来随着资本市场的变化越来越快，该方法逐渐受到人们的关注。在 2004 年，在美国只有 4% 的高校运用过这一方法，2009 年增加到了 6%，超过 5 亿美元的大学中 12% ～ 15% 的大学使用这种方法，主要应用于一流大学中。混合支出策略从多种角度考量了过去一年高校基金会的固定支出目标、投资资金的市场值变化、实际支出和总体收益。耶鲁大学目前采用的支出计算方法是：80%×（前一年支出 ×［1+ 通货膨胀率］）+20%×（当前投资组合价值 × 支出率）；斯坦福大学的支出计算公式为：60%×（前一年支出 ×［1+ 通货膨胀率］）+40%×（当前投资组合价值 × 支出率）。对比来看，斯坦福大学给予过去一年的预算权重更低，而耶鲁大学更加强调每年预算支出的一致性。总体来说，混合计算法与前两种方法不同，这种策略需要高校考虑的因素更多，资产分配也会相应地发生变化。

在是否考虑通货膨胀对高校基金市值的影响方面，平均法和抑制通货膨胀法只是两个极端。混合支出法考虑了这两种方法，并根据一定的权重进行分配，同时考虑了市场价值的变化。在混合消费中，当市场上涨时，消费速度不会像平均方法所达到的

①　梁显平. 美国大学基金会投资运行制度研究［J］. 教育财会研究，2017，28（06）：59-66.

高消费速度那样快。从长远来看，混合法与平均法相比，收支比率更低，更能维持美国高校基金会资金的支付能力。采取不同的支出策略有不同的效果，有的更强调保持资金的购买力，有的更强调短期支出的稳定性。高校基金会在选择支出策略时要根据学校的实际情况，这需要管理层的专业能力和经验。除了优先考虑市场情况外，平衡高校基金会的投资效率与使用效率同样重要。因此，有必要以高校优先发展目标为前提，以高校基金投资能力和风险控制能力的评价为决策依据。

二、英国高等教育经费结构变化发展史

自 2010 年以来，英国高等教育发生了显著变化，最为关键的变化是对资金结构进行了大幅度变动，旨在能够灵活应对经济震荡和政府赤字，以适应高等教育市场化变革。英国的变化具有重要的象征意义。它不仅是了解后发国家高等教育变迁的重要案例，而且对后发展国家的快速发展也有积极的借鉴意义。

（一）英国高等教育经费结构变化的背景

1. 金融危机影响深远

2008 年，英国的 GDP 首次出现了负增长，相比上年降低了 0.3%，这主要是受当年全球金融危机的负面影响。到了 2009 年，英国的 GDP 跌落至 20 世纪 80 年代以来的历史最低点（-4.3%），此外，英国政府债台高筑，赤字占了全国 GDP 的 11.5%，政府负债高达 GDP 的 68.1%。即便在随后一年，也就是 2010 年，英国的 GDP 止跌回稳至 1.9%，但巨大的市场惯性依然存在，居民购买力恢复缓慢，国内就业形势严峻。2010 年，英国政府财政赤字占 GDP 的比率为 10.3%，情况不容乐观。根据以往经验（包括撒切尔夫人时代的改革），全球性金融危机、政府财政赤字、经济震荡都会连带影响本国的高等教育经费，进而成为压缩高等教育公共拨款的导火索。

2. 政治行政改革意义重大

2010 年英国首相选举结果公布后，英国保守党领袖戴维·威廉·唐纳德·卡梅伦（David William Donald Cameron）出任首相职务，他与政治家尼克·克莱格（Nick Clegg）领导的自由民主党组成了自第二次世界大战结束后英国第一个联合政府。两个党派达成了组阁协议，协议明确了英国当年削减 60 亿英镑的政府支出，其中削减最多的一项是高等教育的公共经费拨款。为了稳定包括政府债务在内的种种处境，尼克·克莱格在 2010 年 5 月 19 日以英国副首相的身份公布了政府政治改革方案，方案

指明新任政府将开展英国 200 年以来影响最为深远的"权利革命"。尼克·克莱格对"还权于民"的最终政治目标予以强调："新政府将对我们的政治进行改革，以使国家对你们的控制大大减少，而你们对国家的控制却大大增加。"可以说，在改革以前，英国政府承担了过多的公共事业责任，而适当放权是英国政府激活公共事业市场，实现突出重围的必要措施。

3. 英国国内高等教育迅速发展

全球多个国家和地区的已知经验证实，经济低迷在一定程度上有利于促进年轻人进入高等教育学习。这是由于经济形势不佳，企业缩减人员招聘，促使部分年轻人继续接受教育、提升学历，为实现更好的就业做好准备。在欧盟内部，一些高等教育交流项目和优惠政策为欧盟学生在英国学习开辟了"绿色通道"。在 2010 年 6 月欧盟委员会颁布的未来十年经济发展计划，即"欧盟 2020 战略"中，提出要重点发展教育，特别是高等教育，以促进就业、振兴经济，缓解欧盟成员国面临的经济压力。但是，任何事物都具备两面性。英国经济低迷对于非欧盟学生来说有一定的利好，英镑汇率贬值带来了留学费用降低，留学生的经济负担大为减轻。加上英国官方对大学招收非欧盟学生没有人数限制，在 1999 年至 2011 年接连开展两次"国际教育首相倡议计划"等政策的鼓励下，英国国内的非欧盟学生人数增长幅度创历史新高。以中国为例，仅 2009 年 4 月至 9 月，就有近 3.3 万名希望赴英留学的中国公民获得英国签证，这一数字比 2008 年增加了 40%[①]。英国高等教育统计局的调查结果显示，在 2011 年前的 5 年内英国留学生人数增加了 32%，留学本科生增加了 27%，留学研究生增加了 37%。除了海外留学生，英国本国高等教育机构的学生人数也有所上涨。2008 年以后的两年内，在英国高等教育机构的本科生、研究生人数中，本国学生较上一年分别增长了 2.4%、5.9%，海外学生较上年分别增长了 10.5%、12.7%。英国高等教育机构总体学生人数的增长，对英国高等教育的经费状况带来了新的机遇和挑战。

（二）英国高等教育经费结构变化的特点

英国高等教育机构的经费主要有四大来源，分别是：政府的公共拨款、学费和教育合同经费、研究拨款及合同经费、捐赠经费及其投资收入。2010 年以前，政府的公共拨款是英国高等教育机构经费的主要来源，在 2008—2009 年，公共拨款占据所有经费的 34.8%，2009—2010 年是 33.7%。第二大来源是学费和教育合同经费，分别是 28.7% 和 30.9%。但从 2010—2011 学年开始，这一结构发生了变化。2010 年，学

---

① 张鹤. 经济寒冬不减留英高温 2009 年留英学生签证申请劲增40%［J］.世界教育信息，2010（3）：71.

费和教育合同经费第一次以 32.6% 占比的微弱优势超过了政府公共拨款（32.2%），并从此之后在英国高等教育经费收入中的占比逐步攀高，在 2013—2014 学年甚至达到了 44.5%，远高于当年的政府公共拨款（19.8%）。英国高等教育经费来源结构在 2010 年以后呈现出诸多新的特点。

第一，公共财政拨款总额锐减。英国高等教育机构主要获得的公共财政拨款，由议会决议当年的总额度，英国政府提出分配原则并决定具体的分配比例，之后由英格兰、威尔士、苏格兰和北爱尔兰地区的高等教育基金委员会（Higher Education Funding Council）实际分配到各高等教育机构。以英格兰地区为例。在前文中曾提到，为了缓解巨额的政府负债，英国政府于 2010 年宣布了削减公共开支计划，这一决策导致英格兰地区的高校面临突如其来的 40 亿英镑的经费削减，其中包括 30 亿英镑教学经费和 10 亿英镑研究经费，占总经费的 36.36%。具体来看，从 2010—2011 学年到 2013—2014 学年，英格兰高等教育基金委员会为所在地的大学提供的总经费拨款从接近 65 亿英镑缩减至 40.3 亿英镑，四个财政年度的拨款依次较上一年度减少 6.79%、18.59%、18.16%。

第二，学费收入快速攀升。英国政府在 2010 年 11 月 3 日采取了《英国高等教育经费检讨报告》的建议，将英格兰高校的学费上限从之前的生均 3290 英镑提高到 9000 英镑，并放宽了大学设定学费标准的规定。

英国《泰晤士报·高等教育副刊》发布的《2013—2014 学年英国高等院校全日制课程学费清单》显示，在英国的 105 所高校中，有 65 所的本科生学费触及甚至超过了 9000 英镑的上限。截至 2013—2014 学年，英国本国及欧盟高校的学生学费收入达到了 89.58 亿英镑，较前一学年增长了 21.66%。再看非欧盟学生方面，从 2011 年起，海外留学生的学费高出英国本国学生的 8 倍，非欧盟学生的年均学费达到了 1 万英镑，部分顶尖高校每年的生均学费甚至达到了 2.6 万英镑。"尽管大学生通过各种游行示威活动表达对高额学费的强烈不满，但是学费上涨的趋势已经不可逆转。"按照牛津大学副校长安德鲁·汉密尔顿的说法，为了维持高校的基本运转并不断提升教学质量和国际竞争力，牛津大学学生的学费理应继续提高至 1.6 万英镑每学年。

随着英国政府减少对高等教育的拨款，学费及教育合同收入成为高等教育经费的主要来源。其中 2010—2011 学年，英国高等教育机构的学费及教育合同收入总计接近 89.8 亿英镑，占当年总经费的 32.6%，此后的三年中，这类收入依次增长 7.76%、20.45%、17.35%，分别占当年高等教育机构总经费的 34.7%、39.90%、44.50%。截至 2013—2014 学年，学费及教育合同收入已经高达 136.8 亿英镑。

第三，基于研究的合同拨款逐步提升。基于研究的合同拨款是保证和提高英国高等教育水平的重要途径，也是高校获得资源的关键来源。随着英国政府对高等教育公共支出的减少，科学研究并与其他机构签订合同使得大学能够获取额外的资金。这种趋势对于保障英国高等教育的质量和发展尤为重要。在这样的背景下，不断增加与各方的研究合同收入，已经成为英国高等教育的趋势之一。

根据英国高等教育、商业和社会互动调查报告，2012—2013 年度和 2013—2014 年度，英国高等教育机构的研究合同收入分别为 11.4 亿和 11.9 亿英镑。此外，咨询合同收入也呈逐年增长的趋势，从 2012—2013 年度的 4.1 亿英镑增加到 2013—2014 年度的 4.4 亿英镑。商业和社区课程的收入分别为 6.5 亿、6.8 亿英镑，而知识产权收入也呈现出显著增长，从 2012—2013 年度的 0.87 亿英镑增加到 2013—2014 年度的 1.31 亿英镑。这四种细分收入在两个年度总计分别为 22.88 亿、24.4 亿英镑，为英国高等教育经费贡献了很大一部分。英国高等教育机构获取这些经费主要依托于科学园，并且依靠英国科学园协会的政策和规划。以剑桥科学园为例，剑桥科学园不仅提供了现代化的办公空间和先进的科技设施，还为高校和企业之间的合作架起了一座桥梁。通过打破学术界和商业领域之间的壁垒，促进知识与技术的流转和转化，剑桥科学园为开展创新性的研究项目和产业化应用提供了重要支持。在这个过程中，剑桥大学和其他高校也拓展了产业界的渠道，增强了其吸引人才和资源的能力。因此，像剑桥科学园这样的示范性园区，为拓宽英国高等教育机构经费来源提供了可持续发展的重要机遇。剑桥科学园作为欧洲历史最悠久、规模最大的商业研究与发展中心，以剑桥大学为核心，带动了地区经济的发展，同时也推动了剑桥大学自身的建设。这种独树一帜的"剑桥现象"已经成为英国高校与企业"联姻"成功的典范。

第四，社会捐赠仍然可观。英国是一个社会慈善事业非常成熟的国家，社会捐赠已经成为固定的传统。ROSS-CASE 报告显示，在 2013—2014 年度，共有 122 所接受调查且返回数据结果有效的英国高等教育机构获得了现金捐款（包括往年获得的认捐单笔礼金和支付的现金额）共计 6.58 亿英镑。其中，获赠金额超过 1000 万英镑的高等教育机构比例由 2011—2012 年度的 8% 升至 13%；新筹到的资金总额达 8.07 亿英镑，其中获赠超过 1000 万英镑的机构由 2012—2013 年度的 9% 增加到 16%。这些数据表明，英国高等教育机构获得慈善捐赠的规模不断扩大，更多的机构获得了超过 1000 万英镑的大额捐赠。这种趋势反映出公众对于高等教育机构的信任和认可，也反映出英国高等教育机构在社会和经济方面的重要性。

英国的罗素大学集团拥有 24 所研究型大学，被誉为英国的"常春藤联盟"。在这个集团中，剑桥大学和牛津大学一直是慈善捐赠的重要贡献者。不过，在2012—2013年度到2013—2014年度间，这两所大学在英国高等教育机构获得的总捐赠中所占比重从51%下降到了41%，与此同时，罗素大学集团的其他成员大学获得的捐赠金额占比增加了8%，增长到了38%。由此可见，知名高校间的占比逐渐趋于平衡。同时，2013—2014年度的慈善捐赠人数量已经超过25万，其中44%来自个人（比例略有上升，2012—2013年度此项比例为41%），56%来自企业或组织。在个人捐赠中，有18.3万人属校友捐赠，相比于2011—2012年度增加了14%。为了鼓励和促进捐赠，高校方面投入了大量资金用于筹款活动。在该年度，高校方面的筹款支出共达8300万英镑，其中超过3300万英镑用于与校友沟通，近700万英镑用于出版和发行校友期刊。这些慈善捐赠资金通常会根据捐助者的意愿用于特定用途，例如建造图书馆、实验室或研究中心等。作为慈善捐赠的条件之一，捐赠人一般会得到一定的研究成果或共享部分的知识产权。这种互惠捐赠已经成为英国高等教育机构获取经费的一个重要特点。

三、其他国家和地区的经费筹措与教育捐赠研究

（一）俄罗斯的高等教育经费研究

俄罗斯的高等教育经费来源主要有六方面，分别是国家财政拨款、教育基金、世界银行教育贷款、企业自主和投资、学生学费，以及和外国联合办学获得的学费。其中国家的财政拨款是俄罗斯高等教育机构经费的主要来源。虽然最近几年，俄罗斯政府鼓励本国的高等教育向市场化方向发展，以此来逐渐降低对高等教育事业的拨款，从而减轻财政负担。但国家财政拨款始终是目前俄罗斯高等教育的主要经费来源。

1. 国家财政拨款处于主导地位

通过分析俄罗斯最近几年教育预算经费拨款的数据，可以看出，在教育领域，俄罗斯政府在高等教育层面的拨款是逐年上升的。在所有层次的教育领域，高等教育是第一个被俄罗斯政府引入市场机制的，与此同时，为了提高本国的高等教育质量，俄罗斯政府依旧实行一定的强制性资助。

从高校的类型上来看，无论是私立大学还是国立大学都能够获得依照政府财政计划分配的招生资金，以此缓解大学的资金压力。在拨款的原则上，俄罗斯采取的是人均拨款原则，根据学生的高考成绩，参加大学计划的学生均有义务和权利从政府预算中获得一定的拨款资助。

2. 政府教育预算经费外的教育基金

除了国家财政拨款，俄罗斯的教育基金是俄罗斯高等教育获得经费的重要途径之一。俄罗斯的教育基金组织是一个由俄罗斯政府牵头组建的特殊教育基金收付管理组织。目前俄罗斯主要有俄罗斯国家干部培养基金、俄罗斯教育部教育支持与发展基金、俄罗斯教师支持基金等基金形式，旨在筹集社会层面的资金，以帮助俄罗斯高等教育机构培养出具有国际竞争力的人才。然而，受制于俄罗斯总体严峻的经济形势，教育基金组织对高等教育的资金帮助非常有限。

3. 世界银行教育贷款

世界银行是由联合国成立的，主要承担提供贷款、技术援助和政策建议等方面的任务，旨在通过促进各国经济发展和减少贫困，推动全球经济和社会的可持续发展。世界银行提供的贷款也是俄罗斯高等教育的资金来源之一。由于世界银行的优惠政策，大量的俄罗斯高等教育机构接踵而来，希望能获得世界银行的贷款。但世界银行的审批程序非常严格，而大部分俄罗斯高等教育机构提交的贷款项目不符合申请条件，因此只有极少的高教机构能获得世界银行的贷款。

4. 企业资助与投资

企业对教育的资助是俄罗斯高等教育经费的来源之一。例如，俄罗斯的大型企业尤科斯石油股份公司在破产前就曾每年在公益事业上投入高达 5000 万美元的资金。在霍氏执掌尤科斯石油股份公司期间，该企业对俄罗斯的教育事业提供了大量的资金援助。公司用 3 亿卢布在俄罗斯境内开设了 37 家中小学教师计算机因特网培训中心，为数百万中小学教师提供培训；尤科斯公司每年赞助俄罗斯国立人文大学 1.5 亿卢布，支付 9000 万卢布用于"新文明青年组织"，同时还有 9000 万卢布用于支持教育机构的基建及大中小学校的维修。

5. 向学生收费

向学生收费是俄罗斯高等教育走向市场化的最主要特征，此举能有效缓解俄罗斯高等教育经费不足的现状。与大部分国家相同，俄罗斯高校实行的是学分制，大学本科学制一般是四年制和五年制，硕士研究生是两到三年，博士生则是三年。不同层次的高等院校收费标准不同，例如，俄罗斯人民友谊大学平均每人每年的学费为 2000 美元，莫斯科国立罗蒙诺索夫大学平均每人每年的学费为 4000 美元。除第一年增加必要的手续费用外，还要加上食宿费、医疗保险等费用。

6. 与国外联合办学获得学费

苏联解体后，为加快推进高等教育的发展，尽快与国际接轨，俄罗斯各高校纷纷推出了与国外高校的联合办学项目。国际联合培养项目主要包括"2+2""2+3"和"3+4"等不同的学习模式。其中，"2+2"是指外国学生在本国学习 2 年，然后到俄罗斯学习 2 年；"2+3"是指外国学生在本国学习 2 年，然后到俄罗斯学习 3 年；"3+4"是指外国学生在本国学习 3 年，然后到俄罗斯学习 4 年。这些国际联合培养项目主要面向本科生、硕士和博士，旨在提高学生的国际化素质和专业技能，增强其在全球范围内的竞争力。

通过这种方式，学生可以接受来自不同文化背景和教育体系的知识与经验，拓宽视野，提高综合素质。同时，国际联合培养也有助于促进各国之间的交流与合作，推动全球教育事业的发展和进步。

（二）加拿大的捐赠文化概述

加拿大有两个特殊的税收优惠，可以用于支持捐赠文化财产。第一个优惠允许申请与礼物公平市场价值相等的税收抵免；第二个优惠，"文化捐赠"产生的税收抵免可以完全抵消所得税。如果授权机构在 5 年内出售捐赠给本国文化机构的文化财产（除非是向其他授权机构转售），将会被征收相当于公平市场价值 30% 的税款。该税收设计不仅能够最大限度地鼓励个人向文化机构捐赠有价值的艺术品和其他文化财产，还可以避免滥用税收优惠将国家资产货币化。

第二节　国内高校基金会的发展现状与特点

一、我国高校基金会的发展

我国的教育基金会创建于改革开放时期，在 20 世纪 80 年代，部分热爱祖国的海外华侨、港澳台同胞通过建立教育基金会的形式向我国的教育事业捐赠资金，用于促进我国教育事业的发展。这些教育基金包括邵逸夫教育基金、包玉刚教育基金等。同时期，我国开始出现由民间社团组织（包括企事业单位）与个人自发创办的教育基金会。这些教育基金会主要通过募捐等方式为教育事业提供资金和资源支持，成为我国教育事业中的重要力量。一些影响较大的教育基金会包括霍英东教育基金会、宝钢教育基金会、邵逸夫基金会等。在此背景下，一些高校也积极探索教育基金会的建立和发展，并取得了一定的成果。例如，暨南大学早在 1986 年就成立了教育基金会，通过各种渠道为学校的教育事业提供资金和资源支持。

（一）我国高校基金会的发展状况

1999 年，全国高校基金会首次举办了学术年会，当时我国的高校基金会数量还不足 20 家；而从 1999 年到 2007 年正式成立教育基金工作研究分会，再到教育基金工作研究分会成立十周年即 2017 年时，我国的高校基金会总数已经达到 537 家。

截至 2020 年 6 月 15 日，通过中国社会组织网用"大学""高校""学校""学院"等关键字进行查询，共有相关基金会 722 家，其中民政部注册登记 19 家（包括东北大学附属的张学良教育基金会），省市级注册登记 699 家[①]。通过对不符合高校基金会典型特征的基金会进行删减，最终得出，2020 年我国各级各类高校基金会共有 623 家，其中包括了异地办学高校基金会，与 2017 年底相比新增了近百家。

2017 年 9 月 21 日，经过严格的评审和公示程序，我国宣布了首批"双一流"建设大学名单，共有 137 所高校入选。其中世界一流大学建设高校 42 所，包括 A 类 36 所和 B 类 6 所，世界一流学科建设高校 95 所。

通过中国社会组织网、基金会中心网、基金会官网、年报等渠道，对 137 所高校的基金会成立情况进行了整理。统计显示，截至 2020 年，首批 42 所世界一流大学建设高校中，只有国防科技大学尚未成立高校基金会；而在 95 所世界一流学科建设高校当中，还有 6 所高校尚未成立高校基金会，需要指出的是，西南财经大学附属基金会的名字是四川省光华教育发展基金会，而西北大学附属基金会名为朱雀教育发展基金会。

2022 年 2 月，教育部公布了第二轮"双一流"建设大学名单，此次第二轮"双一流"建设高校名单一共有 147 所，有 7 所高校新晋第二轮双一流建设名单。其中新晋双一流的 7 所高校是：山西大学、广州医科大学、上海科技大学、华南农业大学、南方科技大学、南京医科大学和湘潭大学。

根据慈善中国官网信息汇总了我国 42 所世界一流大学建设高校基金会基本情况（根据成立时间进行排序，非排名），见表 4-1。

---

① 《中国高校基金会年度发展报告》编写组. 中国高校基金会年度发展报告 2020 ［M］. 北京：社会科学文献出版社，2020.11.

表4-1 我国42所世界一流大学建设高校基金会基本情况

序号	高校名称	基金会名称	成立时间	慈善组织认定登记日期
1	中国人民解放军国防科技大学	尚未成立基金会	—	—
2	清华大学	清华大学教育基金会	1994	2016
3	北京大学	北京大学教育基金会	1995	2016
4	天津大学	天津大学北洋教育发展基金会	1995	2017
5	武汉大学	武汉大学教育发展基金会	1995	2017
6	中国科学技术大学	中国科学技术大学教育基金会	1996	2017
7	吉林大学	吉林大学教育基金会	1997	2018
8	上海交通大学	上海交通大学教育发展基金会	2001	2017
9	中国人民大学	北京市中国人民大学教育基金会	2004	2016
10	南开大学	南开大学教育基金会	2004	2017
11	复旦大学	上海复旦大学教育发展基金会	2004	2017
12	中山大学	中山大学教育发展基金会	2004	2022
13	北京航空航天大学	北京航空航天大学教育基金会	2005	2016
14	南京大学	南京大学教育发展基金会	2005	2017
15	东南大学	东南大学教育基金会	2005	2017
16	同济大学	上海同济大学教育发展基金会	2006	2017
17	浙江大学	浙江大学教育基金会	2006	2017
18	厦门大学	厦门大学教育发展基金会	2006	2017
19	西安交通大学	西安交通大学教育发展基金会	2006	2017
20	东北大学	张学良教育基金会	2006	2017
21	北京师范大学	北京师范大学教育基金会	2007	2017
22	华东师范大学	上海市华东师范大学教育发展基金会	2007	2018
23	山东大学	山东大学教育基金会	2007	2017
24	华南理工大学	广东省华南理工大学教育发展基金会	2007	2018
25	西北工业大学	西北工业大学教育基金会	2007	2017
26	中国农业大学	中国农业大学教育基金会	2009	2016
27	大连理工大学	大连理工大学教育发展基金会	2009	—
28	哈尔滨工业大学	哈尔滨工业大学教育发展基金会	2009	2017
29	电子科技大学	四川电子科技大学教育发展基金会	2009	2017
30	湖南大学	湖南大学教育基金会	2009	2017
31	北京理工大学	北京理工大学教育基金会	2010	2016
32	中央民族大学	中央民族大学教育基金会	2010	2016

序号	高校名称	基金会名称	成立时间	慈善组织认定登记日期
33	中国海洋大学	中国海洋大学教育基金会	2010	2017
34	华中科技大学	华中科技大学教育发展基金会	2010	2017
35	四川大学	四川大学教育基金会	2010	2017
36	中南大学	中南大学教育基金会	2011	2018
37	西北农林科技大学	西北农林科技大学教育发展基金会	2011	2017
38	新疆大学	新疆大学教育发展基金会	2012	2021
39	重庆大学	重庆大学教育发展基金会	2013	2017
40	兰州大学	兰州大学教育发展基金会	2013	2020
41	郑州大学	郑州大学教育发展基金会	2015	2018
42	云南大学	云南大学教育基金会	2020	2020

在已经成立高校基金会的世界一流大学建设高校当中，成立最早的是清华大学，1994年1月成立；最晚的是云南大学，2020年6月成立。在世界一流学科建设高校中，最早成立基金会的是北京工业大学，1994年10月16日；最晚的是山西大学，2019年5月6日成立。

（二）我国高校基金会的业务范围分析

我国高校基金会由于各个高校情况的差异，各自的业务范围也不尽相同，现举例说明。

1. 北京中国地质大学教育基金会

在其章程中规定的业务范围包括[1] 接受捐赠，设立资助项目，促进人才培养、科学研究、社会服务和文化传承创新。

2. 北京航空航天大学教育基金会

在其章程中规定的业务范围包括[2]：

（1）设立基金资助项目：

支持北航建设，更新教学和科研设施；

支持北航重点实验室、重点学科的建设；

支持北航人才引育及队伍建设；

资助学术交流、基础研究、教学研究和著作出版；

[1]　北京中国地质大学教育基金会章程［EB/OL］. http://jjh.cugb.edu.cn/upload/file/2021/0412/1618227469227502.pdf
[2]　基金会章程-北航教育基金会［EB/OL］. https://bhuef.buaa.edu.cn/gywm/jjhzc.htm

资助在校学生及学生社团活动；

资助北航校友及校友会和校友协会活动；

资助与北航师生相关的公益活动和其他社会公益活动；

奖励优秀教师和在校学生及其他按照捐赠者意愿设立的资助项目。

（2）接受政府或其他团体的委托，组织人员开展专项活动。

（3）加强与国内外各界的联系与合作。

3. 北京交通大学教育基金会

在其章程中规定的公益活动的业务范围包括[①]：

（1）扶持学校重点学科、重点实验室和重点课程的建设；

（2）奖励优秀学生和优秀教师，资助贫困学生；

（3）支持人才引进、资助聘请知名学者来校讲学；

（4）支持学校基础建设、教学设施的改善；

（5）资助优秀教师继续深造及参加国内外学术会议；

（6）资助召开高层次学术会议；

（7）开展教育、培训、咨询等活动；

（8）资助有利于学校教育发展的其他项目。

我国高校基金会的业务范围总结为四条：一是进行对外联络，接受社会捐赠（包括校友的捐赠）；二是管理基金会的基金，实现保值、增值；三是制定基金使用项目，审核、批准基金的发放；四是向捐赠人报告基金使用情况，感谢捐赠人的付出，进一步拓展捐赠。由此，我们可以看出高校基金会的工作是围绕基金形成了一个循环（见图4-3）。

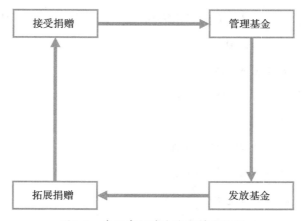

图4-3　我国高校基金会工作循环图

① 教育基金会-北京交通大学教育基金会章程［EB/OL］.（2021-01-19）http://foundation.bjtu.edu.cn/gywm/zcfg/171423.htm

（三）我国高校基金会的基金发展状况

1. 原始基金

（1）原始基金的来源。根据我国相关规定和高校基金会的实践，高校基金会在成立之初所拥有的最初资产、捐赠等来源主要有三个方面：一是本校的校友捐赠；二是国内外个人、法人、非法人机构的捐赠；三是上级主管部门和学校拨入的资金。

（2）我国现有高校基金会原始基金的状况。学校类型、学校规模等多种因素都会导致我国各高校基金会原始基金的巨大差异。通常，知名度较高的大学，例如清华大学、北京大学、浙江大学等一流高校，具备丰富的教学资源，自身具备的资产规模较大，相应的高校基金会成立时的原始基金数额也就更多。相比来说，其他资源较为有限的高校原始基金数额较小。表 4-2 列举了我国部分高校基金会的原始基金。

表4-2　我国高校基金会原始基金额统计表

学校	成立时间	原始基金额
清华大学	1994 年 1 月	2000 万元
浙江大学	2006 年 7 月	5000 万元
北京航空航天大学	2005 年 5 月	2000 万元
北京邮电大学	2002 年 12 月	210 万元
厦门大学	2006 年 3 月	1000 万元
中山大学	2004 年 11 月	400 万元
北京交通大学	2009 年 7 月	2000 万元
南开大学	2004 年 6 月	200 万元
四川西南石油大学	2007 年 4 月	210 万元
西安交通大学	2006 年 3 月	400 万元

从表 4-2 列举的数据能够得知，部分知名高校的基金会在创办之时由于其大学历史悠久、声誉卓著，往往能够得到数额较大的原始基金，为基金会的发展提供了有利条件。与此同时，部分同样是知名高校在基金会创办时却没能获得大量捐赠基金，例如北京交通大学和南开大学等。然而，这些高校基金会通过积极运作和完善的管理也在之后的发展过程中取得了许多成功的经验。对于基金会来说，原始基金的规模决定了基金会未来的运营空间和资产增值的潜力。原始基金越多，基金会能够拥有的投资机会和灵活性就越多，从而为高校提供更多的资金和资源支持。但是，即便原始基金相对较少的高校，只要运作得当、管理完善，并且坚持长期投资、稳健运作的理念，同样可以在基金会的发展中不断壮大、提高影响力，为高校教育事业的发展做出积极贡献。

二、国内高校基金会的特点

（一）巨额捐赠呈现上升趋势

中国人民大学教育基金研究中心、华北电力大学教育基金研究中心从 2016 年起就开始整理、汇总当年高校基金会治理、高等教育捐赠的重要事件，汇编成行业发展年度十大热点新闻，并通过高校筹资联盟微信公众号对外发布，迄今为止已经连续发布了 7 年的数据。通过对比这些数据可以看出，在 2019 年，我国大学收到的捐赠资产显著降低，即使把我国大学在海外开办的分校算在内，数据也没有太大变化。通过网络搜索可以发现，在 2019 年以前的 5 年内，每年都有很多面向高校的大额捐赠新闻，捐赠金额也越来越大。

2022 年 2 月 17 日，国内首份高等教育领域大额捐赠专题报告——《2021 高校基金会大额捐赠观察报告》在京正式发布，报告梳理了我国社会捐赠总额前 100 名的高校基金会年报等公开披露信息。报告显示，从 2015 年到 2020 年，我国总共有 78 家高校基金会曾收到过数额大于等于 1000 万元的大额捐款，到账总额 303.6 亿元。其中 2020 年，我国高校基金会收到的捐款到账总额突破 100 亿元，相当于当年慈善捐赠总额的 5%，且增速大于总体社会捐赠。报告显示，我国高校基金会获得的大额捐赠中位数是 1950 万元。同时，有 111 家高校基金会收到的捐赠金额大于等于 1 亿元，占到了总项目的 15%。高校大额捐赠总体呈上升趋势，2020 年到账总额突破 100 亿元，创下历史新高。相比 2015 年增长超过 4 倍，增速快于社会捐赠整体增速。

报告数据显示，我国高校基金会获得的捐赠资金主要来源企业家和企业家个人基金会、企业及企业基金会，或者是以上几者联名捐赠，它占据了所有捐赠项目的 81%。从企业类型上来看，有 53% 的捐赠资金来源于私企及其基金会，49% 来自房地产、金融、信息技术服务行业的企业或企业家捐赠。有 188 个超过 1000 万元的大额捐赠项目来源于学校的校友，占比 26%。这些捐赠不仅为高校增加了资金和资源，还推动了高校与校友、企业、社会之间的联系和合作。民营企业和企业家及其基金会是高校大额捐赠的主要力量之一，它们通常具有更灵活创新的管理模式和投资理念，能够为高校提供更多的支持和帮助。同时，校友的大额捐赠也是高校基金会资金的重要来源之一，他们通常对母校怀有深厚的感情和责任感，愿意为高校事业做出积极的贡献。

我国高校基金会在捐赠项目上呈现出帕累托法则的特点，即"双一流"高校在所有收到过大额捐赠的高校中占比不高，仅有 45%，但却获得了 69% 的大额捐赠项目和

84%的协议捐赠总额，可见"双一流"高校是大额捐赠者的首选对象。与此同时，其他高校基金会的筹资难度也日益加大，需要通过拓展更多具有竞争力的筹资项目和维系校友资源来提高自身的竞争力与吸引力。

（二）我国高校基金会区域分布现状

从地区分布来看，高校基金会分布依然与高校分布、地区经济发达程度高度相关，主要分布在江苏、浙江、北京、广东、湖北等高校密集的省市，如图4-4所示。

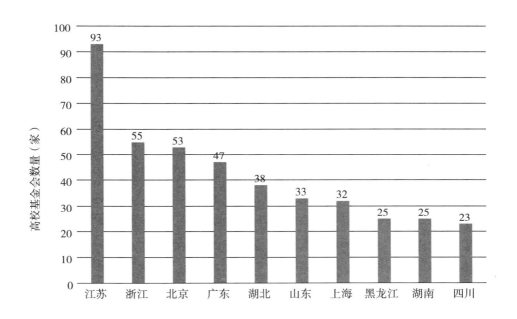

图4-4　高校基金会数量排名前十的省直辖市

从图4-4可以看出，江苏省的高校基金会数量远超其他省市，数量接近于百所。其次是浙江、北京和广东，高校基金会的数量在50所左右。这些数据表明，不同省市的高校基金会数量存在巨大差异。从地理位置来看，江苏、浙江等沿海地区的经济发达程度相对较高，高校的资金来源也更加多元化，因此高校基金会的数量更多。同时，这些地区高校基金会的管理水平和筹资能力也相对较高，它们在为高校提供资金和资源支持方面扮演了重要角色。

针对地方高校的配比政策，浙江、北京两省市已陆续出台相关政策。而目前，高校基金会数量最大的江苏省尚未出台财政配比政策。另外，广东省只有深圳市推出了总规模为5亿元的配比政策。

从政策实施情况来看，各个地区的高校基金会政策存在巨大差异。这种差异主要源于地方经济实力和政策导向的差异。例如，浙江、北京等省市经济发展水平较高，政府注重与高校合作推进科技创新和人才培养，因而出台了较为慷慨的财政配比政策，以促进高校基金会的发展。相反，江苏省虽然高校基金会数量领先，但政府尚未出台配比政策，可能是因为该省的高校基金会已经具备了一定的自我发展能力，不需要过多依赖政府的支持。至于广东省，则仅有深圳市推出了额度较小的配比政策。

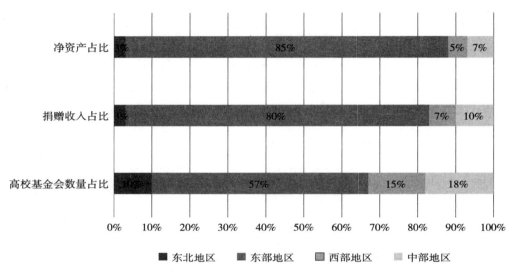

图4-5　高校基金会地区分布及财务状况

　　从图 4-5 可以看出，我国高校基金会在区域方面存在不均衡性。其中，东部地区高校基金会在数量上刚过半数，但捐赠收入与净资产规模却双双超过了 80%，而中西部以及东北地区的数量、捐赠收入、净资产三项指标逐次降低。这种不均衡性主要源于我国地区经济发展水平的差异。东部地区由于经济发达、科技创新能力强，在高等教育领域也具有较大的优势，因此该地区的高校基金会数量较多，并且筹集到了大量的捐赠收入和净资产。相反，在落后地区，由于经济和科技条件的限制，高校基金会的数量、筹集的捐赠收入和净资产规模都相对较小。

（三）我国高校基金会的管理现状

清华大学的孟冬军等学者将我国高校基金会管理模式分为五类：

1. 市场运作型

以清华大学和北京大学为代表的高校基金会，是我国高等教育事业中颇具代表性的非营利性组织。这两个基金会分别于 1994 年和 1995 年经国家教委（现教育部）批准、中国人民银行审查后成立，并正式登记注册为非营利性组织。这两家教育基金会与其他高校基金会相比，最显著的特点是：机构独立、自主管理，人员专业、配置科学、投入量大，拥有海外基金会，重视国际化发展。北大、清华基金会目前是我国内地高校规模最大的基金会，代表着我国高校社会捐赠管理最先进的方式和发展方向。

2. 行政管理型

浙江大学竺可桢教育基金会是我国高校基金会的典型代表之一。该基金会于1994年成立，并正式注册为非营利性组织。竺可桢基金会的理事团队由60多位知名人士组成，涵盖了政界、企业界和学术界等多个领域。竺可桢基金会作为浙江大学的附属机构，具有独立法人资格和自主管理权。其主要工作包括筹集募捐、管理资金、开展公益活动等。与其他高校基金会相比，浙大基金会沿用了传统的行政管理手段，这种方式能够确保基金会管理和运营的稳定性。然而，这种管理方式也可能局限于机构内部，难以与外界进行有效的沟通和互动，影响了基金会的公信力和声誉。其次，在校友工作方面，浙大基金会取得了不俗的成绩。为了推动校友事业的发展，浙大基金会成立了海外基金会，并注重海外校友的作用。据不完全统计，海外校友个人以及校友企业所捐赠的资金达到学校捐款总额的75%。这充分说明了基金会在校友工作方面的重要性和作用。2006年7月，浙江大学教育发展基金会正式更名为浙江大学教育基金会，并在民政部重新进行登记注册。这标志着浙江大学教育基金会已经逐步走向更加规范化、制度化的管理轨道，为其更好地推进科技创新和人才培养等方面提供了更加坚实的组织保障。

3. 委员会型

委员会型以南京大学发展委员会为典型。该委员会成立于1995年，旨在推进南京大学的科技创新和人才培养等方面工作。此外，南京大学还于1997年成立校董会，校董会名誉董事长18名，董事长1名，副董事长2名，名誉校董47名，校董114名。校董会由来自社会各行业的精英和政府部门要员组成，旨在为南京大学的发展注入更多的智力和资源。校董会下设有办公室，主要负责日常事务。该办公室分设国内部、国际部、校友部和综合办公室，并在香港、深圳设立了办事处。这些办公室的设立，有助于加强南京大学与海外校友、企业等的联系和交流，拓展南京大学的国际化视野和影响力。

南京大学发展委员会在社会捐赠管理方面具有一定的特点和优势。一是校友董事会是该委员会的主要组成部分，董事的组成层次高、范围广、代表性强，主要涵盖了政界、企业界、科技界等多个领域的知名人士。这些董事们具有丰富的经验和资源，能够为南京大学的发展注入更多的动力和支持。二是南京大学领导对发展委员会的工作给予了极大的支持，投入了大量经验丰富的人力资源，并划拨了宽裕的办公经费，这为委员会的日常运营提供了坚实的保障和支持。三是发展委员会的工作细致入微，如制定捐赠指南、开列认捐项目、完善数据库、办好典礼仪式、设计个性化招待等，做到让捐赠者感到满意和受到尊重。四是南京大学发展委员会的工作重心集中于筹款，没有进行基金增值运作。由于没有成立基金会，所以在资金筹集方面缺少基金会应有的优惠待遇。这也说明了发展委员会在资金管理方面需要进一步创新和完善。

4. 海外拓展型

以上海交通大学基金会为典型。上海交大基金成立于 2001 年 4 月，主要负责管理校内所有基金（包括奖学金等）。它具备以下特点：一是上海交大基金会规划科学，配备人员充裕，投入较多，发展迅速。这为基金会的管理和运营提供了坚实的组织保障和资源支持。二是积极拓展海外市场，潜力可观。这有助于提升基金会的影响力和知名度，吸引更多的捐赠者和合作伙伴。三是注重校友资源的开发，累积了"饮水思源，爱国荣校"的传统。这有助于促进校友与母校之间的联系和交流，为学校的发展和建设提供更多的支持和帮助。

5. 行业依靠型

中国矿业大学校董会和中国石油大学（华东）校友会基金管理办公室是两个典型的例子。受历史因素的影响，我国规模较大的诸多矿业企业是中国矿业大学的董事单位、校友单位。中国矿业大学校董会、中国石油大学校友会基金管理办公室的特点：一是与行业规模较大的企业紧密合作，促进产学研一体化，实现双赢；二是其获得的主要社会捐赠资金来源于行业大型企业。

（四）财政配比政策进入新阶段

财政部和教育部于 2009 年制定并发布了《中央级普通高校捐赠收入财政配比资金管理暂行办法》（财教〔2009〕275 号），其目的是鼓励社会各界向中央高校捐赠，拓宽中央高校筹资渠道。文件决定了中央高校接受的捐赠资产由中央财政设定的配比资金来进行奖励补助。该政策实行十几年来，各中央高校在汲取社会资源、多形式多渠道筹集教学资金的积极性和主动性上显著提高了；政策带来的社会捐赠奖励补助，也在某种程度上对中央高校提升办学质量起到了积极的作用，助推中央高校高质量发展。另外，审计署的各地特派员和财政部的各地专员在核查、审计中央高校的捐赠基金时也发现了一些违规操作，例如部分大学把委托技术开发、合作共建以及股权和长期投资等，以社会捐赠的名义向中央申请配比奖金。同时，还存在部分高校未按捐赠者个人意愿使用捐赠资金的现象，甚至有个别大学利用非捐赠资金申报捐赠配比财政专项资金。

为更好地管理专项资金并充分发挥配比政策的杠杆作用，财政部和教育部在2018年11月发布了《中央高校捐赠配比专项资金管理办法》。与过去"年度总量控制，按年申请，逐校审核"的方式不同，新规调整为"实行总量控制，按照因素法计算每个学校的额度，考虑不同类型学校实际情况，以超额累退配比为主"，同时也注重体现"多受捐多配比"的正向激励原则，并对偏远地区、发展程度较低和捐赠规模较小的中央高校予以政策倾斜。《中央高校捐赠配比专项资金管理办法》采用了对单笔捐款超过10万元（及以上）的合格收入实行配比的政策，同时还详细规定了对西部和东北地区中央高校，以及民族、师范等捐赠基础相对薄弱的中央高校申报的单笔1万元（含）以上的合格捐赠收入也可以实行配比。

除了中央发布的政策外，我国部分省市也出台了类似的配比奖励政策。部分省市出台与修订的捐赠配比政策，在某种意义上切实提高了地方大学拓宽筹资渠道的积极性，为地方高校基金会的可持续发展提供了良好的政策环境。但是从整体来看，地方出台的政策仍有发展潜力。一方面，由于地区间发展程度存在差异性，我国中西部大多数地区政府还未制定高校的捐赠配比政策，但是越是发展程度低的地区越需要制定捐赠配比政策的激励机制，培育省属、市属高校的多渠道筹资意识，从而达成集聚效应；另一方面，部分已经制定发布捐赠配比政策的地方政府并未实际落实相关政策，地方高校获得的捐赠配比资金无法兑现，这必然导致高校筹措社会资金的积极性下降。

通过配比政策，高校基金会可以吸引更多的企业和个人进行捐赠，从而获得更多的配比资金，同时也增强了高校与当地企业之间的联系和互动。总的来说，捐赠配比资金政策的制定对我国高校基金会的发展起到了重要的作用。此外，这种政策还可以促进高校中心城市或地区的发展，形成以高校为核心的产业集群，从而带动整个地区经济的发展。

随着绝大多数中央高校建立起了自己的高校基金会，并制定了配套的募捐和资金管理政策，中央财政捐赠配比政策第一阶段的使命业已完成。接下来，捐赠配比奖金的作用将向质量引导转变，捐赠配比奖金所起到的作用将更加多元，鼓励高校基金会创新筹资方式和项目管理模式，提高其社会影响力和资源配置能力。

第三节　我国高校基金会管理存在的问题及对策

一、我国高校基金会管理存在的问题

我国高校基金会起步较晚，与欧美发达国家的高校基金会相比仍存在一定差距。究其原因，除了我国高等教育基础发展历史较短以外，还存在一些深层次的原因。

（一）宏观体制方面

1. 高校基金会的双重行政管理体制

按照《基金会管理条例》第 9 条的规定：申请设立基金会，申请人应当向登记管理机关提交业务主管单位同意设立的文件。教育基金会必须寻找到对应的行政主管机关才能向民政部门申请注册登记。大学教育基金会的双重行政管理体制是指，大学教育基金会在法律上属于民间非营利性组织，在实际操作中则需要按照大学相关部门的规定进行管理。

一方面，大学教育基金会需要遵守国家有关法律和法规。这意味着它需要在财务、审计、税务等方面接受国家监管，并且必须公开披露相关信息。另一方面，大学教育基金会也需要遵守大学内部管理的规定。因为大学教育基金会往往是由大学校友、企业等捐赠资金设立的，因此其所涉及的资金必须在大学内部使用。一般而言，大学教育基金会需要与大学的教务处、财务处等部门协商，确定资金的具体用途以及项目申请等事项。只有在大学内部行政管理体制的规定下才能获得更好的保障和管理。

由于我国高校基金会的整体发展水平不高，同时高校基金会自我监管体制不完善、社会监管缺失，因此政府监管部门对其的监管起到了主要作用。但与此同时，政府监管部门的长期监督对高校基金会的发展起到了一定程度的制约作用。

2. 捐赠减免税制度还没有落实

捐赠减免税制度是指，如果一个法人或者个人对社会进行了捐赠行为，则其捐赠金额可以按照相关规定在应纳所得额中扣除。我国对涉及教育等慈善事业捐款的税务减免制度已有明确的规定，如《财政部 国家税务总局关于教育税收政策的通知》第 8 条、

《基金会管理条例》第 26 条、《中华人民共和国公益事业捐赠法》第 24 至第 27 条、《中华人民共和国企业所得税暂行条例》第 6 条、《外商投资企业和外国企业所得税法实施细则》第 19 条、《个人所得税法实施细则》和《中华人民共和国个人所得税法》第 6 条。

　　我国对涉及教育等慈善事业捐款的税务减免制度已有明确规定，税前扣除优惠范围及其资格获得要求，见表 4-3。对于捐赠金额设置上限，超过一定标准的捐赠额不允许在税前扣除。

表4-3　关于基金会税前扣除资格的政策文本

国家政策文件	政策内容
《社会团体登记管理条例》（国务院令第250号）和《基金会管理条例》（国务院令第400号）	经民政部门批准成立的非营利的公益性社会团体和基金会，凡符合有关规定条件，并经过财政税务部门确认后，纳税人通过其用于公益救济性的捐赠，可按现行税收法律法规及相关政策规定，准予在计算缴纳企业和个人所得税时在所得税前扣除
《中华人民共和国个人所得税法》	个人将其所得对教育、扶贫、济困等公益慈善事业进行捐赠，捐赠额未超过纳税人申报的应纳税所得额百分之三十的部分，可以从其应纳税所得额中扣除；国务院规定对公益慈善事业捐赠实行全额税前扣除的，从其规定[1]。
《中华人民共和国企业所得税法》	企业发生的公益性捐赠支出，在年度利润总额 12% 以内的部分，准予在计算应纳税所得额时扣除；超过年度利润总额 12% 的部分，准予结转以后三年内在计算应纳税所得额时扣除[2]。
《关于非营利组织免税资格认定管理有关问题的通知》（财税〔2018〕13号）	依据本通知认定的符合条件的非营利组织，必须同时满足以下条件[3]： （一）依照国家有关法律法规设立或登记的事业单位、社会团体、基金会、社会服务机构、宗教活动场所、宗教院校以及财政部、税务总局认定的其他非营利组织； （二）从事公益性或者非营利性活动； （三）取得的收入除用于与该组织有关的、合理的支出外，全部用于登记核定或者章程规定的公益性或者非营利性事业； （四）财产及其孳息不用于分配，但不包括合理的工资薪金支出； （五）按照登记核定或者章程规定，该组织注销后的剩余财产用于公益性或者非营利性目的，或者由登记管理机关采取转赠给该组织性质、宗旨相同的组织等处置方式，并向社会公告； （六）投入人对投入该组织的财产不保留或者享有任何财产权利，本款所称投入人是指除各级人民政府及其部门外的法人、自然人和其他组织； （七）工作人员工资福利开支控制在规定的比例内，不变相分配该组织的财产，其中工作人员平均工资薪金水平不得超过税务登记所在地的地市级（含地市级）以上地区的同行业同类组织平均工资水平的两倍，工作人员福利按照国家有关规定执行； （八）对取得的应纳税收入及其有关的成本、费用、损失应与免税收入及其有关的成本、费用、损失分别核算。

---

① 中华人民共和国个人所得税法[EB/OL].（2018-09-01）https://www.gov.cn/xinwen/2018-09/01/content_5318233.htm

② 中华人民共和国企业所得税法[EB/OL].（2019-01-07）http://www.npc.gov.cn/npc/c30834/201901/0c846c25aa80405fafc6f99247d0fe08.shtml

③ 关于非营利组织免税资格认定管理有关问题的通知[EB/OL].（2020-05-13）http://www.chinatax.gov.cn/n810341/n810755/c3317344/content.html

国家政策文件	政策内容
《关于公益性捐赠税前扣除有关事项的公告》（财政部公告2020年第27号）	四、在民政部门依法登记的慈善组织和其他社会组织（以下统称社会组织），取得公益性捐赠税前扣除资格应当同时符合以下规定[①]： （一）符合企业所得税法实施条例第五十二条第一项到第八项规定的条件。 （二）每年应当在3月31日前按要求向登记管理机关报送经审计的上年度专项信息报告。报告应当包括财务收支和资产负债总体情况、开展募捐和接受捐赠情况、公益慈善事业支出及管理费用情况（包括本条第三项、第四项规定的比例情况）等内容。 首次确认公益性捐赠税前扣除资格的，应当报送经审计的前两个年度的专项信息报告。 （三）具有公开募捐资格的社会组织，前两年度每年用于公益慈善事业的支出占上年总收入的比例均不得低于70%。计算该支出比例时，可以用前三年收入平均数代替上年总收入。 不具有公开募捐资格的社会组织，前两年度每年用于公益慈善事业的支出占上年末净资产的比例均不得低于8%。计算该比例时，可以用前三年年末净资产平均数代替上年末净资产。 （四）具有公开募捐资格的社会组织，前两年度每年支出的管理费用占当年总支出的比例均不得高于10%。 不具有公开募捐资格的社会组织，前两年每年支出的管理费用占当年总支出的比例均不得高于12%。 （五）具有非营利组织免税资格，且免税资格在有效期内。 （六）前两年度未受到登记管理机关行政处罚（警告除外）。 （七）前两年度未被登记管理机关列入严重违法失信名单。 （八）社会组织评估等级为3A以上（含3A）且该评估结果在确认公益性捐赠税前扣除资格时仍在有效期内。 公益慈善事业支出、管理费用和总收入的标准和范围，按照《民政部 财政部 国家税务总局关于印发〈关于慈善组织开展慈善活动年度支出和管理费用的规定〉的通知》（民发〔2016〕189号）关于慈善活动支出、管理费用和上年总收入的有关规定执行。 按照《中华人民共和国慈善法》新设立或新认定的慈善组织，在其取得非营利组织免税资格的当年，只需要符合本条第一项、第六项、第七项条件即可。 十五、本公告自2020年1月1日起执行。《财政部 国家税务总局 民政部关于公益性捐赠税前扣除有关问题的通知》（财税〔2008〕160号）、《财政部 国家税务总局 民政部关于公益性捐赠税前扣除有关问题的补充通知》（财税〔2010〕45号）、《财政部 国家税务总局 民政部关于公益性捐赠税前扣除资格确认审批有关调整事项的通知》（财税〔2015〕141号）同时废止。

2021年2月4日，财政部、国家税务总局、民政部联合发布《关于公益性捐赠税前扣除资格确认有关衔接事项的公告》（财政部、税务总局、民政部公告2021年第3号）。这一衔接公告是对《关于公益性捐赠税前扣除有关事项的公告》的有效补充，其主要意义是为了进一步鼓励社会公益性捐赠，做好原有政策与相关文件的衔接工作，并考虑新冠肺炎疫情对公益事业的影响，进一步明确了公益性捐赠税前扣除资格的确认事项。该公告主要对以下事项进行了明确[②]：

---

① 关于公益性捐赠税前扣除有关事项的公告［EB/OL］.（2020-05-13） https://www.gov.cn/zhengce/zhengceku/2020-05/21/content_5513474.htm

② 关于公益性捐赠税前扣除资格确认有关衔接事项的公告［EB/OL］.（2021-02-04） https://www.gov.cn/zhengce/zhengceku/2021-02/07/content_5585695.htm

（1）确认了 2020 年度至 2022 年度公益性捐赠税前扣除资格的有关问题；

（2）对与公益性捐赠相关的捐赠证明、核定捐赠金额、异地捐赠等方面的问题做出了明确规定；

（3）强调了维护公益性捐赠税前扣除制度的公正性和科学性，严厉打击非法操作和虚假捐赠行为。

衔接公告的发布表明了政府对于公益事业发展的重视，并且进一步强化了公益性捐赠的税前扣除政策。这对于促进社会公益事业的发展和吸引更多社会力量参与公益事业，具有积极的推动作用。

（二）优惠支持政策执行难

1. 高校财政资金配比政策的局限性

高校财政资金配比政策推动了高等教育的资金投入和整体发展，但也存在局限性。财政部和教育部发布的中央高校捐赠配比政策的惠及对象仅为中央级普通高校。2012 年开始，浙江、湖北、厦门等十余个省市陆续出台了各省市所属高校的捐赠配比政策，惠及对象为各省市所属普通高校，而其余大部分地方院校未能成为财政资金配比的惠及对象。

从配比范围来看，2018 年修订颁布了《中央高校捐赠配比专项资金管理办法》，在坚持"多受捐多配比"的正向激励原则的同时，对困难地区、发展薄弱以及捐赠基础相对较弱的中央高校予以适当倾斜，对单笔 1 万元（含）以上的合格捐赠收入实行配比，突破了单笔捐赠收入 10 万元（含）以上的规定，但是该办法所称的社会捐赠收入是指中央高校通过民政部门登记设立的基金会接收的用于本校的社会捐赠货币资金，实物捐赠和高校基金会提供服务取得的收入等尚未纳入配比范围。同时，国家配比资金在获得的高校之间也存在显著差异。

2. 公益捐赠的税收优惠政策执行难

公益捐赠税收优惠政策已经实施多年并且不断修订完善，根据相关政策，无论是企业还是个人，只能是捐赠给国家认可并且有资质的公益组织，才可以享受税前扣除的优惠政策。财政部、国家税务总局和民政部对于该项资格的认定做出了严格规定，比如具备非营利组织免税资格、完成社会组织评估且等级为 3A 以上（含 3A）、符合公益活动和管理费用支出比例等多项条件，过程复杂，用时不短。一些地方高校由于尚未成立基金会或者基础条件欠缺，无法获得捐赠税前扣除资格，致使捐赠者不能获得公益捐赠税前抵扣的优惠，再加上捐赠税额扣除率不高，不仅影响捐赠人的捐赠热情，还会让捐赠人对高校基金会的公信力产生怀疑，对筹资造成负面影响。

（三）高校基金会的筹资管理薄弱

1. 筹资机制运行不畅

高校基金会是以大学为基础建立的基金会组织，通常具有完整的内部治理结构。理事会做出决定，监事会（或监事）负责监督，秘书处是执行机构。然而，在实际管理和运营中，高校基金会普遍延续了大学的行政管理模式，未能在内部组织建设中明确筹款管理责任，忽视了筹款机构、筹款团队和校友会的建设，在外部治理结构上，未能与学校校友会等相关部门形成联动与合作，未能深入挖掘校友和社会资源。他们在筹款工作中缺乏主动性和灵活性，无法根据学校和基金会的实际情况规划、确定筹款目标，设计筹款项目和活动，基金会捐款的扩大受到严重制约，大学多元化筹资体系的完善也面临障碍。

2. 筹资渠道单一，筹资专业化运营水平不高

我国高校基金会收入来源主要有捐赠收入、政府补助收入、商品销售收入、投资收益以及其他收入等。但是截至目前，还是以捐赠收入、投资收益以及其他收入为主。据中国校友会网统计，从 1980—2021 年，全国高校累计接受国内外社会慈善捐赠总额达到 1288 亿元，其中校友捐赠 428 亿元，约占捐赠总额的 33.23%。可见，我国高校基金会的捐赠收入是其总收入的主要来源，而校友是主要捐赠者，校友捐赠一定程度上体现的是毕业生和企业对于院校实力和办学的认可，也体现出高校吸纳社会捐赠渠道的单一，未能体现出高校在科研、与企业合作等方面吸纳捐赠的优势。

与此同时，不同教育水平的大学收到的捐款规模存在显著差异，筹款水平参差不齐。"双一流"大学具有明显的募资优势，吸收了大部分社会捐赠，一些高校基金会的总资产也超过了上亿元。它们已经开始尝试多元化的投资运营，并聘请专业团队来运营基金，取得了良好的回报。然而，大多数高校基金会的筹款情况并不乐观。高校基金会普遍缺乏具有专业筹款背景的人员，筹款仍停留在校庆筹款和人情筹款的水平上。他们重视大额捐赠，忽视了数量庞大的小额捐赠也能聚沙成塔。基金会的财务人员一般由学校财务人员担任，受工作职责和专业知识等因素制约，资产保值增值活动主要以银行存款为主，回报率较低。因此，高校基金会募资的专业运作水平不高，其吸收募资的规模完全取决于大学教育的综合实力。

3. 公信力建设急需加强

公信力是基金会筹集资金的必要前提，信息披露是建立高校基金会公信力的唯一

途径。财务信息披露是提高可信度的重要保证。随着《基金会信息公布办法》《慈善组织信息公开管理办法》等政策的实施，高校基金会的公信力建设获得极大推进，高校基金会不仅在民政部门指定的平台上发布信息，还建立了网站、微信公众号等，发布基金会的捐赠收入、公益项目等信息。然而，对于信息披露的内容，现行政策中的一些规定并不具体。财务信息的披露主要基于年度报告，捐助者关心的捐赠资金使用和运作信息很少披露。此外，由于机构设置和其他原因，高校基金会的全职工作人员较少，只能完成规定的动作。信息披露透明度差，直接影响基金会公信力的建立和筹资规模的扩大。

（四）其他问题

1. 基金会的资金规模较小，捐赠收入占高校经费总量比例有待提高

纵览我国已经建立的高校基金会，除了少部分的筹措基金超过亿元外，如清华大学、北京大学、厦门大学基金会，绝大部分高校基金会的资产规模较小。高校基金会的筹集资金还未成为我国高校收入的重要组成部分。对比来看，欧美等发达国家高校基金会的捐赠资金能占据高校收入的主要部分，达学校经费的 10%。日本私立高校基金会的捐赠资金甚至能达到学校总收入的 50% 以上，而公立学校的基金会也有 15%。

2. 基金会的管理模式以行政管理为主，不能完全适应市场需求

部分高校基金会无法扩大规模还在于其落后粗放的管理模式。具体来看，有以下几种表现：一是效率低下，基金会传统的管理模式缺乏新技术手段的支持和优化，导致工作时间成本高、效率低下，难以适应快速变化的市场需要。二是资源配置不合理，落后的管理容易形成资源浪费和重复投资，无法最大程度利用资源，从而无法有效地对学校提供服务和支持。这种管理方式会导致捐赠者对高校基金会的信任度下降，进而导致捐款和捐助的数量也会下降，无法实现高校基金会长期可持续发展。同时会对基金会的社会形象造成负面影响，甚至引起公众的质疑。

3. 基金会组织机构不健全，人员配备明显不足

高校基金会的工作涉及捐赠管理、项目审批、财务管理等多个方面，在人员配备不足的情况下，往往难以高效地完成各项任务，导致工作效率低下。目前，我国高校基金会组织结构不够规范和健全，工作人员特别是专职专业人员普遍短缺，严重影响了基金会工作的开展和成效。同时，当发生重大事件或者需要紧急处理事务时，由于人员配备不足，高校基金会难以及时响应和处理，对基金会的声誉和形象将带来一定的负面影响。

二、完善高校基金会管理的对策建议

中国的高校基金会仍处于探索阶段，在筹资规模、筹资能力和社会效益方面与发达国家高校基金会存在显著差距。与此同时，我国高校基金会的发展也极不均衡，主要体现在筹资能力和人员专业水平等方面。总之，我们应该从以下几个方面进行改进，以促进高校基金会的发展。

（一）加强法制建设

首先，法制建设是高校基金会良好运作的前提和保证。我国高校基金会运行的法律依据主要是我国于 2004 年颁布的《基金会管理条例》，其中部分规定可能并不适用于新时代的高校基金会。例如，高校基金会和普通基金会之间存在显著差异，根据《民法通则》的分类，它更接近于财团法人的定义，而不是非营利性法人的简单定义。其次，高校基金会与大学之间的特殊关系决定了它在接受捐赠时不同于一般基金会，相应的法律规定不能一概而论：对高校基金会从资本运营或投资中获得的收入是否征收所得税，目前还没有更详细的法律解释。虽然高校基金会的信息披露已经按照相关规定实施，但需要披露的具体信息以及披露的程度还有待进一步规范。最后，高校基金会应建立有效的反馈、监督和监管体系，以确保资助项目的顺利实施：建立严格的财务制度，提高资金使用的透明度，提高社会信誉。

因此，建议国家根据实际情况制定出相应的法律和法规，明确基金会的性质、职责、管理范围等，为基金会的发展提供法律保障。加强对高校基金会的监督管理，建立健全监管机制，加强对基金会的日常监督和检查，防止违法操作和腐败行为发生。完善高校基金会的注册程序和审批流程，加快注册和审批速度，并简化相关程序，降低注册门槛，鼓励更多高校成立基金会。

（二）规范募捐行为

高校基金会是非公募基金会，不允许向公众筹集资金。因此，大学募捐活动的对象一般是校友或相关企业。近几年，随着高校基金会规模的扩大，筹措资金所面向的对象范围也在逐渐扩大。部分高校通过校企合作等方式，将非利益相关者转化为利益相关者，但由此产生的捐赠通常具有附加条件，甚至一些捐赠本质上变成了商业合作。因此，在鼓励高校基金会积极向社会筹集资金的同时，有必要规范其筹资行为，避免因不当行为给高校带来不利影响甚至损失。

因此，高校基金会应采取以下措施来规范自身的募捐行为：一是明确募捐的标准和相关程序，遵循募捐的合法性、透明度和公正性原则。二是在官网或适当的媒体平台上及时发布捐赠信息，公示捐赠用途、资金来源、审批流程等信息，提高募捐的透明度和公信力。

（三）动态调整激励措施

一方面，政府需要加大免税力度，适度提高企业和个人捐赠的免税限额，并简化相关程序。另一方面，对高校的激励应实施动态调整。目前，由于中央政府设立了配套基金，并对中央级普通高校接受的捐赠收入实施奖励补助，这使得部分中央高校教育基金会取得了显著发展。然而，地方大学教育基础相对薄弱，尤其是在欠发达地区，大学无法得到有效支持，这表明相关规定仍需进一步完善。此外，高校基金会应向参与促进捐赠的人提供一定的奖励，以便于获得更多关于潜在捐赠的信息。

（四）发挥高校品牌效应，充分利用校友资源

部分高校基金会的主要捐款来源是校友，毕业生对母校的认可程度直接影响基金会的筹款规模。因此，高校基金会一是要注重塑造学校的良好形象，在校内外建立积极的形象和知名度，加强校友对学校的信任和尊重；二是加强与校友的联系，通过组织各种线上线下活动和交流，不断扩大校友网络和影响力，并创新开发专业的社交平台，增强校友互动与服务的能力；三是针对不同的校友群体，定制差异化的筹资方案，如针对企业、著名校友和特定行业等制定相应的捐赠方案与项目内容，以尽可能发掘其潜在资源；四是推广创新的营销手段，如社交媒体、移动支付、数字化募捐等，通过多渠道、多方式拓宽募捐渠道和方式，提高募捐效率和回报率；五是建立专业的校友数据库和信息体系，完善信息采集、整合、分析和利用工作，做到精准匹配、个性化服务，提高高校品牌效应和校友忠诚度。

对于高校基金会来讲，提升基金会品牌建设、积极争取公众关注是其工作的重点。例如，厦门大学早在 2008 年起便在学生中实行"免费米饭"政策。在学校百年华诞之际，为弘扬嘉庚精神，传承感恩文化，深圳校友会倡议在学校设立箪食瓢饮衔环涌泉专项基金，用于资助学生免费米饭和矿泉水项目经费开支，每年推荐一名校友或一个团体捐赠 666 万元支持该项活动。截至 2022 年 10 月 4 日，已有 1981 级外文系校友、深圳市合口味食品有限公司董事长孙小荔，1991 级会计系博士研究生校友、深圳市东方富海投资管理股份有限公司董事长陈玮，2012 级 EMBA 校友、深圳市中装建设集团股份

有限公司董事长庄重，1987 级化学系、2002 级 EMBA 校友、灿邦集团董事局主席陈江洪，1996 级生物系校友、菲鹏生物股份有限公司董事长崔鹏等 5 位校友和深圳校友会金融分会认捐，捐赠金额共计 3996 万元。先后被多家主流媒体竞相报道，引起社会广泛关注和强烈反响。"学在厦大、吃饭不要钱"成为自媒体津津乐道的"厦大现象"。

另外还有清华大学教育基金会的清泉助学基金、中山大学教育发展基金会的中山大学—逸仙电商科研发展基金、上海交通大学教育发展基金会的长江思源奖助学基金等项目，无论从立意到实际效果都得到社会各界的广泛认可和支持。

（五）完善高校基金会的监管制度

要加强制度建设，确保大学教育基金会的运作公开、公正、透明。一是高校基金会应建立健全信息公示机制，明确财务报表和捐赠使用情况等信息的公开方式和范围，提高透明度和公信力。二是要严格执行财务审计制度和标准，加强对财务管理的监督和监测，防止违反财务规定、挪用资金和其他不当操作的问题出现。三是建立健全相关管理制度和标准，如人事管理、项目管理等，加强对基金会内部管理和业务流程的规范化管理。四是建立诚信评价体系，对基金会、捐赠者、合作伙伴等进行诚信评价，为基金会建设提供可靠的参考依据。五是高校基金会还要积极推进党建工作，加强组织建设和思想政治工作，提高基金会的纪律意识、廉洁自律意识和服务意识。

政府从法律法规的制定与完善层面加强对高校基金会的监管。这是由于高校基金会作为独立的民间组织，为了其更好地发展，政府不应介入过多的行政干预。加上我国实行的是政府向优质大学倾斜财政拨款，而普通大学对于经费的需求相对更大。因此，政府应制定政策积极支持普通大学教育基金会的发展，减轻普通大学的办学压力。

（六）建立和完善信息披露制度

从其他国家的以往经验来看，信息披露制度的完善与否是影响捐赠人信任度和认同感高低的重要因素之一。虽然目前我国大部分高校基金会属于私募机构，只有很少的高校公开披露了基金会的资产配置和财务信息。但是为了扩大高校基金会的影响力和知名度，高校应及时、真实、详尽地将财务信息向社会大众公开。

在信息披露方面，我国部分高校基金会在成立后已经做了许多有益尝试，例如北京大学教育基金会就制定了明确的规则，通过使捐赠者和捐赠组织成为基金会理事和理事单位的方式来介入基金会的日常运营，有效监督基金会的捐赠资金使用。因此，高校基金会应提高信息披露的程度，通过设置专门的信息披露部门和具体岗位，及时收集、整理和发布有关基金会的各类信息，确保信息的准确性和完整性，提高信息公开的效率和质量。加强内部对信息披露制度的培训和宣传工作，增强员工的信息披露意识和责任感，做到规范操作、依法经营，增加社会监督。通过定期开展信息披露评估，对基金会的信息披露情况进行自我检查和评估，及时发现和解决存在的问题，提高信息公开的水平和质量，让捐赠者和公众更加信任和支持基金会，从而为基金会筹集更多的资金。

（七）提高高校基金会筹款效率和基金增值效率

1. 要提高基金会人员的素质

高校基金会的资金管理与投资、信息披露、制度规范的建立等工作对工作人员的专业要求相对较高，需要跨领域多学科的复合型人才，专业涉及公共关系学、市场营销学、新闻学、广告学、心理学、社会学、法学、信息管理等多个领域。目前，我国大部分高校基金会工作主要由高校的行政老师负责，这与高校基金会的资金规模较低、管理层的重视程度不够有关。

随着高校基金会的发展，有必要提高基金会人员的素质，建立有效的人才引进、培养和留住机制，提高薪酬水平，建立相应的激励机制，提高基金会的运作水平。高素质的基金会人员能够更好地为捐赠者提供优质的服务，提高基金会的服务态度和品质，同时也能提升组织的专业水平和竞争力。提高高校基金会人员的素质建议从以下几个方面进行：一是建立健全用人机制，招聘背景丰富、能力突出、专业素养高的专职人员；二是针对不同层次和职能的人员开展相应的培训与教育活动，提升其专业技能和服务意识；三是根据人员的素质和特长，合理分配工作任务；四是为基金会人员提供良好的发展环境和晋升机会，激励其积极性和创造性；五是要建立、完善考核和监督机制，促进人员的自我管理和规范行为，同时也能够及时纠正错误和提高工作质量。

2. 优化、拓宽捐赠渠道

（1）高校基金会应积极拓展多种捐赠形式，事实上，除了现金捐赠，高校基金会还可以接受其他形式的捐赠，包括实物捐赠，如房产、图书、艺术品、仪器设备，还有非实物捐赠，如股票、债券、个人专利等。

（2）此外，高校还可以尝试在国外成立高校基金会，这也是拓宽资金筹措渠道的一个思路。目前，我国已有部分高校尝试在国外成立教育基金会，并取得了不错的成效。

（八）推动基金会工作的交流和研究

为了更好地服务于学校和社会，提高自身的管理水平和专业素养，高校基金会需要加强与其他基金会的交流和研究工作。通过与其他基金会的交流和研究，高校基金会可以借鉴他们的成功经验和管理方法，提升自身的服务能力和专业水平，同时也可以与其他基金会建立良好的合作关系，共同推进公益事业。尤其应加强与欧美等国发展多年、资金规模较大的高校基金会的沟通交流。积极借鉴国外经验，并根据本国国情进行改进和创新。通过与其他基金会的交流和研究来帮助本校基金会探索新的筹资渠道和方式，拓宽捐赠来源和途径，实现更大规模的募捐目标。

为了推动基金会工作的交流和研究，高校基金会可以采取以下方法：一是组织学术研讨会，高校基金会可以邀请国内外知名专家、学者和业界人士来参加学术研讨会，探讨基金会工作中的关键问题和最新趋势，分享理论和实践经验。二是参加行业协会和组织的活动，高校基金会可以积极参加行业协会和组织的活动，与其他基金会建立合作关系，了解最新的行业动态和政策法规。三是利用网络平台，高校基金会可以利用网络平台，如社交媒体、在线论坛等，与其他基金会进行交流和互动，分享信息和资源，扩大影响力。四是实地考察和调研，这也是高校基金会应当重点采取的措施，高校基金会可以组织实地考察和调研，深入了解其他基金会的管理模式和运作方式，寻找借鉴和合作的机会。

推动基金会工作的交流与研究对于高校基金会具有重要的作用和意义，高校基金会应该积极探索各种方式和途径，加强行业内的合作和交流，提升服务能力和管理水平，为学校和社会做出更大的贡献。

第五章　国内高校基金会新媒体应用研究

第一节　国内高校基金会新媒体应用概况

微信公众号、微博号、抖音号和百家号等新媒体工具因其发布限制低、传播范围广、互动性高、操作方式简便灵活而受到高校基金会的青睐。目前，一些规模较大的高校基金会已经在多个平台开通了官方账号并发布信息，用新的形式和面貌扩大自己的影响力。

为了全面了解新媒体在高校基础建设中的应用现状，本章对我国 42 所世界一流大学建设高校的微信、微博、抖音号在高校基础设施建设中的运用情况进行了统计。华南理工大学教育发展基金会的官方微信公众号已合并至学校校友会公众号——华南理工大学校友会。新疆大学教育基金会没有独立官网与微信公众号，均与学校校友会合在一处。结合微信平台数据、WCI 传播指数①与"友笑·社汇"微信公众平台公布的《2022 年 1—12 月中国高校新媒体排行榜》②，汇总得到我国 42 所世界一流大学建设高校基金会在 2022 年关于新媒体运营的基本情况（按照大学名称拼音进行排序，非排名），见表 5-1。

---

① WCI传播指数. 2023年4月20日微信传播指数
② 友笑·社汇. 2022年1～12月中国高校新媒体排行榜［EB/OL］. https://h5.sosho.cn/school_ranking/rank2. html?date=20220112

表5-1 我国42所世界一流大学建设高校基金会新媒体运营基本情况

名次	高校名称	基金会名称	微信公众号注册时间	微信公众号文章数	WCI传播指数	抖音视频数	微博粉丝数
1	北京大学	北京大学教育基金会	2014-05-04	3	335.46	0	624
2	北京航空航天大学	北京航空航天大学教育基金会	2014-09-23	24	87.57	0	0
3	北京理工大学	北京理工大学教育基金会	2013-12-07	99	367.73	0	2720
4	北京师范大学	北京师范大学教育基金会	2013-10-31	46	—	0	865
5	大连理工大学	大连理工大学教育发展基金会	2014-10-28	42	298.72	0	0
6	电子科技大学	四川电子科技大学教育发展基金会	2015-04-29	10	361.63	0	775
7	东北大学	张学良教育基金会	2016-03-18	13	353.68	0	0
8	东南大学	东南大学教育基金会	2013-07-02	78	277.03	0	4.0万
9	复旦大学	上海复旦大学教育发展基金会	2017-12-08	79	236.34	0	1373
10	哈尔滨工业大学	哈尔滨工业大学教育发展基金会	2017-02-27	40	241.05	0	0
11	湖南大学	湖南大学教育基金会	2016-04-01	70	355.55	0	0
12	华东师范大学	上海市华东师范大学教育发展基金会	2014-12-11	6	367.46	0	0
13	华南理工大学	广东省华南理工大学教育发展基金会	2014-02-13	229		0	894
14	华中科技大学	华中科技大学教育发展基金会	2021-06-25	216	158.83	0	0
15	吉林大学	吉林大学教育基金会	2019-08-22	0	—	0	0
16	兰州大学	兰州大学教育发展基金会	2015-05-13	42	489.41	0	0
17	南京大学	南京大学教育发展基金会	2015-04-24	40	390.31	0	0
18	南开大学	南开大学教育基金会	2014-04-26	45	433.90	0	178
19	清华大学	清华大学教育基金会	2014-03-25	14	487.71	0	0
20	厦门大学	厦门大学教育发展基金会	2015-12-15	48	497.94	0	0
21	山东大学	山东大学教育基金会	2015-07-21	23	427.25	0	129
22	上海交通大学	上海交通大学教育发展基金会	2019-05-20	122	250.35	0	0
23	四川大学	四川大学教育基金会	2014-07-23	46	281.69	0	0
24	天津大学	天津大学北洋教育发展基金会	2015-03-18	30	357.24	0	1625
25	同济大学	上海同济大学教育发展基金会	2014-11-21	6	320.34	0	0
26	武汉大学	武汉大学教育发展基金会	2015-06-16	25	430.67	0	265
27	西安交通大学	西安交通大学教育基金会	2013-10-08	53	268.06	11	1363
28	西北工业大学	西北工业大学教育基金会	2015-07-01	53	326.13	0	0
29	西北农林科技大学	西北农林科技大学教育发展基金会	2020-01-08	9	49.85	0	1404
30	新疆大学	新疆大学教育基金会	2019-02-14	24	460.54	0	0

续表

名次	高校名称	基金会名称	微信公众号注册时间	微信公众号文章数	WCI传播指数	抖音视频数	微博粉丝数
31	云南大学	云南大学教育基金会	2020-06-15	30	186.28	0	0
32	浙江大学	浙江大学教育基金会	2015-04-07	167	344.22	0	0
33	郑州大学	郑州大学教育发展基金会	2015-11-06	38	167.80	0	0
34	中国海洋大学	中国海洋大学教育基金会	2014-09-03	27	87.57	0	0
35	中国科学技术大学	中国科学技术大学教育基金会	2019-07-30	205	235.44	0	1209
36	中国农业大学	中国农业大学教育基金会	2015-12-17	15	281.15	0	0
37	中国人民大学	北京市中国人民大学教育基金会	2020-10-15	82	233.68	0	0
38	中国人民解放军国防科技大学	尚未成立基金会	—	—	—	—	—
39	中南大学	中南大学教育基金会	2017-12-08	24	148.48	0	0
40	中山大学	中山大学教育发展基金会	2013-10-22	30	308.25	0	0
41	中央民族大学	中央民族大学教育基金会	2019-05-10	16	193.63	0	1655
42	重庆大学	重庆大学教育发展基金会	2015-05-12	21	163.06	0	0

统计显示，2022年，42所世界一流大学建设高校当中，仅有国防科技大学尚没有成立高校基金会。而其他41所世界一流大学建设高校的基金会均在一定程度上使用了新媒体工具。可以看出，在常见的新媒体工具中，微信的使用率最高，达到了100%，其次是微博和抖音平台。这42所高校中开通了两个及以上新媒体账号的高校基金会有22个，同时开设了微信、微博和抖音账号的高校有1个。

第二节　国内高校基金会应用新媒体工具的动机

当前，高校基金会运用新媒体（如微信、微博、抖音）主要出于以下四个方面的动机：

一、公益展示

设计和实施公益项目是高校基金会运营和发展的关键环节之一。高校基金会在设计好公益项目的具体流程与推广方案后，可以利用新媒体平台对项目进行宣传与推广，扩大公益项目的影响力，让更多人参与进来，让更多的捐赠者了解项目。在这一方面，微信、微博和抖音等平台能够以较低的成本、较大的传播范围来帮助高校基金会传播公益活动和带动筹款。

此外，与传统媒体相比，新媒体更加具备强互动性。新媒体大大缩短了信息发布者和接收者之间的距离。传统媒体通常采用单向传播的方式，信息发布者只能向接收者传递信息，而接收者只能被动地接收信息。而新媒体则通过互动功能，让信息发布者和接收者之间可以快速地互动，发布者可以及时了解受众的反馈和需求，更好地满足受众的需求，建立良好的互动关系。高校基金会可以利用新媒体的强互动性，提高与受众的沟通效率，增加互动交流，建立组织品牌。在线问答、讨论区、评论区、有奖竞猜、问卷调查、抽奖活动等方式有利于拉近高校基金会与公众的距离，增强公众对高校基金会的信任和认可，促进捐赠。

2022 年，北京师范大学 120 周年校庆时，因疫情肆虐，无法与捐赠人线下相见，于是北京师范大学教育基金会（简称北师大基金会）决定开发一个线上捐赠人答谢平台。运用人工智能技术制作了一个美丽的"星空"（见图 5-1），让每一位曾经的捐赠者都在"星空"里占据一席之地。

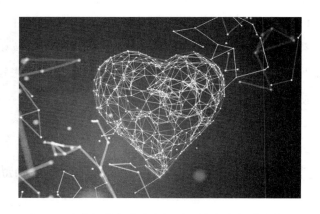

图5-1　北京师范大学线上捐赠人答谢平台"星空"

二、信息公开

中国慈善联合会发布的《慈善组织信息披露方法》明确了慈善组织团体应当依法履行信息披露义务，以维护捐赠人、捐赠单位、受益人和其他相关参与者的合法权益。高校基金会可以借助新媒体工具来低成本地完成信息披露工作，对于高校基金会的捐赠者与现在捐赠者来说，通过网络渠道搜索基金会的捐赠信息页更加方便快捷。

　　通过对高校基金会使用新媒体情况的统计可以看出，我国 41 所一流高校基金会的微信公众平台基本实现了高校基金会关键信息的全覆盖。大多数高校基金会通过"关于我们""联系方式""信息公开""年度报告"等微信公众号栏目披露基本信息，列举其中 13 家高校基金会 2021 年捐赠收入、支出比较，见表 5-2。

表5-2　部分高校基金会2021年捐赠收入、支出比较　　　　　　　单位：万元

基金会名称	净资产	捐赠收入	支出
北京大学教育基金会	761164	88167	76582
北京中国地质大学教育基金会	1843	420	152
哈尔滨工业大学教育发展基金会	47717	6868	7396
杭州市西湖教育基金会	543494	212409	17704
湖南大学教育基金会	20161	4135	2022
清华大学教育基金会	1681411	200877	203872
上海复旦大学教育发展基金会	106239	22986	23580
上海同济大学教育发展基金会	78120	16594	6502
天津大学北洋教育发展基金会	51015	11490	5884
武汉大学教育发展基金会	103858	50203	20375
张学良教育基金会	7054	2035	2338
郑州大学教育发展基金会	13126	3929	2383
中南大学教育基金会	40244	6595	4048

　　同时，高校基金会的年度捐赠报告、捐赠详细记录、媒体报道的新闻事件、网络捐赠渠道、项目实施实际情况等数据信息也通过新媒体平台以不同形式（如定制菜单查询、统一推送、官方微博激活等）公开发布，如图 5-2、图 5-3、图 5-4 所示。捐赠者和潜在捐赠者可通过新媒体渠道实时查看高校基金会的注册信息和项目运营状态，也可以在线参与基金会正在进行的项目，如图 5-5 所示。

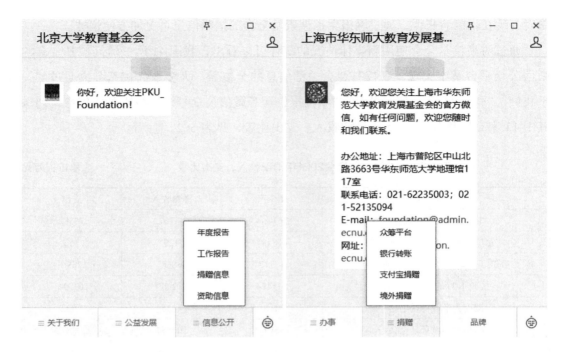

图5-2　北京大学教育基金会微信对话框　　图5-3　上海市华东师大教育发展基金会微信对话框

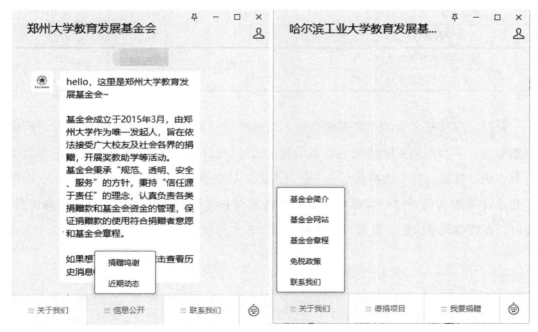

图5-4　郑州大学教育发展基金会微信对话框　图5-5　哈尔滨工业大学教育发展基金会微信对话框

三、公开募捐

微信平台具有用户基础大、传播与交互方式便捷、内容形式广泛等特点和优势。数据显示，在41个世界一流大学建设高校基金会微信平台中，有77%的平台开发和使用了网络捐款，如图5-6所示（数据源自各高校基金会微信公众号，统计时间截至2020年7月26日）。

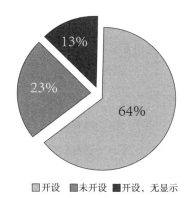

图5-6　41所世界一流大学建设高校基金会微信平台开设线上捐赠功能统计图

公共筹款受到法律法规更严格的监管和约束。《中华人民共和国慈善法》《慈善组织公开募捐管理办法》《慈善组织信息公开办法》等法律法规对公开募捐行为的资格、方式、程序及法律责任等方面都做了详细的规定。高校基金会属于私募组织，因此，如果高校基金会想要面向社会公众募集资金，需要与公募组织合作，在具备募捐资质的网络平台上面向社会公开募捐。由于公募的筹资范围更广，募资效率更高，因此大部分高校基金会都选择与公募组织合作，进行互联网在线募捐。

以新媒体平台为载体的线上募捐功能已经成为高校基金会年度小额捐赠的重要渠道。不过，高校基金会在借助新媒体平台进行公益项目宣传、信息公开和募集资金等方面仍处于初级阶段，如何更加高效地利用新媒体做好高校基金会的工作仍有待探索。

例如，2015年1月23日东南大学教育基金会在微博发文"#信息公开#徐婷婷校友募捐活动最新进展——20日21点至23日12点，教育基金会新增58笔捐赠。至此，6天以来共收到捐赠款共305笔，捐款总额达55723.04元。善款将于近日全额交给徐婷婷校友和其家人。募捐倡议：@东南大学 @东南大学校友总会 可用支付宝扫一扫二维码捐赠"并附上了捐赠明细截图、支付宝收款码和捐赠倡议。这一微博帖子充分展示了一家公益组织的信息公开和公开透明，对于加强服务社会导向有着非常积极的影响。首先，文章内容翔实，给出了正式募捐开始以来的具体数据，包括捐款笔数、捐款总额等。同时，配合发文的还有捐赠明细截图、支付宝收款码等多种信息，让读者可以清楚地了解到捐赠活动的具体进展情况。这种信息公开的行为能够增强公众对于公益组织的信任感和认可度。其次，文章中所强调的募捐倡议符合道德规范和公益价值观，并且提供了方便快捷的支付方式，这将有效地促进公众的参与和支持。同时，文章所使用的微博平台也能够让更多人看到并分享这个公益行动，进一步加强了社会服务导向。这一帖子，对于加强服务社会导向起到了非常积极的促进作用。同时，该篇文章也体现了公益组织的透明性和责任感，为更多公益事业的发展提供了积极的借鉴和参考。

新冠疫情暴发后，各高校基金会积极筹划网络众筹项目以支持抗疫所需，表现可谓抢眼。仅 2020 年第一季度内，武汉大学教育基金会推出的众筹项目就受到了师生、校友、企业家及全球 200 余个校友会等各个群体的响应，武汉大学抗击新冠肺炎基金累计接受捐赠金额超 7900 万元；复旦大学教育基金会通过 2200 多人次的众筹项目，共筹措抗疫专项经费 1132 万元、科研专项经费 1000 万元。[①]

四、接受监督

国内高校基金会可以应用各种新媒体工具来帮助自身接受社会监督。下面是一些建议：

（1）通过微博、公众号等社交媒体平台主动传递信息，及时发布基金会的各项活动进展、公益项目成果等，让大众及时了解基金会的运作情况。例如大连理工大学教育发展基金会在微信平台提供了"捐赠公示"、湖南大学教育基金会在微信平台提供了"年度报告和历史微捐"服务，方便公众查阅年度捐赠公示文件，如图 5-7 和图 5-8 所示。

① 许征．高校基金会汇集全球资源不仅为办学［EB/OL］.（2020-04-24） https://news.fudan.edu.cn/2020/0424/c47a104803/page.htm

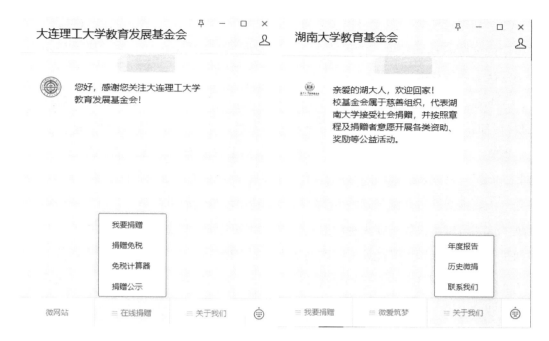

图5-7　大连理工大学教育发展基金会微信对话框　　图5-8　湖南大学教育基金会微信对话框

（2）利用微信公众号推出"问答互动"等形式，鼓励、聆听公众的反馈和意见，并及时回答疑惑，增强基金会的透明度和公信力。例如，当你关注了四川电子科技大学教育基金会微信平台，就会收到其发送的欢迎词："亲爱的朋友，感谢您关注四川电子科技大学教育基金会！您的支持是我们坚定前行的动力！您可以：移步'关于我们'，了解基金会的详细信息与捐赠免税政策；进入'助力成电'，关注更多的捐赠活动详情；点击'联系我们'，提出您的宝贵意见和建议。如果您还有任何疑问，请在这里留言。您的每一句话，我们都会认真倾听！"

五、服务社会

国内高校基金会可以通过以下几个途径应用新媒体工具来加强服务社会的导向：

（1）借助微博、微信公众号等社交媒体平台发布重大自然灾害、重大医疗防疫等灾害相关的信息，及时传递给公众，提醒大家关注和防范。同时，基金会可以发布调查报告、研究分析报告等，分析疫情、洪水等灾害的影响和趋势，科学指导公众应对。

（2）利用微信公众号等平台，开展相关活动，如募捐、捐赠物资、志愿者招募等，发起关爱行动，提供实际的帮助和支持。

（3）利用短视频、图文报道等多种形式，展示基金会在地震、洪水、健康防疫等灾害中的实际行动和成果，宣传基金会在服务社会方面所做出的贡献，增加公众对基金会的认知和信任度。

（4）通过大数据分析等手段，了解公众对疫情、洪水等灾害的需求和反馈，及时调整自身的服务方向和内容，提高服务效率和质量，满足公众的需求和期望。

例如，2020年同济大学教育发展基金会微信平台发布的"看！雷神山、火神山的'同济力量'！"就是一篇非常好的宣传文章，对于加强服务社会导向有着积极的影响。首先，该篇推文着重介绍了同济大学在抗击疫情中所扮演的重要角色，以及所做的重大贡献。这些贡献不仅仅是在火神山医院、雷神山医院等大型公共建设工程中的参与，还包括了支持武汉和国内其他地区医院的举措，如捐赠医疗物资、派遣医护人员等。这些行动充分体现了同济大学对于社会责任的高度认识和切实履行。其次，推文突出强调了所谓"同济力量"的强大效应，让更多人了解到同济大学的实力和能力，并激发更多群体积极参与到公益事业当中。推文所使用的微信平台也提供了便捷的渠道，让更多的人能够了解、参与和分享这些公益事业，进一步加强了社会服务的导向作用。

再如，河南郑州"7·20"特大暴雨灾害时，同济大学教育发展基金会微信平台发布了"加油河南！加油郑州！同舟共济，共渡难关！"的文章，对于加强服务社会导向的作用有着非常积极的影响。首先，文章主题紧扣当前河南洪涝灾害，引起了广泛的社会关注。文章在标题中表达了对河南、郑州的加油及同舟共济的态度，充满了关切和鼓励。同时，在正文中也详细介绍了同济大学教育发展基金会为抗洪救灾所做出的贡献及捐赠情况，展示了一家公益组织必要时挺身而出的大爱之举。其次，文章使用的语言简洁明了，充满感染力，能够引起读者共鸣和理解。通过这篇文章，读者不仅可以了解到同济大学对于灾区的关注和支持，也能够自然地感受到自己作为一个普通人所应该具有的社会责任感和担当精神。这篇推文既能够引导人们关注社会公益事业，又能够激励每个人在自己能力范围内尽可能多地为社会做出贡献。同时，该篇文章也展示了一个公益组织所应有的高度社会敏感度和响应灵敏度，为更多公益事业的发展提供了积极的借鉴和参考。

国内高校基金会可以利用新媒体工具加强服务社会的导向，从多个角度和渠道帮助公众应对各种灾害。同时，基金会还可以通过开展相关活动和宣传，增强公众的认知和信任度，提升自身在服务社会方面的影响力和贡献度。

第三节　高校基金会中不同新媒体平台的应用情况

经过对多所高校基金会的分析发现，高校基金会已经普遍对不同类型的新媒体平台进行了尝试和使用，其应用情况表现出了一定的差异性。具体分析如下：

一、微博平台应用情况

微博属于社交媒体平台，微博用户主要通过文本、图像和视频等多种形式彼此分享信息并展开互动。微博开始于 2009 年 8 月，距今已推出 10 多年。根据微博发布的 2022 年第四季度及全年财报的数据显示，截至 2022 年四季度末，微博的月活跃用户已经达到了 5.86 亿，日活跃用户已经达到 2.52 亿了。许多高校基金会已经在微博平台上开展了应用。例如，2009 年 12 月，天津大学北洋教育发展基金会在众多高校基金会中率先使用微博。2014 年后，随着微信的推广和发展，高校基金会新媒体平台建设逐渐从微博转向微信，微博平台处于基本维护状态。截至 2023 年，我国的 42 所世界一流大学建设高校基金会中共有 15 所高校基金会创建了微博账号（只计入通过官方认证的账户），且这 15 所高校基金会的微博平台建设存在差异，尤其是在运营年份差异不大的情况下高校基金会的微博平台粉丝数量、帖子数量和每年的平均帖子数量都存在显著差异。在这 15 所高校基金会微博平台运营数据中，东南大学的各项数据领先。此外，在微博更新方面，有 8 所高校基金会的微博更新停留在 2019 年 1 月 1 日前，甚至有个别高校基金会的微博更新停留在了 2014 年之前，只有 5 所高校基金会的微博在 2022 年仍保持更新，并在 2023 年正常发布微博。这 5 所高校基金会分别为北京大学教育基金会、北京理工大学教育基金会、东南大学教育基金会、天津南开大学教育基金会和西安交通大学教育基金会。

通过分析这些高校基金会官方微博账号运营情况可以得出一些信息，例如清华大学、北京大学、复旦大学、上海交通大学等高校的官方微博账号均拥有较多的粉丝和互动量，发布的内容也涵盖了高校基金会所关注的领域和项目。不过，仍然有很多高校微博账号的互动量和更新频率较低，如何提高高校基金会在微博平台上的曝光度和知名度，可以通过进一步加强运营团队的建设、激发粉丝参与度等措施加以解决。

二、微信平台应用情况

我国有 41 所世界一流大学建设高校相继设立了微信公众号，在微信公众号上开展信息公开、项目发布、网上融资等工作。目前，高校基金会在使用微信平台时也存在较大差异。例如，在这 41 所世界一流大学中有 16 所在微信平台上开设了订阅账户，23 所大学开设服务账户，6 所同时开设了订阅账户和服务账户。与订阅账户相比，服务账户每天可以在一个群组中发送 4 条消息，并且可以更频繁地推送通知。

为了衡量高校基金会在微信平台上的活跃程度，进一步了解高校基金会在微信平台的应用情况，在此以 Wechat Communication Index（WCI）指数作为评价指标。WCI 即微信传播力指数，由清博新媒体指数团队研发。该指数通过算法公式计算推导微信公众号基础运维数据，得出一个量化数值。WCI 指数充分考虑了整体传播力、头条传播力、篇均传播力、峰值传播力这四个维度，并会得出一个综合性指标。而且，已经有将近 2 万家单位在使用清博新媒体指数，并使用该指数对新媒体进行评估。

图 5-9 为 41 所一流大学建设高校基金会 WCI 指数区间分布图，从图中可以看出这 41 所高校基金会的 WCI 指数分布态势。其中，WCI 指数在 101 ～ 200 和 301 ～ 400 的高校数量最多，总占比为 46%，WCI 指数在 601 ～ 700 的高校只有 1 所。由此可以得出，各高校基金会在微信平台的活跃度存在较大差异。同时，在分析了 WCI 指数与各高校基金会捐赠收入（上年统计数据）、微信运营年限、全职员工数量和岗位数量之间的相关系数可知，WCI 指数与捐赠收入呈显著正相关关系，与其他变量无显著相关性。

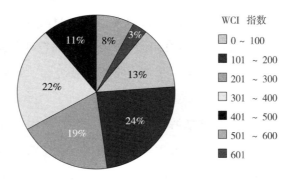

图5-9　41所世界一流大学建设高校基金会WCI指数区间分布图

2017 年，北师大基金会在 5 月 20 日发起了点亮地图微信表白活动，当天即有 10 万多名学生参与，募款 10 万余元，李胜兰及团队开始意识到数字化的力量。2020 年，北师大基金会开发了"碧恩优花园"线上教育小程序，打造了一个"云上家园"，邀请名师或捐赠人通过 2 分钟语音导读书籍，链接捐赠人，从而关注到捐赠项目。基金会还设置了"三岁森林"，让同学们远程认领学校的树木，活动开启当天便产生了 5 万余次分享。

目前高校官方微信公众平台运营机制普遍存在团队人数偏少、培训频率不足等问题。调查显示，运营团队多数在 10—30 人，但仍有 35% 的团队人数不足 10 人。虽然高校基金会微信平台建设存在一些问题，但由于微信是国内最大的社交媒体平台之一，通过微信平台宣传基金会的工作和收获成果仍然具有重要意义，可以向更广泛的受众展示高校基金会的影响力和社会价值。

三、抖音平台应用情况

2023 年 1 月 17 日，国家统计局公布 2022 年年末全国人口（包括 31 个省、自治区、直辖市和现役军人，不包括居住在 31 个省、自治区、直辖市的港澳台居民和外籍人员）数量为 141175 万人[①]。2022 年，抖音日活跃用户达到了 7 亿，用户数达到了 8.42 亿，这意味着每天有一半的中国网民在使用抖音，可见高校基金会在抖音拥有巨大的发展潜力。抖音已经成为人们日常消遣、获取时事信息的重要途径。管理抖音账号，对于进一步发挥高校基金会官方抖音宣传作用具有非常重要的实际意义。

清华大学教育基金会、西安交通大学教育基金会和南开大学教育基金会率先在 2020 年开设抖音账号，并获得了一定量的粉丝和点赞量。截至 2023 年 4 月初，抖音平台数据显示：清华大学教育基金会拥有 9700 个粉丝，获赞 3358 个，发布作品 51 个；西安交通大学教育基金会拥有 224 个粉丝，获赞 1322 个，发布作品 36 个；湖南大学教育基金会拥有 7 个粉丝，获赞 0 个，发布作品 0 个；中国科学院大学教育基金会拥有 6 个粉丝，获赞 0 个，发布作品 0 个；长安大学教育基金会拥有 31 个粉丝，获赞 0 个，发布作品 0 个；佳木斯大学教育发展基金会拥有 241 个粉丝，获赞 1125 个，发布作品 25 个；海南师范大学教育发展基金会拥有 27 个粉丝，获赞 94 个，发布作品 1 个；中南财经政法大学教育发展基金会拥有 5 个粉丝，获赞 0 个，发布作品 0 个。由

[①] 国家统计局 中华人民共和国2022年国民经济和社会发展统计公报［EB/OL］.（2023-02-28）http://www.gov.cn/xinwen/2023-02/28/content_5743623.htm?eqid=f3ae8d87000708e500000006645b2b44

此可见，目前高校抖音运营刚刚进入尝试阶段，各高校并未太在意。此外，佳木斯大学教育发展基金会、海南师范大学教育发展基金会等也取得了较好的成绩。还有一些基金会虽然目前在抖音上的影响力较小，但也进行了积极的尝试。总的来说，高校基金会在抖音平台上逐渐崭露头角，利用视频短片的形式向公众展示自己的慈善事业和成就，这对于推进高校基金会宣传和招揽更多捐赠者都具有积极意义。

第四节　高校基金会应用新媒体过程中存在的问题与误区

一、高校基金会新媒体应用过程中存在的问题

（一）活跃度不足

虽然大量高校基金会已经开通了新媒体账号，如微信公众号、微博官方号等，但账号的活跃度却没有保证，其发布的信息有一定的滞后性。高校基金会在应用新媒体的过程中存在活跃度不足的现象，主要表现在以下几方面：

1. 内容点击量低

基金会在社交媒体发布的内容鲜有被用户点击，造成点击率较低的情况。

2. 宣传效果不佳

基金会的新闻推广或活动宣传等内容未能引发用户的关注和兴趣，从而影响了宣传效果。

3. 粉丝增长较慢

社交媒体账号的粉丝数量增长不够快，没有形成良好的社交基础，新信息难以扩散。高校基金会的微博活跃度不高，这种情况更为突出。

针对高校基金会微博活跃度不足的状况，统计数据显示，42 所世界一流大学建设高校中仅有 6 所高校基金会在 2020 年有微博更新，9 所高校基金会的微博更新停滞在 2019 年，有些甚至早在 2013 年就不再更新了。这种缺乏及时有效互动的情况使得官方微博成为所谓的"僵尸微博"，没有充分发挥微博作为大众传媒信息平台的特性。在抖音平台需求日益提升的情况下，仅有 3 所高校基金会开通了抖音账号，其中仅有 1 家高校基金会保持月度更新，这证明短视频的交互功能未被充分发挥。

（二）互动性不足

高校基金会新媒体应用过程中存在互动性不足的问题，可能表现为以下几个方面：

（1）用户留言、评论等互动信息较少。新媒体平台发布的内容缺乏吸引用户参与的互动点，导致用户留言、评论等互动行为较少。

（2）回复及时性和质量令人不满意。用户对基金会在社交媒体发布的内容进行留言、评论等互动行为后，基金会的回复不够及时或者不够认真，导致用户体验不佳。

（3）社交媒体账号的粉丝数量增长不够快，缺乏良好的社交基础，新信息难以扩散。

（4）缺乏在线答疑、互动访谈、在线直播等形式的互动活动，没有有效提高用户的参与度。

新媒体工具为捐助者提供了更好的沟通和互动平台，使潜在捐赠者不但能够接收信息，而且还能成为筹款活动的传播者。这些互动也许能构造一个虚拟的捐赠社区，有助于增强社会大众对高校的信任和认同。同时，新媒体工具还能引入社会热点话题，形成基金会与公众的对话与沟通，从而促进捐赠行为的发生。

不过，通过对世界一流大学建设高校基金会中新媒体应用的统计调查发现，大部分高校基金会使用新媒体工具时只是将其视作纯粹的宣传平台，忽略了其作为双向互动传播工具的巨大潜力。绝大多数基金会仅进行单向内容输出，缺乏双向互动。以微信公众平台为例，大多数大学只设置自定义菜单展示基金会的基本信息和项目信息，创新性地利用互动功能的基金会则寥寥无几，如迷你程序、积分商店、捐赠系统和奖学金查询等。总体而言，高校基金会在新媒体应用方面缺乏策略，导致新媒体工具应用过程缺少互动性。此外，社交媒体在利用社交关系链、促进沟通和引发新闻话题方面的优势还未得到有效利用。

（三）缺乏常态化手段

高校基金会新媒体应用过程中存在缺乏常态化手段的问题，可能会表现为以下几个方面：

（1）发布节奏不稳定，缺乏规律性。基金会发布的新媒体内容缺乏固定的发布时间和频率，导致用户无法形成预期和依赖，影响用户的积极性和参与度。

（2）内容单一、缺乏创意。发布的内容单调，缺乏创意，不能满足用户的多样化需求，难以引起用户的关注和兴趣。

（3）缺乏与粉丝的有效互动。发布的内容缺少与粉丝进行互动的机会，缺乏有针对性的互动活动，难以引起用户的积极参与。

统计显示，大部分高校基金会的官方账号（如微信公众号和官方微博）只在重要节点发布和更新信息，例如重要节日，学校有重大活动，社会层面发生的与高校基金会相关的重大事件等。

高校基金会作为非营利组织，在筹资、监督和运营方面的工作都需要借助新媒体平台进行常态化推广和宣传。但是，目前大部分高校基金会未能充分挖掘新媒体平台的常态化应用价值，并且对于重要活动、校友成绩、捐助者反馈和捐赠资金效益等方面相对缺乏关注。这种状况导致了高校基金会在新媒体平台上发布的信息较少，缺乏有效互动和受众参与。针对这一问题，部分高校基金会已经开始了有益的尝试，如清华大学教育基金会在微信公众号平台上推出了"教师讲新""我们的夏天""公益路上的基金人"等多个话题，定期整理并发送社会公益、受助师生感受等内容，受到了广泛关注，得到了校友的高度认可。这种做法能够有效地增强潜在的受众对于高校基金会的认知度和关注度，从而进一步激发公众对高校基金会的捐赠行为。高校基金会应借鉴国外新媒体工具的应用经验，充分挖掘新媒体工具在高校基金会筹资、监督、运营等方面的潜在价值，避免新媒体应用单一、形式化的问题。

二、高校基金会应用新媒体平台需要避免的三个误区

（一）关注的人越多，捐赠的人越多

尽管新媒体在高校基金会管理方面的表现并不如预期，但它仍然是一种重要的传播、推广和筹资工具。与传统媒体相比，新媒体有着更广泛的受众群体和更强大的互动性，可以更好地实现信息的散播和共享。因此，在重新评估对新媒体平台的期望时，高校基金会管理者需要认真考虑如何利用社交媒体平台吸引更多潜在的捐赠者。首先，需要针对自身的特点和目标受众制定更为科学、合理的策略，包括内容策略、时间策略和受众策略等。其次，需要加强新媒体平台的参与度和互动性，提高用户的黏性和忠诚度。这可以通过开展一系列有趣、生动的活动，提供优质的服务和加强用户反馈机制来实现。最后，高校基金会管理者需要深入了解社交媒体平台的运作规律和用户需求，充分发挥其传播、推广和筹资的作用，以此取得更好的效果。

影响捐赠数量和水平的关键因素是信任关系，而仅仅依靠社交媒体工具显然不能

决定信任关系的产生和发展。有必要将线下活动和线上推广进一步结合起来，通过综合传播效果来增加捐赠机会。

（二）将新媒体应用当成形式主义

社交媒体能够为高校基金会与捐赠者双方提供一个轻松愉悦的互动平台，增进他们之间的联系，使他们更容易了解对方的需求和想法。然而，社交媒体不一定保证对增加高校基金会的规模有效。要想让捐赠者真正投入到捐赠活动中来，关键在于增加他们的归属感。只有当捐赠者对大学产生强烈的认同感和归属感时，他们才会更愿意为大学捐赠。因此，高校捐赠基金管理者应意识到新媒体的作用，不应本末倒置地追求形式主义来转移工作重点。新媒体平台的社交属性不能忽视，倘若高校基金会只顾一味地宣传自己，而不考虑与受众的互动交流，容易影响自身品牌的口碑和传播效果。高校基金会应该积极与受众互动，增强社交属性，通过社群管理和用户分析等手段提高用户的参与度。

（三）社交媒体仅是一种宣传工具

社交媒体自面世以来，如今已经成为一种现代社会非常重要的沟通方式。然而，国内高校基金会中社交媒体的使用情况还没有得到充分挖掘，导致很多潜在的捐助者并没有得到及时有效的信息推送，这也影响了捐赠规模的扩大。特别是在当前复杂的国际环境和新时期面临诸多挑战的经济形势下，高校基金会筹款面临的挑战越来越大，需要引入新的思路和方法来提高捐赠资金的管理水平。通过充分发挥新媒体平台的多方面价值，促进高校基金会的升级和发展，从而在筹款方面取得更好的成效。同时，通过对新媒体平台的有效利用，可以促进对捐赠项目的更有效控制，并通过机制完善形成倒逼机制，从而促进高校基金会内部管理的精细化，使得捐赠资金得到更好的管理和利用。

新媒体平台越来越多样化，发布内容形式也越来越丰富，如果不进行数据分析，就无法知道哪些内容和形式最吸引人，哪些内容反而会热度不高。数据分析可以让高校基金会更好地了解目标群体的喜好和兴趣，调整宣传内容和形式，提高推广效果。

在日益激烈的大学筹款竞争中，传播度高、受众群体多、具备公信力且资金管理较为严苛的自媒体平台也是有效聚集捐赠者的前提条件之一。然而，近些年来高校基金会的过度行政化等因素导致基金会对宣传工作不够重视，宣传渠道单一，特色不鲜明，限制了高校基金会募捐资金规模的扩大。因此，高校基金会应该努力适应数字化趋势，不断完善组织管理，并通过应用自媒体技术对捐赠资金进行宣传和推广，实现精细化管理。

第五节　高校基金会新媒体应用的优化建议

一、科学规划新媒体应用

在数字化时代，新媒体平台已经成为高校基金会吸引资金和扩大影响的必要手段之一。为了效益最大化，在宏观层面，高校基金会在应用新媒体的过程中需要注意与其自身发展规划及组织特点相结合；在微观层面，要将新媒体应用与具体的运营性工作和捐赠项目相结合，有针对性地为高校基金会提供更多的曝光机会，吸引更多捐赠者参与。基于这个目标，高校基金会应制定科学合理的新媒体应用发展战略，借鉴其他单位的成功经验，并将其与筹款活动设计，宣传推广，与校友、校友单位和潜在捐赠者的有效沟通等方面相结合，使其逐渐融入高校基金会管理的各个方面。此外，高校基金会还应建立实时监控系统和响应机制，以便及时回应社会各界的关注，实现新媒体平台应用的及时性，使得新媒体应用成为高校基金会可持续发展的助推器。

二、定位新媒体目标受众

在高校基金会新媒体应用时，可以通过以下几种方式定位新媒体目标受众：

（一）数据分析

通过统计分析新媒体平台上的实时数据，例如用户数量、流量、转化率等，了解目标受众使用习惯和兴趣特征，帮助确定目标受众。

（二）用户调研

可以通过在线调查、问卷调查等方式，了解用户需求、偏好等信息，进而确定目标受众。

（三）竞品分析

分析同行业、同类型基金会或机构的新媒体应用，了解竞争对手的目标受众、推广方式等，为自己的定位提供参考。

（四）专家咨询

向专业的市调公司、营销顾问、社交媒体专家等咨询，获取关于目标受众的专业建议。同时，在定位目标受众时，还要考虑到基金会的宗旨、使命和目标，以及推广的受众是否符合国家法规和广告准则的要求。

三、提高募捐实践透明性

《基金会管理条例》硬性要求，基金会工作人员工资福利和行政办公支出不得超过当年总支出的10%[①]。而新媒体平台能够在帮助高校基金会提高工作效率的同时节约运行成本。高校基金会可以利用新闻化叙事和公关事件的方式，在新媒体平台上发布公关新闻稿，从而吸引更多的公众关注基金会的动态和参与组织的公益活动，最终提高募捐的实践透明性。此外，基金会也可以与媒体和名人建立良好关系，充分利用其影响力进一步加大传播力度，让更多的公众了解组织的工作和贡献，积极参与到公益事业中来。在新媒体时代，传统媒体的影响力依然得到蔓延，名人的关注度同样十分高，这些都可以成为高校基金会提高募捐实践透明性的重要资源。

随着信息化和数字化的快速发展，新媒体平台已经逐渐成为高校基金会信息披露的主要渠道。在这个背景下，通过升级高校基金会官方网站，强化微信公众号的栏目建设和数据查询平台建设等方式，可以更广泛地扩大信息公开范围，同时也更好地服务于公众需求。除此之外，在推进基金工作公开、透明、规范运作的过程中，高校基金会也应该注重传统披露方式与新媒体平台的结合，拓宽信息公开渠道，全面推进基金工作公开透明。在这一过程中，高校基金会需要积极接受捐助者和公众的监督，建立公开透明的形象，提升社会信任度和认可度，从而推动基金事业的健康发展。

新媒体工具还可以有效地帮助高校基金会开展公共筹款活动，提供随时随地发送和接收信息、访问材料及在线捐款等功能。高校基金会应科学合理地设立小额捐赠项目，创建网络捐赠平台，进一步营造公益氛围。在信息化建设上，可以将基金会项目管理系

---

① 中华人民共和国国务院令（第400号）基金会管理条例［EB/OL］.（2004-03-08）https://www.gov.cn/gongbao/content/2004/content_62724.htm

统、奖助项目申报系统、网络筹款平台、微信微博等新媒体平台纳入一个整体，实现筹款工具的完善、捐赠信息的公开透明、捐赠人的关系维护。例如，浙江越秀外国语教育发展基金会通过微信公众号小程序发起捐赠，捐赠方、捐赠时间、捐赠金额等信息公开透明地展示在全网。

信息公开透明是高校基金会未来传播中应持续坚持的发展方向。高校基金会不仅要在自有的新媒体平台上定期披露项目信息、财务信息、工作报告等，如官方网站、官方微博账号、官方微信账号等，还需要借助第三方平台的专业性和聚合性优势，共同建立一个全国性的公益专业平台，让更多关注公益事业的公众了解组织的发展情况，了解整个行业的动态和走势。

四、增加与捐赠者的互动

高校基金会在进入新媒体时代后，应该充分利用新媒体的社交功能搭建一个交流的平台，主动地关怀和听取公众的声音，为更多需要帮助的人提供关怀和温暖，听取大众对于公益事业的要求和建议，重视他们的需求，而不是机械化地发布一些关于基金会的信息。壹基金在微博中会转发粉丝或者志愿者的微博并加以评论，这是一种双向互动的交流，但更应该将其看作一种宣传的手段，而不是真正意义上的双向交流。当很多人向其官方微博询问如何捐款等相关问题时，并不能得到回应。这虽然与组织的人力和精力有限有很大关系，但组织可以通过了解公众的疑惑和需求，统一分类做出相应的回复，这同样是一种双向互动交流的做法。

已有数据显示，捐助者很少通过新媒体平台与高校基金会进行互动，而是在线上了解和掌握与高校基金会相关的实时信息。随着数字化技术的成熟，各种形式的新媒体平台以其低廉高效和传播范围广泛的特点在各种非营利组织中流行起来，逐渐成为高校基金会与捐赠者和捐赠单位沟通的主要方式。不过，高校基金会不能因此不重视与捐赠者和潜在捐赠者的面对面沟通，不应放弃以往的校友交流方式。高校基金会应根据捐赠者和潜在捐赠者的个性需求推出多样化产品，采用线上线下相结合的方式开展项目推广和交流活动，如定期的短信、电话、餐叙等仍然是促进基金会与校友及其他捐赠者交流、沟通感情的最佳方式。传统传播方式与现代新媒体技术的双渠道融合，在关系维护和筹款管理方面可以事半功倍。

例如，壹基金在微博上与粉丝分享公益活动中的感受、志愿者支援灾区的感悟，并从中找到二者在价值层面上的共情，这是价值层面的对话。这种信息传递的不仅仅是人们在活动中做了什么，更是人们在公益活动中感悟到了什么，是一种精神上的交流，是一种升华。公益活动中的帮助更多地指向自我价值的实现，人类之间爱与爱的传递，是人类对人与人、人与自然和谐共生的向往。这样的对话，更容易激发人们对公益的热情，更能够赢得人们对公益组织的信任。

五、拓宽新媒体筹款渠道

拥有品牌项目是基金会吸引捐赠的核心要素，以项目为核心开展筹款工作并使新媒体充分介入，才能真正做到拓宽渠道。在项目立项前，利用新媒体进行话题预热，吸引大众的参与和讨论，营造一个良好的捐赠氛围。项目立项后，除了在新媒体工具上进行宣传推广以外，还应与传统媒体相结合，如校电视台、校报等，扩大宣传范围，在短时间内传播到最多的观众。除了线上宣传，线下的宣传也不能忽略，可以面向校内师生开展形式多样的公益活动，发动大家用公益行动为基金会的特定项目捐赠。最后，基金会可以将新媒体的账号在校友群或社会群中推荐，把新媒体作为现场互动或和朋友分享的载体，吸引更多潜在捐赠人的关注，争取将潜在捐赠人转化为实际捐赠人。

六、培养大数据整合能力

随着大数据时代的到来，高校基金会应该充分利用捐赠数据进行科学的管理和应用。其中，通过微信、微博、抖音等新媒体工具归纳出关注者画像，如主要关注群体的年龄、性别、习惯偏好、活动范围等特征，将自身的新媒体方法巧妙地结合其中，打造内容详尽的捐赠信息数据库，已经成为越来越多管理者选择的方式。这样的管理方式不仅可以为高校基金会的捐赠活动提供数据基础和决策依据，还可以细分潜在捐赠群体，为潜在捐赠者提供满足其个性化需求的服务，实现精准定位。因此，高校基金会管理者应该积极学习其他组织的大数据策略，形成大数据思维，提高数据处理能力，实现增值，促进基金会管理的科学化进程。在大数据的帮助下，高校基金会可以更加科学地管理和应用捐赠资金，为学校的发展做出更大的贡献。

第六章　高校基金会募捐工作的新媒体化探讨

第一节　高校基金会募捐工作筹资机制研究

一、高校基金会募捐工作筹资主要来源

高校基金会主要从事四项业务：筹资、公益支出、投资和运营管理。高校基金会的资金来源包括政府专项拨款、个人及社会团体的捐款，以及自身投资收益。其中，个人和社会组织的捐赠通常涵盖慈善捐赠、校友捐赠和企业捐赠三个方面。高校基金会的重点筹款在于社会捐赠，其获得的捐赠资金数额往往与国家教育政策和基金会整体运营状况密切相关。在互利互惠的过程中，高校基金会与社会各界合作，实现共同利益，满足彼此需求，分享发展成果，而这也正是公益机构公益性的主要体现之一。

在美国，高校基金会的捐赠收入往往占据整个预算收入的近半数，这是重要的外部资金来源。因此，多渠道筹集资金和接收捐赠已成为高校基金会的重要工作。根据2020年基金会年末净资产数据，排名前20位的基金会中有7家是高校基金会，且这7家高校基金会的净资产额占基金会净资产总数的15.9%。其中，清华大学教育基金会、北京大学教育基金会、浙江大学教育基金会分别位居前三，净资产分别为157.65亿元、70.11亿元和40.30亿元。同时，在基金会捐赠收入榜单中，清华大学教育基金会的捐赠收入位列第一，达到69.87亿元。以浙江大学教育基金会为例，根据基金会中心网公布的信息，该基金会2020年的净资产为403018万元，当年的受捐总额为113091万元；而2021年的净资产增加至498187万元，当年的受捐总额为122803万元。浙江大学教育基金会2021年捐赠收入情况详见表6-1[①]。

---

① 王锦. 浙江大学教育基金会2021年度工作报告［EB/OL］.（2022-10-01）http://www.zuef.zju.edu.cn/index.php/webSite/webColumn/showarticle/4957.html

表6-1 2021年浙江大学教育基金会捐赠收入情况 单位：元

项目	现金	非现金	合计
捐赠收入	1179472585.00	48553131.47	1228025716.47
（一）来自境内的捐赠收入	945629130.65	48553131.47	994182262.12
其中：来自境内自然人的捐赠	52355337.72	0	52355337.72
来自境内法人或者其他组织的捐赠	893273792.93	48553131.47	941826924.40
（二）来自境外的捐赠收入	233843454.35	0	233843454.35
其中：来自境外自然人的捐赠	20073024.28	0	20073024.28
来自境外法人或者其他组织的捐赠	213770430.07	0	213770430.07

以北京交通大学教育基金会为例，根据基金会中心网公布的信息，该基金会在2020年的净资产为27074万元，当年的受捐总额为2473万元；而在2021年，该基金会的净资产下降为23629万元，但当年的受捐总额为4511万元。北京交通大学教育基金会2021年捐赠收入情况详见表6-2[①]。

表6-2 2021年北京交通大学教育基金会捐赠收入情况 单位：元

项目	现金	非现金	合计
捐赠收入	42911092.04	2193977.20	45105069.24
（一）来自境内的捐赠收入	39667092.04	2193977.20	41861069.24
其中：来自境内自然人的捐赠	10845142.39	0	10845142.39
来自境内法人或者其他组织的捐赠	28821949.65	2193977.20	31015926.85
（二）来自境外的捐赠收入	3244000.00	0	3244000.00
其中：来自境外自然人的捐赠	0	0	0
来自境外法人或者其他组织的捐赠	3244000.00	0	3244000.00

高校基金会通过建立公开透明的筹资捐赠渠道，吸引了广大校友及社会各界的慷慨爱心捐赠。这不仅扩大了基金会的规模，提升了支持高校发展的能力，也为校友回馈母校及社会各界人士支持教育事业提供了一个优秀的平台。

二、高校基金会募捐工作筹资筹集方法

使用新媒体的高校基金会的最终目标是改进筹资工作。在我国，许多高校基金会仍然被动地等待捐款。因此，新媒体作为传播工具，在延长基金会捐赠"生命链"和促进筹款等方面发挥了作用，主要体现在：

---

① 北京交通大学教育基金会2021年度工作报告［EB/OL］.（2022-06-30）http://foundation.njtu.edu.cn/xxgk/gzbg/185278.htm

（一）通过新媒体传播公益理念，营造捐赠氛围

在我国，公益捐赠的概念甚至没有得到广泛的认可。因此，作为媒体，新媒体的首要任务是传播公益信息，创造捐赠的氛围。在基金会工作中，要合理利用新媒体，通过分享捐赠案例、捐赠名单、受益人评论、品牌项目等方式，向校友和社会传播自己的价值观，树立品牌形象。目前，可以快速吸引观众的平台是微博和微信。许多高校基金会创建了微博和微信公众号。通过这些新媒体，捐赠项目得以传播。一些高校基金会已经设立了微信捐赠渠道来接收捐赠。对于高校基金会来说，新媒体的参与扩大了筹资渠道，营造了捐款氛围，使捐助者更容易捐款。

（二）利用新媒体与捐赠者建立持续的联系

1. 维护与现有捐赠人的关系

基金会在筹款时经常遇到尴尬的情况，例如学校周年纪念日，这通常是获得捐款的最佳时间。然而，在我国，捐赠收入的"生命链"很短，大多数在学校节假日达成捐赠协议，在捐赠资金到达基金会账户后终止。由于缺乏与捐助者的持续联系，许多基金的受捐情况仍然不能令人满意。因此，在使用新媒体时，基金会应保持与捐助者和受众的长期沟通，主要是维护与现有捐赠人的关系，可以说利用新媒体提供服务对现有捐助者来说越来越重要。以南京航空航天大学教育发展基金会为例，该基金会定期向捐赠者发送节日贺词，并通过微信或电子邮件发送项目进度报告，向捐赠者提供捐赠项目和财务进展的反馈。又如，2021年毕业季，国科大基金会开始大批量赠送礼品：一个学校纪念徽章、一枚柯基钥匙扣，柯基是基金会为自己打造的IP形象。这次活动共筹款33万元。2022年新生入学时，国科大基金会又打造了NFT数字藏品，帖子发布24小时后，阅读量迅速破10万，后台粉丝数量增加了一倍。虽然这次因为技术原因未开展募捐，但影响留到了后续。当年冬天，国科大基金会开展了卖国科大羽绒服的筹款活动，500件羽绒服很快就卖完了，筹集了43万元。

2. 主动表达对受众的关心

这里的受众通常是指基金会微博和微信的粉丝。基金会需要定期与粉丝互动，并通过抽奖和其他激励活动让粉丝感受到基金会的关注。

例如，2023年1月5日，东南大学教育基金会在微博发布抽奖活动，如图6-1所示。这个抽奖活动是一个典型的微博营销活动，旨在通过互动方式提高基金会在社交媒体平台上的关注度和曝光度。整个活动从主题到奖品设计都体现了东南大学本校师

生、校友和捐赠方的特点，增加了参与者的归属感和获奖的意愿。同时，活动也很好地利用了新年节日氛围，给广大关注基金会的用户送上新年祝福，强化了品牌形象。抽奖活动也适当地提高了用户的参与度和互动性，将基金会的宣传延伸到了社交媒体平台，进一步扩大了影响力。

图6-1　东南大学教育基金会微博抽奖活动截图

2023 年 3 月 31 日，东南大学教育基金会在微博再次发布抽奖活动，如图 6-2 所示。这个抽奖活动较前一次多了一些互动元素，通过开放投稿的方式让用户参与到品牌营销中，增强了用户的归属感和参与感。此外，投稿要求相比上次的简单转发更为灵活，让用户可以自由发挥，分享自己的故事和感悟，从而有效提高用户在社交媒体上的曝光度和影响力。同时，这个抽奖活动也强化了品牌形象，传播了基金会的慈善事业和积极向上的东大校园生活。这样的宣传形式可以让用户感受到基金会的社会责任感和公益意识，提高用户对基金会的认知和信任感。

#SEUEF公告#

【东南大学教育基金会微博开放投稿啦～】

关注@东南大学教育基金会 转发本条微博并@2名东大相关好友，我们将抽取40名幸运儿获得【东南大学定制台历】1份（截止日期：2023年4月3日），欢迎大家积极转发哦～

1. 收稿内容：

与慈善事业相关，温暖、感动的故事或图片均可，让我们一起在爱中行走。

与东大校园日常生活相关，例如学习技巧分享/生活日常/东大美景等积极向上的内容。

2. 投稿须知：①私信/@东南大学教育基金会 发送投稿图文，如被采纳，会收到相关回复；②投稿若是图片/视频，须配有文字说明；③如果投稿非原创，请注明出处；④如需匿名，请提前说明。

关于投稿如有任何问题都可以后台私信@东南大学教育基金会 小编期待大家的投稿互动参与～ ∅抽奖详情 收起︿

图6-2 东南大学教育基金会微博征文抽奖活动截图

　　需要注意的是，虽然投稿形式为非强制性，但这个活动仍然是以抽奖为主题，因此需要合理安排奖项和奖品，保证公正、透明，并且抽奖规则也应该更加明确，避免引起用户不满和质疑。此外，需要注意保护用户隐私，避免用户个人信息被泄露和滥用，以保证活动顺利进行和品牌形象的维护。

　　3. 主动制造热点话题

　　基金会将基于当前公益的现实热点话题，推出相应的讨论话题，吸引公众参与。主题需要与公益的热点和难点相结合，并具有真实性。课题结束后，基金会还需要总结课题的发展和公众的反馈，为今后的工作奠定基础。

（三）充分利用新媒体，拓宽筹款渠道

拥有一个品牌项目是基金会吸引捐款的核心要素。只有以项目为核心，充分参与新媒体，才能真正拓宽筹款渠道。项目立项前，基金会需要利用新媒体预热话题，吸引公众参与和讨论，营造良好的捐赠氛围。项目获批后，除了通过新媒体工具进行推广外，基金会还应与学校电视台、校报等传统媒体相结合，扩大推广范围，在短时间内达到最大受众数。除了线上促销，线下促销也不容忽视。可以在校园内为师生开展各种形式的公益活动，通过公益行动动员大家为基金会的具体项目捐款。最后，基金会可以在校友或社交群中推荐新媒体账号，将新媒体作为现场互动或与朋友分享的手段，吸引潜在捐赠者的更多关注，并努力将潜在捐赠者转化为实际捐赠者。

例如，2023年1月5日，北京理工大学教育基金会在微信平台发布"大爱北理，捐赠有礼｜点击收获专属于你的北理工新年大礼盒！"推文，接着2023年1月7日，北京理工大学教育基金会在微博发布"大爱北理，捐赠有礼｜点击收获专属于你的北理工新年大礼盒！"。这是一个比较典型的慈善筹款活动。在活动中，北京理工大学教育基金会通过赠送不同价值的礼物，鼓励公众参与公益捐赠，并帮助募集资金用于支持学校的发展和服务社会等方面。该活动的标题和主题设计比较清楚，在吸引用户注意的同时也能准确传递出活动的主旨。同时，通过微博平台的分享和转发等功能，能够将活动信息和品牌形象推广到更大的受众群体中去。除了典型的现金捐赠，基金会在活动中还提供了不同层次的赠礼，可以让不同群体的公众选购，以适合自己的方式来支持公益事业。正如活动标题中所提到的"大爱北理"一样，此活动可能会吸引一部分已经认同学校品牌和理念的用户前来支持，将其热情和实际行动汇聚到公益事业中去。整体来看，北京理工大学教育基金会此次活动的策划和营销手法比较成熟、有创意，可以为公益事业募集资金和提升品牌形象。

新媒体的使用可以拓宽筹款渠道，扩大高校基金会的宣传范围。然而，在使用新媒体时需要保持谨慎的态度，不要过度依赖。对基金会来说，筹款是一项系统性的任务，新媒体只是拓宽筹款渠道的途径之一。在实际工作中，还需要将新媒体与其他方法相结合，掌握规则，合理使用，以达到预期效果。

（四）走出筹资困境，寻找解决措施

1. 拓宽筹资方式，提供方便快捷的筹资渠道

为了拓宽筹资渠道，高校基金会应该提供多种方便快捷的捐赠方式，除了接受现金外，还可以接受形式多样的捐赠，如房地产、其他有形资产、无形资产、人寿保险、遗产等。同时，高校基金会应该充分重视和发挥校友在教育捐赠中的作用，积极与往届校友保持联系，增强他们对母校的爱与认同，不定期开展募捐活动，吸引更多的校友参与捐款。

2. 强化监督机制，建立信息披露制度

目前我国大多数高校教育捐赠缺乏健全的公众监督机制，资金的来源、运作和使用缺乏透明度，这对社会各界捐赠教育资金的积极性造成了不良影响。因此，建立有效的信息披露和监督管理体系对于高校基金会的发展至关重要。高校基金会应该公开财务报表、详细的收支账目及专项资金使用等重要信息，以帮助社会更好地了解捐赠基金的运作和使用情况。同时，建立监督机制可以让社会各界对高校捐赠资金的规范性和透明度进行监督，从而提高公众对高校捐赠的信心和积极性。

3. 提高教育基金的运作能力

高校基金会只能通过将资金存入银行来赚取微薄的收入，这使得每一笔捐款都成为越来越少的消耗品。如果长期只收取银行利息，不仅会因通货膨胀的影响而无法升值，还会使捐赠资金贬值。因此，在通过各种筹资渠道开放财政资源的同时，高校基金会也可以考虑通过金融市场的投资活动为其资金增值。通过多样化的投资方式可以分散风险，获得相对丰厚的回报，实现良好的财务管理和资金的有效使用，从而吸引更多的捐款用于教育目的。

4. 宣传服务宗旨，树立公益形象

高校基金会的宗旨是通过财政支持促进科学研究、文化教育和其他公益事业的发展，其成立的目的是为教育和公益慈善事业服务。因此，为了做好高校基金会的筹款工作，必须大力宣传高校基金会的服务理念，通过定期组织交流活动，让捐赠者了解基金会为人民服务的宗旨，从而促进基金会的快速发展。

除了培养为人民服务的价值观，树立公众形象也尤为重要。社会主义道德要求人们重视社会公益事业。社会力量兴办公益事业，多渠道聚集社会财力，也能有效促进公益事业的发展，促进人民道德水平的提高。因此，树立高校基金会的公益形象，并将其定位为一个独特的筹款机构，可以吸引更多的捐助者支持教育。

5. 注重基金会专职人才的培养

作为专业的募捐机构，高校基金会需要配备一支高素质的专职人才队伍，为学校提供募捐和管理服务。全职人员必须经过正规培训，并掌握与筹款相关的全部专业知识。此外，还可以考虑采取资格录取制度，提高专职人员的专业水平和素质。通过定期组织募捐工作，不断积累经验，逐步规范和制度化捐赠活动，确保每一笔资金都得到妥善收集和有效利用应该是高校基金会专职人员的培养目标。

6. 建立健全鼓励教育捐赠的法律法规

目前，我国高校教育捐赠的相关法律法规体系不够完备，税收优惠政策不够具体、力度不够大，严重阻碍了高校基金会的发展。因此，可以借鉴国外的成功经验，出台一系列税收优惠政策来促进私人和企业的捐赠活动，例如区分不同类型的企业享受不同的优惠政策，扩大优惠政策的范围。同时，可以给予捐赠者适当的精神奖励，例如设立各种荣誉称号，激发和鼓励他们的热情与自豪感。通过各种政策的支持，激发人们对大学捐赠的兴趣，从而使大学能够获得更多的财政支持和持续的发展动力。

国内外经验证明，高校基金会可以极大地促进高等教育科学、快速、可持续地发展。尽管我国的高校基金会仍面临许多筹款困难，但是，相信在不久的将来，通过不断探索和积累更丰富的经验，捐赠活动将更加规范和制度化，从而争取到更多的教育资金。

三、我国高校基金会筹资工作策略调整

资金筹措是高校基金会工作的重中之重，其成功与否将直接影响到基金会的兴衰和成败。随着我国经济不断增长和国内民营企业的崛起，以及人们慈善意识的提升，高校基金会的发展环境与20年前相比发生了巨大变化。在新的形势下，高校基金会应适时调整筹资策略，抓住筹资来源的新变化，吸收和借鉴海外经验，并积极激发校友的捐赠热情，开创筹资工作的崭新局面。

（一）提高校领导重视程度，建立专业筹资团队

1. 完善激励政策，提高高校领导重视程度

为了提升筹资能力，高校基金会可以从以下几方面入手：首先，加强对高校捐赠的法律监管，尤其是要针对现有法规中存在的笼统性和难以操作的法律法规进行进一步规范，通过设立完善的税收优惠政策来激发社会各界的捐赠热情，并规范高校基金会的运作和管理。只有这样，才能有效提高高校基金会的筹资水平。其次，高校基金会应与政府之间建立紧密的合作关系，把"校友捐赠率"纳入评价体系，提高高校领导的重视程度，提升高校领导筹资工作的积极性和责任感。此外，还可以通过设立专项基金等方式，促进政府、企业和社会各界的投入，推动高校基金会的发展。最后，高校可以建立专业筹资团队，提升高校基金会的运营能力和专业素养。这不仅需要高

校基金会自身不断探索和实践，还需要引进国外成功的筹款经验和模式，借鉴海外成熟的管理经验和技巧，培养和吸纳具有专业背景和才能的人才，努力打造高素质、高效率的筹资团队。这不仅是保证高校基金会可持续发展的关键所在，也是提升高校基金会筹资能力的核心所在。

2.建立专业的筹款团队，加大筹款力度

加强高校基金会的筹款工作、积极开展募捐活动离不开资金和人力的支持。而实施一项完整的筹款工作需要来自传播、管理、心理和营销等各个领域的专业人员。因此，需要建立一支专业的筹款团队，并在考察、任命基金会领导时考虑其相关筹款知识和能力，并能通过多个阶段的书面考核和面试评估。

（二）完善基金会具体筹资工作

1.结合捐赠人意愿，合理制定项目类型

高校基金会可以适当减少校园基础设施项目的资金，也可以将这些资金合并，根据不同时期的基础设施需求进行项目划分。同时，增加对不同群体大学生的资助，制定和推进研发项目、校友服务及生态环境建设项目。

近年来，由于高校基金会的数量不断增加，它们之间在筹款方面的竞争越来越激烈。然而，大多数基金会的筹资水平相对较低，并且处于被动接受捐赠的状态。因此，有必要发展一种基于营销的筹款理念，从受益人和捐助者的角度指导筹款工作。捐赠项目的设立还需要考虑受益人和捐赠者的立场。

2.完善现有传播渠道，拓展传统媒体传播渠道

（1）增加线下沟通工作的类型和频率。为了实现高校基金会的筹资目标，首先，高校基金会需要加强对传播渠道的重视，包括线上渠道和线下渠道。对于线下渠道的沟通工作，可以采用西方优秀大学筹资团队的筹款策略，加强开展线下募捐活动，提高募捐类型和募捐频率。其次，高校基金会应该提前制定大的募捐计划和募捐目标，并尽可能在有限的时间内完成目标。开展大型募捐活动可以突出大型募捐活动的"造血"功能，巩固大学精神，增强高校竞争力，实现高校发展战略的优先发展。同时，高校基金会还应该注重与传统媒体的合作，通过报纸、杂志、电视和广播等传统媒体，向广大师生及社会各界人士宣传高校基金会的使命和目标，激发大家的捐赠热情。最后，高校基金会还可以通过微博、微信等新媒体平台进行宣传推广，扩大受众群体，强化宣传效果。总之，完善现有传播渠道并拓展传统媒体传播渠道，能够让更多的人了解和认可高校基金会的使命与目标，增加捐赠意愿和筹资数额，这也是高校基金会

可持续发展的重要举措。

（2）利用校园媒体，提高校友捐赠意识。相对立足于互联网的新兴媒体而言，传统媒体具有很多优势，如投入小、根基稳、权威性高等。因此，高校基金会可以与校园广播合作，定期播报校友捐赠的新闻，在在校生心中埋下捐赠的种子，在在校生心中建立对基金会的认知，从而有效解决在校生甚至毕业生对基金会一无所知的问题。另外，高校基金会还可以在校园报纸和杂志上刊登校友捐赠新闻，不仅可以提高撰稿学生对基金会的认识，还能够增强报刊读者对基金会的认识。高校基金会也可以定期出版《校友会期刊》和《基金会工作简报》等报纸杂志，并将其放置在宿舍、图书馆等公共休息区域以供校友随时翻阅。通过这些传统媒体渠道，尤其是校园媒体的传播，高校基金会定能更好地完成推广自身的使命和目标，提升基金会的知名度和影响力，吸引更多的校友捐赠善款，为高校的发展和学生的成长做出更大的贡献。

（3）增强线上交流平台的互动性。为了更好地建设高校基金会的品牌，高校基金会可以指派专人来负责基金会的品牌建设，并且在现有的网络推广方式中积极与网友互动。在 Web2.0 时代，用户参与和互动是非常重要的。因此，高校基金会应该将微博、微信等社交媒体视为发布基金会工作动态和建立校园品牌的必要工具。基金会工作人员应该以适宜的营销风格运营微博和微信，定期发布高质量、有价值的信息，提升内容质量，增加粉丝关注度，并积极地与粉丝开展互动。针对不同的受众群体制定适当的内容，同时了解他们的需求和反馈，以便改进方案并提高参与度，从而打造高校基金会良好的品牌形象。通过这种方式，高校基金会可以推广自身的品牌形象，吸引更多的学生、教职员工和社会人士的关注和支持。

例如，2017 年 5 月 20 日，北师大教育基金会在微信公众号发布了推文"北师大 115 周年！你准备送 TA 小树苗、巧克力，还是么么哒？"。北师大教育基金会通过发起活动，邀请读者一起庆祝校庆，并提出了富有互动性的问题，让读者可以通过回答问题或留言来参与其中，从而增加了用户的参与度。通过微信平台进行活动的宣传和报名，将线下活动线上传达，同时活动的链接可以放到微信朋友圈或分享给好友，扩大活动的影响范围。随后的 2017 年 5 月 25 日，北师大教育基金会又在微信公众号发布推文"表白不要停，爱在北师大！——'520'校庆活动情况反馈"。通过发布反馈文章，在推文中公布了筹款进展、捐赠人数和善款金额等信息："截至 2017 年 5 月 24 日零时，为庆祝北师大 115 周年，推进'双一流'大学建设的步伐，特发起设立的'115 教育发展基金'，共有 2000 余人次的个人捐赠，成立 40 支捐赠团队，已筹得善款 89742.10 元，并还在不断增长……"信息透明化增加了用户对他们的信任度。同时晒出了参赛作品并鼓励用户关注其微信公众号了解更多有关北师大教育基金会的信息，增加互动性和趣味性。

2020 年 5 月 20 日，北京科技大学在微信公众号发布了推文"520 花式表白丨今夜，一起点亮北科大！"。该推文通过黑白图片点击后变为彩色的新颖形式，提升了观众的体验感，吸引了更多粉丝参与其中。同时，通过转发参与抽奖的方式，激发了观众的积极性和参与度，增加了线上交流平台的互动性。其次，该推文设置了留言点赞前十名可以获得 T 恤一件的奖励，这样的奖励形式可以激发粉丝的积极性和参与度，同时也可以帮助增加推文的曝光率和传播度。这种互动形式可以帮助粉丝相互交流，分享各自的看法和经验，增加线上交流平台的互动性。

3. 以合理途径加强对社会人士的筹资工作

高校基金会应该及时向公众传达自身的筹资需求。基金会工作人员首先需要改变传统观念，正视筹资的重要性，摆脱中国人不好意思向他人"要钱"的心理。高校基金会的工作人员在与社会或企业保持沟通的同时，也应积极地向他们传达学校的资金需求信息，与社会或企业形成互利共赢的良好局面。高校基金会的工作人员还可以通过多种渠道，如发布公开信、进行网络宣传和校内外宣传等方式，向公众传递高校基金会的筹资需求，并向社会普及基金会的使命和目标。同时，高校基金会还应该充分发挥社会人士中校友的力量，积极组织校友活动，以吸引更多的校友参与筹资。通过这样的努力，高校基金会的筹资需求将得到更广泛的传播和支持，也以合理的途径加强了社会人士对高校基金会筹资工作的支持。

4. 做好已捐赠人的情感维系工作

高校基金会应该维护好已经捐赠人士与基金会的关系。除了定期向捐赠者提供反馈和随访工作外，还可以通过实际的小福利来加强捐赠者对基金会的认可，缩小与捐赠人的心理距离。

例如，2017 年 6 月 16 日，北师大教育基金会在微信公众号发布了推文"'一路有你'2017 毕业红毯暨毕业礼物发布活动重磅来袭！"。该推文在整篇文章中多次强调了感恩母校、小额捐赠及让学生们与母校留下美好回忆等，表现出对已经捐赠的学生的感激之情，同时也传达了学生们对母校的深厚情感和企盼。此外，该推文还详细介绍了活动内容和流程，并通过预订及现场领取礼物的方式鼓励学生参加活动和小额捐赠。可以说，推文中的组织和安排，为学生们提供了一同参与毕业季庆祝活动的机会，并表达了基金会对他们的关注和支持，为学生们留下了难忘的校园回忆。

（三）营造捐赠氛围，着重培养校友的捐赠意识

1.做好在校师生筹资工作，培养校友捐赠意识

高校基金会可以采取以下措施，培养在校师生的捐赠意识，扩大接受宣传的师生群体。首先，高校可以通过开设公共课程的方式向学生传播学校捐款历史上的著名人物及其善款的使用情况，帮助学生形成捐赠意识。其次，高校应与创业校友建立紧密联系，定期邀请优秀企业家举办创业历程分享会，并鼓励其他企业家参与。同时为有创业意向的学生提供支持，组织研讨会，与他们交流创业计划，鼓励有创业意向的学生创业，并从中挑选培养优秀创业者，为他们提供一定的经济支持，激发他们对母校的感激之情。最后，高校基金会要广泛拓宽接受宣传的在校生群体，扩大基金会在校园中的知名度，例如可以采取多种线上线下营销策略，增加微博、微信公众号等社交媒体平台的关注度，利用校园广播、报纸等线下推广平台向在校学生传递捐赠信息，吸引更多学生参与捐赠，巧妙地推动捐赠的形成。

2.加强已毕业校友的募捐工作，充分挖掘往年校友的资源

校友资源包括校友作为人才资源的总价值，以及他们所拥有的财务、物质、信息、文化和社会影响力等资源。开发已毕业校友资源，不仅有利于高校基金会获取校友对高校基金会募捐工作的支持，还有利于高校基金会获取与校友密切相关的丰富的网络资源。

（四）学习国外大学的先进经验，适时启动筹款运营

美国是全球大学筹款事业最发达的地区，美国的许多大学通常借助开展筹款运动来募集大学发展所需资金，以促进大学的长期发展。所谓筹款运动，通常在一定时间期限内（通常为3~5年），围绕明确的筹款目标和主题，集中社会资本进行筹资。其中，筹款运动中有五个关键要素，这五个关键要素分别是筹款期限、筹款目标、主题、资金用途和筹款对象。以下分别以美国私立大学代表斯坦福大学和公立大学代表伯克利大学为例说明筹款运动对于募集大笔资金的重要意义。

面对本科教育质量不断下滑、饱受非议的局面，2000年10月，斯坦福大学开启了主题为"本科教育行动"的筹款运动，旨在从2000年至2005年筹集10亿美元用于提升本科教育质量，筹款对象为斯坦福的本科生校友和正在就读的本科生学生家长。出人意料的是，这次筹款运动只用了4年就达成了筹款目标。受此启发，斯坦福大学在2006年12月展开了第二次筹款运动，此次筹款目标的主题为"斯坦福挑战计划"，计划 5 年内筹集 43 亿美元用于提升教学和培养人才水平。"斯坦福挑战计划"筹集到的款项主要用于三方面：一是创新性科学研究的开展，为人类面临的重大问题寻求解决方法；二是培养新型领导，设计开创性的课程和课外项目；三是加强对教师和学生的核心支持，保持并提升斯坦福大学的卓越品质。这次筹款运动更加突出了斯坦福大学在社会引领方面的作用，并强调了大学在社会发展中"智囊团"和"思想库"的地位。最终，斯坦福大学募集到了 62.3 亿美元的资金，来自超过 16.6 万名校友、学生、家长、团体、基金会和斯坦福支持者的捐款，捐赠笔数超过 56 万，逾 1 万名志愿者参与其中。斯坦福大学成功开展的两次大规模筹款运动，使其连续 7 年的筹款总额超过以往历届冠军哈佛大学，成为全球最成功的大学筹款案例之一。

不仅是私立大学，公立大学也会通过筹款运动筹集学校发展所需的资金。伯克利大学是美国最优秀的公立大学之一。据该校的筹款处人员介绍，在相当长的一段时间内，州政府拨款完全可以满足伯克利大学的发展需要。但到了 1981 年至 1982 年间，州政府拨款开始占学校运行经费的 52%，而 2008 年金融危机后，政府拨款更是大幅减少。2011 年至 2012 年，来自州政府的拨款只占学校运行经费的 10%。面对自 1981 年起州政府财政拨款逐年减少的情况，伯克利大学分别在 1993 年和 2008 年发起了主题为"迎接新世纪"和"感谢伯克利"的两次筹款运动。第一次筹款运动从 1993 年到 2011 年，计划募集 11 亿美元，实际募集金额达到 14.4 亿美元，创下了当时公立大学筹款成绩的最高纪录，这也是任何一所没有医学院的大学取得的最好成绩。第二次筹款运动从 2008 年开始，计划用 5 年时间筹集 30 亿美元，截至 2013 年 9 月，已经筹集到 29 亿美元。伯克利大学成功的筹款活动与其组建的强有力的筹款团队密切相关。为了更好地达成筹款目标，伯克利大学成立了专门的筹款运动委员会来领导筹款工作。该委员会由 7 位联席主席、1 位国内年度捐赠主席及若干委员组成，他们都是伯克利大学坚定的支持者，和校董会一起用自己的专业经验来帮助学校有效地募集资金。

斯坦福大学、伯克利大学筹款活动的实践表明，筹款运动是筹款活动发展到一定阶段的产物，标志着筹款水平和能力进入了一个更高的阶段。与零散的、年度的筹款活动相比，筹款运动需要全面、系统、科学的规划，需要提出具有吸引力和说服力、能够为潜在捐赠者所认可的理念，需要庞大的潜在捐赠群体的存在，需要专业团队的专业运作。结合我国的实际情况，对于成立较早的高校基金会而言，可以说经过一定的积累，已经具备了开展筹款运动的条件，特别是清华大学百年校庆的筹款活动取得了巨大成功，这表明只要抓住机遇，科学规划，我国高校基金会完全能够实现筹资工作的重大突破。而对于一些成立时间不长的基金会而言，借鉴筹款运动的组织和运作，系统、科学地制定筹资目标，可以事半功倍。

第二节　高校基金会募捐工作的现状与分析

一、大学捐赠基金的起源与历史演变

大学可以通过接受来自社会各界，包括法人实体、自然人等的捐赠来获得资金支持，这些捐赠都属于公益捐赠。这种捐赠具有多重特点，例如无偿性、非交易性、非行政性、自主决策性、社会受益性以及社会目的性等。

大学捐赠基金是由捐赠人发起，在大学内部设立的非营利性社会组织，旨在通过捐赠资金或其投资收益来支持大学的教育事业，起到助学兴教的作用。捐赠人可以是厂矿企业、事业单位、社会团体和个人，还包括港澳台同胞、海外侨胞，以及外籍团体的友好人士。捐赠资金可以是人民币、外汇等货币，也可以是有价证券、房产、土地和其他实物，还可以是专利权、商标权、著作权等无形资产。

捐赠基金的历史可以追溯到 15 世纪的英国。当时，英国的慈善捐助者向教堂和大学提供永久性资金。这些永久性捐赠通常是限制性捐赠，捐赠的本金不能移动，只能用捐赠本金投资所产生的利息支付。

美国最早的大学捐赠可以追溯到 1649 年的哈佛大学。1642 年的两位哈佛教授和 1646 年的两位校友共同向哈佛大学投资并捐赠了一块房地产。由于当时这片土地上种植了苹果树，因此这里被称为"教师果园"。现在，这片土地仍然是哈佛大学校园的一部分，学校图书馆就建在这里。

捐赠基金的另一个经典案例发生在 1890 年。当时，北卡罗来纳州的三一学院在罗利和达勒姆之间考虑一个新校区的选址问题，并初步选择了前者。为了改变这一决定，达勒姆社区的领导人和家庭联合起来，说服华盛顿公爵向三一学院捐赠 85000 美元，条件是新校区位于达勒姆。随后，达勒姆市民还额外筹集了 9361 美元作为配套资金来支持这所学校。最终，新校区被选址于达勒姆，三一学院今天也被命名为杜克大学。

总的来说，捐赠基金的演变经历了三个阶段。

（一）第一阶段

第一阶段发生在 15 世纪至 20 世纪 60 年代中期。在这个阶段，捐赠基金的管理模式非常传统：受托人不允许将投资决策授权给他人，捐赠基金支出仅限于股息和利息收入，会计准则基于传统成本，投资范围仅限于债券和其他固定收益产品，不允许投资高风险资产类别如股票等。这个阶段持续了三百多年。

（二）第二阶段

第二个阶段为转折期，发生在 1969 年至 1972 年，持续了约三年。捐赠基金的历史转折出现在 1969 年，福特基金会对捐赠基金的两个突破性研究以及马科维茨的现代投资组合理论的发表，标志着第二阶段的开始。因此，1969 年被认为是捐赠基金从传统管理模式转变为现代化和专业化投资管理模式的元年。

意识到捐赠基金在法律法规和投资管理上的不足，福特基金会主导了两个研究。

第一个研究课题为"捐赠基金的法律问题"，主要关注捐赠基金投资的法律原则问题，并提出改变传统思维和政策法规以便给捐赠基金提供更高灵活性的建议。具体建议包括：①受托人可以代表教育机构制定投资和支出政策；②受托人可以授权合格的投资顾问执行投资策略，但保留监督和评估顾问业绩的权利；③制定一项统一的国家法律，允许受托人考虑投资组合的整体回报，包括已实现和未实现的收益，而不仅仅是利息和股息的收入。这些建议直接促成了 1972 年《机构基金统一管理法》的颁布和实施。

第二个研究课题为"教育捐赠基金的管理"，该研究主要关注投资管理和绩效提升。该研究比较了 1959—1968 年 15 家教育机构捐赠基金、成长型共同基金，以及罗彻斯特大学的专业投资办公室的投资表现。研究结果显示，15 所教育机构捐赠基金获得了平均年化 8.7% 的回报率。相比之下，成长型共同基金和罗彻斯特大学捐赠基金的年化回报率分别达到了 14.6% 和 14.4%，两者的表现有近 6% 的差距。该研究批评了受托人委员会管理不善，导致捐赠基金表现不佳，并指出它们专注于固定收益产品，以提高当前回报率，同时避免风险。而这种投资策略的代价是放弃回报率较高的成长型股票。该研究认为，未来的投资策略需要基于整体回报选择股票资产，而不仅仅是基于股息和利息最大化的债券资产。同时，该研究建议对投资流程进行修改，包括将投资策略的实施委托给专业的投资组合经理，并将捐赠基金支出的比例改为过去三年捐赠资产移动平均市值的固定百分比。史密斯学院捐赠基金是第一个使用该研究中建议采用的整体收入和市场价值进行会计核算的基金。

接下来的一段时间里，福特基金会成立了"大众基金"，它作为一家专业投资机构，汇聚成员的资产并进行专业管理。"大众基金"的最初成员包括美国的主要教育机构。福特基金会在成立之初提供了 280 万美元的种子基金。第一个基金于 1971 年 7 月正式启动，从 63 家教育机构筹集了 7200 万美元的资金。如今，大众基金依然是一家业绩突出的资产管理公司，主要专注于大学和基金会的投资。

（三）第三阶段

第三个阶段是成长期，自 1972 年开始持续至今。现阶段，养老基金的管理经历了快速增长和实质性变化。由于政府预算压力的加大，各国政府对大学的财政支持逐渐减弱，使得大学更加依赖于捐赠资金的绩效。在这样的背景下，教育捐赠基金已经从非专业、传统和追求风险的投资者转变为资产管理机构，这些机构由专业人士以现代方式管理他们的投资组合。本阶段发生的主要变化包括：不同的资产配置决定了投资组合的不同回报。捐赠基金，尤其是大型基金，已经开始从传统的 60/40 投资策略（60% 的固定收益和 40% 的股票）转变为投资流动性较差的另类资产，如私募股权和风险投资。此外，随着经济全球化的发展，投资区域也从本地扩展到海外。投资经理的选择变得越来越关键。对于每一种资产类别，选择经验丰富的投资经理进行资产管理是决定捐赠基金整体回报的重要因素之一。随着时间的推移，首席投资官（Chief Investment Officer，简称 CIO）的角色变得越来越重要。福特基金会的研究为受托人授权专业投资人员执行投资决策提供了良好的法律依据。在引入首席投资官之前，受托人必须参与所有决策，并且由于缺乏专业技能而无法有效执行投资策略。将责任委托给首席投资官，使他们能够全面负责投资过程，做出明智的财务决策，并避免以往因各种原因做出错误的投资决策。

二、捐赠基金演变中的主要法律理论

在三百多年的捐赠历史中，几部标志性的法律法规对捐赠事业的发展起到了至关重要的作用。

第一个重要的法律法规是 1972 年通过的《机构基金统一管理法案》。该法案适用于美国 47 个州，为慈善组织和大学捐赠资金的支出、管理与投资提供了法定准则。这些准则包括：①基金的审慎投资标准；②赋予投资主管部门广泛的权力；③授权委托投资管理决策；④对捐赠基金使用限制的豁免方法。目前，新版本的法案已经对1972年的法案进行了一定的修改，纳入了现代投资组合理论的内容，反映了现代投资的实践和理念。

第二个主要的法规是《谨慎投资者规则》，这是专业基金管理的基本原则。该规则被定义为为其他投资者负责投资的人提供指导的标准。受托人必须作为一个谨慎的投资者，为委托人的资金寻求合理的收入，并实现保本增值，避免投机性投资。《谨慎投资者规则》对捐赠基金的影响在于，它为受托人在管理捐赠基金投资决策的过程中提供了指导准则。

第三个主要的理论是现代投资组合理论。马科维茨的研究把捐赠基金的重点从证券选择转变为整体投资组合的设计。近30年来，捐赠基金管理实践的变化在很多方面都是马科维茨现代投资组合理论的结果。在研究中，马科维茨量化了风险和回报之间的关系。他发现，只要理解平均值、标准差和证券集体回报之间的相关性，就有可能创建一个在一定风险水平下实现最高回报的整体投资组合。因此，他提出的投资组合理论从根本上将金融研究转变为一个独立的研究领域，并为捐赠基金的资产配置和投资提供了理论依据。

三、大学捐赠基金的目的与意义分析

耶鲁大学法学院教授亨利·汉斯曼认为，大学捐赠基金的主要目的是确保大学的声誉资产、保护学术自由及对冲金融风险。而卡耐基梅隆大学泰珀商学院院长 Isabelle 则认为，大学基金的目的是平衡当前的运营支出和未来资产的增长需求。基金应该确保能够产生足够的回报来覆盖通胀和支出比率。耶鲁大学首席投资官大卫·史文森是耶鲁大学捐赠基金的重要人物，他对大学捐赠基金的目的与意义进行了如下总结：

（一）给予大学更大的独立性

通过减少政府拨款、学费和校友捐赠等外部因素对大学的依赖性，可以增加大学的自主性。这是因为政府补贴作为大学之间竞争的焦点，会施加给大学持续压力和负担。而学费的依赖则需要大学吸引更多学生以维持运营，不利于保证学生的质量。相比之下，捐赠基金作为稳定的收入来源可以帮助大学摆脱这些外部压力，提高自主性。这将有益于维护大学的理念和目标，从而发挥最高效的影响。

（二）确保大学财政的稳定性

政府拨款和学生学费并非大学永久的收入来源。进入 21 世纪以来，国内外政府对大学教育的投资已显著减少，该现象似乎成为一种全球性趋势。同时，许多大学面临预算逆差，运营预算增长速度比通货膨胀的增长速度还快，这导致政府补贴和资助难以维持大学设施和服务的要求。因此，大学需要寻找新的收入来源来填补财务预算缺口，而捐赠基金则成为大学获取稳定收入的重要手段之一。此外，捐赠基金也能够提高大学进行债务融资的能力，进一步增强其稳定的收入来源，为大学提供更好的财务保障。

（三）创造更优质的教育

除了增强大学财政独立性和稳定性外，捐赠收入还可以通过提高教育质量来产生积极影响。据大卫·史文森的观点，捐赠基金规模与大学的教育质量密切相关。一项由耶鲁大学投资办公室进行的研究表明，在其他条件相同的情况下，拥有较大规模捐赠基金的研究型大学排名更靠前。这可能是因为高校理事会最终负责这些捐赠的管理，他们有义务采取谨慎的管理方法来提高基金的业绩，从而为提高大学的教育水平提供更多的支持。此外，捐赠基金还可以帮助大学实施长期战略计划，促进大学的可持续发展。

当前，国内高校教育基金会的筹资主要依赖大额捐赠，这种模式对于保证高校的经费稳定性而言，存在不可持续性的风险。因此，为了提高高校公益事业的可持续发展能力，需要重视小额捐赠并扩大筹资范围。同时，随着新媒体和支付工具的逐步普及，高校教育基金会可以借助这些工具提升校园公益的筹资能力，促进校园公益事业的健康发展。

四、高校捐赠基金三种类型比较分析

根据分类方法的不同，高校捐赠基金可以分为终结型、永续型和增长型三种类型，这几种类型的捐赠基金各有其特点。其中，终结型捐赠基金主要通过一次性或定额捐资设立基金，基金会在一定期限内使用捐赠基金，缺乏后续资金支持，无法为学校的科教事业提供持续的资金支持。永续型捐赠基金是由捐赠人一次性捐资而设立的基金，仅使用基金投资收益，捐赠资金永久保留，能够长期为学校提供资金支持。增长型捐赠基金由捐赠人捐资发起设立基金会，不断加入捐赠资金，以使用投资收益为主，并通过再投资使基金总额不断增加，适合规模较大的综合性大学捐赠基金。

这三种大学捐赠基金类型各有其特点，并应根据不同的情况进行选择和使用。其中：终结型基金在设立时通常使用一次性或定额捐赠资金，无法得到后续资金支持，因此基金期限较短；永续型基金则通过使用投资收益而长期存在，是适合以捐赠人名称命名的基金；增长型基金则采取通过少量新增捐赠资金不断加入并使用投资收益为主的方式，以保持合理稳定的基金额增长速度和基金使用额增长速度，适合规模较大的综合性大学捐赠基金。总之，不同类型的捐赠基金各有其特点和适用场景。对于规模不大的基金支持，可以选择终结型基金；若是以捐赠人名字命名的大学基金，则可选择永续型基金；而如果需要支持规模较大的综合性大学，则建议设立增长型基金。

五、影响大学捐赠基金回报因素分析

（一）基金规模

有关捐赠基金规模与绩效之间的关系，存在着两种不同的观点。一种观点认为，规模较大的基金通常具备较高的投资表现，这是因为它们能够实现规模经济效应，即在更大的资本规模下，能够分散风险、降低成本，并且能够拥有更多、更好的资源，以及吸引更多优秀的投资管理人才，特别是对于那些具有高风险、高收益的非流动性资产的投资管理人才而言。另一种观点认为规模较小的基金存在一些缺陷，包括缺乏足够的投资经验、难以吸引到顶尖资产类别经理，在面对非流动性资产的投资时持谨慎态度，这些因素可能会影响其投资表现并导致较差的表现。

研究表明，大规模的捐赠基金通常具备更好的业绩，主要是因为它们能够拥有更多的专业投资人士，这能够提高其投资管理水平，同时也意味着其能够分散风险、降低成本，更好地管理流动性和非流动性资产，并且能够更好地把握市场机会。具体而言，规模超过 10 亿美元的基金平均拥有 7 名专业投资人士，而规模在 5000 万到 1 亿美元之间的基金只有 0.1 名投资专家（或一个人 10% 的时间）从事捐赠基金的投资。这意味着，小规模基金缺乏专业投资人才，可能难以针对各种不同类型的资产拥有深入的研究和分析。此外，许多小规模基金由首席财务官兼任基金管理人员，这会导致其缺乏投资专业知识和经验，从而对其投资表现产生负面影响。

据研究显示，资产规模在 10 亿美元以上的捐赠基金在 1998—2008 年的年化回报率为 9.5%。相比之下，规模低于 2500 万美元的基金同期的年化回报率仅为 4.8%。同时，以夏普比率来量化基金效率的研究发现，规模较小的捐赠基金在此方面的表现普遍较弱。然而，也存在一些规模较小但表现优异的捐赠基金。此外，研究发现，基金规模和投资人员更替率之间存在着正相关关系，即规模较大的基金通常会拥有更高的投资人员更替率。这些研究结果对于企业和个人相关方面的投资策略制定提供了参考和借鉴。

　　除了规模效应和优质人力资源，资产配置在大型基金实现良好投资业绩中具有重要作用。多项研究表明，在相同规模下，高绩效的捐赠基金更加偏向于将资金投入另类资产领域，并且通常拥有更为优质的投资人力资源和更谨慎的投资委员会成员。相比之下，小型捐赠基金往往将大部分资金投入传统资产，包括国内股票、国内固定收益、国内现金和现金等价物。而规模较大的捐赠基金则具有更低的传统资产配置比例，尤其是固定收益和现金类资产。此外，规模较大的捐赠基金在另类资产上的投资规模也远高于规模较小的基金。然而，一些人认为资产规模并不能完全解释不同基金回报率的差异，高绩效的捐赠基金能够更好地吸引更多优秀的投资人才，并通过对投资委员会成员更为谨慎的筛选实现更优质的投资决策过程。此外，高绩效的捐赠基金集团还更加开放于另类投资领域，认为多元化的资产配置策略可以更好地降低风险并提高收益。在捐赠基金的投资过程中，科学合理的资产配置策略具有重要作用。

　　虽然小型基金的规模不如大型基金，但它们仍然具备与规模更大的基金竞争的能力。一些小型基金在投资组合多样化、投资组合有效性和支出政策三个方面表现出色，达到了世界一流水平。因此，他们得出的结论是，基金规模与投资组合多样化之间只存在弱的正相关关系，也就是说，基金规模的大小并不是影响投资组合多样化的关键因素。而基金规模与费用率之间则没有直接的显著关系，也就是说，基金规模的大小对基金费用率没有直接影响。可以看出，基金规模对于基金表现的影响是复杂的，在决策过程中需要考虑多种因素的综合影响。

　　（二）支出政策

　　高校基金的支出政策是一项关键且必要的资产管理工作。其目标在于确保基金在实现各个项目目标的同时，能够充分考虑代际公平和项目平衡的因素。制定合理的支出政策有助于确定资金的流动方向，这样可以将基金投资回报最大化，同时确保支出与收益之间的平衡，提高基金整体的稳健性和可持续性。基金的支出政策需要充分考虑市场环境、捐赠者意愿、基金规模、运营成本等多种因素，在资产配置中，将资金投向风险可控、收益稳定的领域是基金支出政策的重要内容之一。此外，基金的资金流动和支出方案也应当遵循合法合规的原则，尤其是需要注意保障捐款人的合法权益，防止潜在的风险和误用行为发生。也就是说，高校基金支出政策是维系基金良好运作的关键保障，其科学合理的制定对于基金长期发展和实现各项目标之间的平衡具有重要作用。

支出比率是指每年从捐赠基金中转移用于大学运营预算的资金占该基金资产市值的百分比。在国外，高等教育机构管理捐赠基金时，主要采用以下三种支出模式：第一是固定支出比率，将过去 3~5 年基金市值平均移动值的固定比例作为支出比率，通常在 4%~6%；第二是将投资组合分为无风险和高风险资产，通过配置适当比例的各类资产，以获取足够维持日常运营的回报以及扩大基金规模的潜在收益；第三种方法是将基金中的部分本金用于购买商业年金，以支付学校日常运营成本，并将余下部分进行多元化股票投资，以获取更高的回报。这些模式均旨在平衡支出与回报之间的关系，从而确保基金可持续发展与稳健增长，并同时满足高等教育机构的现实需求。

根据国外学者的研究，对于高等教育机构所管理的捐赠基金，应将其支出策略分为投资和支出两个决策过程进行考虑。此外，优秀的支出政策应当在预算稳定和保持捐赠基金购买力等目标之间寻求平衡。在制定支出政策时，需要综合考虑多种因素，例如，通货膨胀、未来捐赠收入的增长率及基金目标的变化等，以确保基金的真实价值得到维护。值得注意的是，并不存在一个统一并确定的有效的支出政策，而是需要根据市场环境和风险承担的情况及高等教育机构的运营需求，结合多种因素进行动态调整。

一个优秀的支出策略应该在满足当前需求和考虑未来增长之间取得平衡，以合理确定支出金额和进行有效资产配置为关键。支出过多可能会影响到未来支出需求，而过于激进的支出政策也可能对大学运营产生负面影响。因此，对于高等教育机构所管理的捐赠基金而言，采取合理的支出比例可以保护基金购买力，并实现"代际公平"的目标。为了有效地制定支出策略，高等教育机构需要结合基金规模、成本预算等因素进行综合考虑，同时进行有效的资产配置，以获得足够的收益和保护基金的实际购买力。也就是说，一个优秀的支出策略需要满足两个标准：一是在投资业绩较差的情况下，基金仍能够满足大学日常运营的需求；二是该基金的运营方式必须能够使其规模在未来继续增长。

一些学者研究了支出比率、市场波动、预期投资回报及风险承受能力之间的关系。例如，当基金支出比率为 5%，预期回报为 10% 时，8% 的市场波动可以满足风险承受目标，而10%的市场波动则不能满足。当支出比率为3%，市场波动为11%时，预期回报为10%时可以满足风险承受目标，而8%的回报则无法满足。

如果高等教育机构盲目增加支出以满足当前的运营需求，将严重威胁捐赠基金的长期健康发展。当支出比率过高且高于平均投资回报率时，市场波动可能会对捐赠基金带来更加显著的负面影响。例如，在市场波动适中的情况下，若从年回报平均8%的投资组合中拿出5%进行支出，则可能会对基金本金造成损害。简单计算表明，若市场波动为10%，则捐赠基金的市值在10年后降低20%的概率为15%。然而，这种分析方式仅考虑了市场波动因素，未能充分考虑到通货膨胀等其他风险因素对基金的影响，因此需要更全面、科学地评估和管理基金的风险。只有采取有效措施，合理制定支出策略，才能确保捐赠基金的长期可持续发展，为支持教育事业做出更为持久的贡献。

捐赠基金的支出决策必须综合考虑市场风险、投资回报率和管理费用等多种因素，以便制定最优化的基金运营策略。在市场波动较大时，应选择低费用率和灵活性更强的投资组合来适应市场变化。而在高费用率时应采用低波动风险的投资组合以保持基金的长期稳健。此外，在投资回报率高于预期时应适度减少支出，以确保基金的可持续发展。总之，基金的支出和投资决策密不可分，需根据实际情况采取综合性、风险可控的策略，从而更好地满足基金的运营需求。

（三）治理结构

一些学者研究发现，治理结构与大学捐赠基金的业绩之间存在一定程度的关联。其中，治理结构包括投资决策流程、投资管理模式、董事会或理事会及投资委员会等方面。而为了确保捐赠基金的成功，需要建立合理的治理架构、明晰的投资策略和系统化的投资流程。

通常情况下，大多数捐赠基金采用类似的治理结构。大学会成立捐赠董事会，负责制定投资策略、配置资产及评估基金业绩。在董事会下，还设有一个团队，负责落实董事会决策并监督外部投资组合经理。此外，董事会通常还聘请专业顾问，向董事会和投资人员提供咨询建议。

（四）投资政策和目标

创建一个成功的捐赠基金的关键是制定投资政策声明，因为投资政策声明是展示捐赠基金长期投资目标的重要手段。一个优秀的投资政策声明应该具备以下几方面的内容：第一，明确治理结构；第二，规划财务目标和投资目标；第三，制定资产配置策略，包括定义资产类别、明确投资组合再平衡等方面；第四，制定支出政策；第五，制定业绩基准；第六，预测未来的捐赠情况。通过制定投资政策声明，可以为捐赠基金建立清晰的投资框架，确保资产配置与基金的长期目标相符，并为管理团队提供清晰的指导。这将有助于捐赠基金在风险可控的前提下实现更高的投资回报，从而更好地服务于组织或社区的发展需求。

虽然每个大学的捐赠基金投资组合的目标和限制可能不尽相同，但良好的投资政策声明应该包括下面的内容。

（1）明确的投资理念。这包括可接受的资产类别、投资成本、支出比率和治理结构等方面的内容。

（2）具体的、可衡量的投资目标。应该明确收益和支出目标，并确保这些目标是合理和可行的。大多数投资政策声明中设定的收益目标是在通货膨胀基础上增加一定比例，例如设定目标回报为 CPI + 4%。此类投资目标需要与资产配置相一致，如果目标回报很高，则需要增加对于高回报资产类别（如股票等）的配置。投资政策声明还应该包括对各个资产类别预期回报水平的说明，这些回报水平通常以主要市场指数作为参考。此外，一些捐赠基金的回报指标也可能会与同类规模的其他大学进行比较（在基金层面和不同资产类别层面）。

（3）明确具体的业绩基准。投资政策声明还应该提供合理的投资组合再平衡范围，明确再平衡时应采取的措施。

除了上面的内容之外，一个完整的投资政策声明还应包括以下内容：

（1）投资委员会和投资团队的风险承受程度。需要说明投资委员会和投资团队对于风险的承受程度以及在资产配置中的具体表现。

（2）效率。通过风险收益率（夏普比率）表示，高夏普比率代表更有效的投资。

（3）明确的目标支出比率。投资政策声明应该说明基金的目标支出比率，这是为了确保基金足够长期地运作，同时使得投资收益尽可能地创造财富。

（4）管理责任和流程。需要阐述雇用和监督基金经理的流程、筛选投委会成员的流程、基金经理定期报告流程、基金经理评估流程、定期审核资产配置和政策声明的流程等内容，确保所有管理责任都被明确规定，并且相关流程能够顺利进行。

（5）投资限制。需要明确不同投资类别的限制，如股票投资上限、债券投资下限等。

（6）流动性需求。需要考虑到基金的流动性需求，以保证投资组合可以随时满足高校基金的支付要求。

（7）法律和税收要求。需要遵守所有相关法律和税收要求，包括国家和地方的法规，以及关于高校基金投资的特定法规。

（8）时间范围。需要明确基金管理的时间范围，以保证投资策略的连续性和可持续性。

（五）资产配置策略

资产配置策略是指投资者为实现特定投资目标，在各种资产类别之间进行资金分配的策略，不同的资产类别包括股票、债券、房地产等。资产配置涉及不同资产类别的比例，旨在达成最优的资产组合以满足长期投资目标。例如，对于高校基金而言，资产配置策略应该是长期投资策略，考虑到现有资源和约束条件，在最优的资产组合中满足长期投资目标。

在实践中，不同基金具有不同的风险偏好和投资能力，因此资产配置策略也会存在差异。例如，规模较小的捐赠基金往往采取保守的投资策略，而规模较大的基金则可能更倾向于投资另类资产，以获取更高的回报。但不论基金规模如何，资产配置都应该始终以基金的投资目标和具体情况为依据。

对于捐赠基金来说，最重要的单一投资决策通常不是投资经理的选择，而是选择适合的资产配置策略。这是因为资产配置决定了基金的风险和回报，并对基金的长期表现具有至关重要的影响。因此，基金管理者需要认真考虑不同资产类别的表现和回报，并根据基金的风险承受能力和投资目标，制定最合适的资产配置策略。

（六）资产组合再平衡

越来越多的人认识到，投资组合再平衡对于捐赠基金长期投资收益的影响非常重要。重新调整资产配置是降低投资组合风险的一种方法，定期重新平衡投资组合可以减少因对某一种资产类别过度依赖而带来的风险，从而保持投资组合的稳健表现。

尽管高风险可能会获得高回报，但如果不能及时重新平衡投资组合，就会造成基金回报的波动。一个平衡的投资组合可以避免单一资产类别带来的高回报和高风险。与单一的投资组合相比，平衡的投资组合在不牺牲高回报的情况下，降低了波动性，提高了长期收益的稳定性。

资产配置策略应该定期重新平衡至投资政策制定时确定的比例。重新平衡的前提是边际效益大于边际成本。投资组合再平衡理论反对将大部分资产配置给最热门的基金经理或者某一种资产类别的常见做法。从根本上讲，它通过降低投资组合的波动性来审查整个投资组合，并允许投资获得高回报。

（七）基金经理的选择

研究表明，捐赠基金挑选每个资产类别的基金经理时的筛选能力也是影响投资组合回报的一个重要因素。出色的捐赠基金团队不仅有能力精选出表现出色的基金管理人，而且会将更多的资产配置到他们所擅长选择的资产类别中，从而提高基金的整体回报。

成功的捐赠基金在选择基金经理方面具备非凡的能力，特别是在选择成功的风险投资管理人方面。相比于表现不佳的基金经理，成功的基金经理对基金整体回报的贡献要高出 2%~3%。耶鲁大学基金成功的主要因素之一就是其优秀的能力，精选私募和风险投资基金经理。

大多数捐赠基金采用混合模式来筛选基金经理。对于熟悉或专业的资产类别，内部团队会选择投资经理；对于未知的资产类别，则由外部顾问协助选择投资经理。基金经理的选择标准按重要性排序如下：①基金经理的管理方式与该捐赠基金的投资目标相符；②基金经理过去的业绩；③基金经理的公司规模和管理经验；④基金经理收取的管理费用；⑤与基金经理沟通的难易度。

（八）业绩监测和评估

高校基金投资管理的最后一环，也是最为重要的一环。很多基金在初期注重投资策略和基金经理的选拔，但往往忽视了后续的业绩评估和监控。因此，卓越的高校基金与表现平庸的基金主要区别在于后续的业绩评估和监控。替换基金经理的主要原因按重要程度排序如下：①投资业绩不佳；②缺乏公司规模和管理经验；③投资组合目标发生变化；④缺乏有效的沟通；⑤管理成本过高。

（九）大学招生 SAT 分数 / 招生比例

大学招生的质量（SAT 分数）在很大程度上反映了大学品牌、管理能力校友网络的强弱，这些因素对基金业绩有积极或消极的影响。实际上，这些影响可能比投资另类资产对基金回报的影响还要大。

第三节　新媒体视角下高校基金会募捐工作的理念与策略

高校基金会的募捐机制是高校为争取募捐资金的过程中各个因素发挥作用的原理。高校基金会的募捐机制主要包含五个要素：一是募捐理念，也就是募捐机制的指导思想；二是募捐主体，也就是指募捐人员；三是募捐机构，也就是指高校基金会；四是募捐策略，这是募捐机制的具体实施方法；五是募捐反馈与激励机制，这是整个募捐机制的最后一环，影响募捐的结果。这五个要素是一个整体，环环相扣，相互依托，共同协调。

对于高校基金会募捐行为的认知，在宏观层面上，高校基金会开展募捐行为的主要目的分为三类：第一类是受益者导向型，是为在校师生和学校建设服务的；第二类是工作职责导向型，这是基金会的岗位职责；第三类是被动募捐型，即基金会被动接受捐赠。在微观层面上，高校基金会的募捐行为是以"感恩—回报"的方式面向校友开展的募捐工作。

随着互联网技术的发展，新媒体时代已经到来，新媒体具有运用成本低、互动性强、传播性强、统计方便等特性。高校基金会应在使用传统融资方式的基础上探索利用新媒体的方式进行募资，创新拓展募资方式，新媒体的运用也将为高校基金会的专业化发展提供契机。例如，高校基金会可以在微博、微信公众号等新媒体平台上进行募资宣传，以促进基金会的发展。通过募捐行为，高校可以利用获得的募资促进学校的建设和发展，而捐赠者本人也能通过募捐行为满足其个人需要，如提升个人形象、企业形象，获得良好的社会评价等。为了表达对募捐者行为的认可，高校还可以通过颁发感谢信、授予荣誉、建立校企合作等方式满足捐赠者的需求，达到互利互惠、合作共赢的新局面。

通过研究，对于新媒体视角下我国高校基金会的募捐工作与募捐机制，本书提出了以下建议。

一、树立互利共赢募捐理念

树立互利共赢的募捐理念，即在宏观层面上树立捐赠者导向的慈善募捐理念。对于募捐行为，高校基金会应充分且正确地认识募捐，树立以捐赠者为中心的捐赠者导向的募捐理念，从捐赠者的角度出发，制定合理的募捐目标和募捐需求，以及符合学校发展和捐赠人需求的捐赠项目。树立互利共赢的募捐理念，在微观层面上建立互惠共赢的主客体关系。其中校友为主体，基金会为客体。校友为母校进行募捐，一方面是基于浓厚的母校情结，是一种慈善行为；另一方面也是与目标进行价值交换，这种交换本质上是对等的。因此，高校基金会在获取募捐的同时也应秉持互惠共赢的理念，考虑捐赠者的需求，建立一种互利共生的关系。

通过倡导"做校友创业路上的第一位合作伙伴"这一口号，天津大学天津校友会会长刘毅成功发起设立北洋海棠创投基金，用资本的力量加速科技成果的转化，解决科技成果"最后一公里"的难题，由智变金，刺激创业前沿的进展。同时，"海棠杯"天津大学校友创新创业大赛也得到了充分宣传和支持，已成功地在多个城市连续举办了三届，促进了天大校友之间的合作、交流和创业项目的孵化。在创新创业生态的汇集下，多个获奖项目通过北洋海棠基金等资本的支持，成功落户天津，并迅速成长为明星创业企业。

在"校友帮校友、校友带校友、校友投校友"这一理念下，天大创新创业生态汇集各种资源，为初创企业全面赋能，助推创新创业项目加速发展。在天大校友坚持不懈的努力下，"用一个亿撬动100亿基金群，五年内吸引100家创投企业"的目标已经提前实现，北洋海棠基金领投的23个创业项目已带动投资总额超过12亿元。刘毅会长积极推进天大校友创新创业生态体系建设的精神，带动了众多校友共同参与创新创业事业。

二、优化募捐组织结构模式

（一）完善募捐组织结构

首先，高校需重视募捐组织机构的建设，建立由高校校长领导、副校长担任理事长的募捐组织。因为目前多数高校及基金会是附属于大学的二级单位，独立性和权威性都不足。在募捐工作中，高校领导应充分调动高校资源，激发捐赠者的热情，获得募捐。例如，给予捐赠者一封手写感谢信等。其次，基金会应设立专门的筹款部门，专门负责针对学校的捐款工作，并建立相应的规范。

（二）专业化运作募捐

高校基金会应建立专业化运作模式来运作募捐。比如，选择营销学、教育学、心理学、社会学等专业的人员加入基金会，高薪聘请专业的筹款活动策划人员，根据募捐目的分析募捐者的需求，开发募捐项目和募捐反馈机制等。还可以有限安排一定比例的本校学生开展校友募捐拜访工作，拉近与校友的距离，或者让捐赠者以志愿者的身份加入募捐团队，增强捐赠者的团队意识和责任感。

（三）优化募捐组织的工作模式

高校基金会还应进一步优化募捐组织的工作模式，合理处理与校友会的关系。运用校友会的组织能力和亲和力，开展校友募捐活动。另外，高校基金会还可以建立校级、院级两级募捐模式，在与校友联系时，分年级和班级管理，使校友服务与募捐工作呈现辐射状态，形成全方位全过程的募捐工作模式。基金会与校友会之间既各自分工，又相互协同，最后由基金会秘书处统筹校友捐赠工作，如图 6-3 所示。

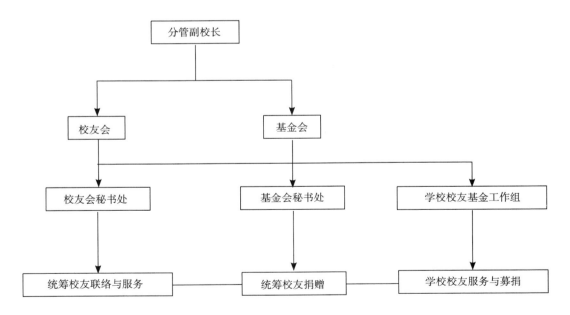

图6-3　高校募捐组织横向结构示意图

三、转变创新高校募捐策略

随着"互联网+"和人工智能技术的发展，我国高校基金会的募捐工作也逐渐由线下面对面的传统模式转变为线上发展。目前已有多家高校基金会利用中国教育发展基金会搭建的平台开展线上众筹，利用直播、微视频等新媒体传播方式进行募捐工作。其他高校基金会也应提前布局，转变募捐策略与手段，以应对趋势的变化和不确定性的挑战。高校可以采用以下方法转变募捐策略。

（一）制订完善募捐计划

募捐计划是高校基金会开展募捐活动的行动指南。募捐计划应具备前瞻性、针对性和具体性的特点。具体来说：

（1）前瞻性，即高校基金会要提前制订出三至五年的募捐计划，提前预测募捐工作的发展动态。

（2）针对性，即高校基金会对不同的捐赠对象制订不同的募捐计划，这就需要基金会对已掌握的捐赠者信息及潜在捐赠者信息进行有效整理与分析。

（3）具体性，即募捐计划要具体可执行，对募捐对象、募捐金额、募捐时间、募捐方式等都要有非常具体的计划。

（二）立足于线下交流

高校基金会要格外重视线下募捐信息的交流与传播。因为只有线下的面对面互动才能够最大限度地增进基金会与捐赠者之间的亲密性，增强信任感，有效维系基金会与捐赠者的关系，促成捐赠行为的完成。一般，高校基金会主要采取以下三种线下交流方式：

（1）高校基金会与院校合作组织往届毕业生返校，在参与活动后通过认捐"校友林""班级树""校园亭"的形式为学校捐赠善款。其中，"校友林"树木认捐项目是除了"我爱母校"年度捐赠项目外受捐最频繁的项目。

（2）高校基金会领导拜访地方校友会、校友个人或校友企业，或对地方遇到困难的校友给予帮助，或与校友沟通交流学校发展状况，联络感情，促成捐赠行为的完成。

（3）对已捐赠人进行定期回访。捐赠人完成捐赠并不代表基金会筹资工作的结束，相反，它是促使已捐赠人再次捐赠的起点。而捐赠资金是否被精准使用，是否发挥了最大效用，是否真正帮助了受益人，这些是决定已捐赠人是否还会再次捐赠的理由。

因此，高校基金会应定期做好对已有捐赠人的回访和反馈工作，维系好捐赠双向良好的动态关系。

（三）调整小额捐赠的思路

大额捐款能快速提高基金会的工作业绩，显示出工作成果，但也不能忽略潜在的小额捐赠者的巨大潜力。高校基金会应更加注重小额捐款，从小额捐赠人的需求出发，挖掘更多小额捐款的潜在捐赠人，并且不管捐赠金额的大小，珍惜每一笔捐款，合理且有效地使用每一笔捐款。

例如，2019 年 10 月，天津大学北洋教育发展基金会启动了"兴学之路"专项实践计划。该项目主要包括三个方面的实践计划，分别是对宕昌贫困生进行帮扶，为宕昌师生提供游学扶助以及建设"梦想教室"。其中，天津大学自动化学院青年志愿者协会迅速响应和行动，组织了院内募捐活动，持续了近一年的时间。在这期间，他们还多次面向全校学生举办各类募捐和义卖活动，广泛号召全校师生参与，共筹集善款 5000 元，并最终将筹集的善款捐赠给了"兴学之路"教育扶贫基金。这些善款的捐赠是为了让宕昌的弟弟妹妹们有机会到天津大学看一看，一睹天津大学的校园风采。2021 年 7 月 13 日，天津大学校友总会在微信平台发布的推文"天津大学校友年度（2021 年）捐赠项目"中，天津大学校友总会与北洋教育发展基金会向全体校友发出捐款倡议，倡导以 100 元、126 元、1921 元为捐款金额，旨在支持学生爱国主义活动和新校区张太雷像建设等事业。这篇推文在呼吁母校校友参与捐赠的同时，还详细说明了项目执行计划、捐赠说明、执行机构、票据说明等方面的内容。该推文体现了天津大学校友对母校的关心和支持，而且在募捐方面也采用了更加开放和透明的方式来获得公众信任，值得肯定。

（四）拓展至以杂志为代表的传统媒体

高校基金会可以通过使用纸媒的方式来及时更新基金会的工作动态并加强基金会与捐赠人或校友之间的情感交流。例如，高校基金会可以每半年出版一期《校友会刊》和《基金会工作简报》，展示与校友之间的密切联系和基金会的工作情况，还可以在校园报刊中发布基金会筹资信息，加深读者对基金会的了解和认识。其中，《校友会刊》主要面向校友，基金会可以定期向与基金会保持密切联系的校友邮寄会刊，维持基金会与校友之间的关系；《基金会工作简报》主要面向有捐赠意向的人群，基金会应及时将最新发展情况发送到已有捐赠记录和存在潜在捐赠意愿的人群手中，以增加双方的亲近感和信任度。此外，校园报刊也是基金会筹资宣传的重要渠道之一，其主要面向在校师生，引导在校师生积极参与基金会的公益事业。《校友会刊》《基金会工作简报》和校园报刊三者共同发挥作用，或成为基金会筹资宣传工作的有力工具。

（五）拓宽新媒体时代的募捐途径

为了满足新时代捐赠者便捷查看、操作的需求，高校基金会应掌握并熟练运用新媒体技术来增强宣传内容的便捷性、新颖性和吸引力。此外，为了满足大额捐赠者的捐赠心理，高校基金会应持续创新募捐形式，设计如竞赛募捐、配对募捐等方式。同时，还可以推出新颖的募捐方式，如以跑步距离为质押对应捐赠金额的"马拉松募捐"等。最后，高校基金会应将被动转向主动，积极策划大规模的募捐活动，以满足高校基础设施建设和科研人才建设的需要。

例如，2023 年 3 月 10 日，天津大学北洋教育发展基金会在微信公众号发布的推文"第四期天津大学校友林认捐启动！"。该项目得到了各届校友及师生的积极响应和广泛参与。根据捐赠说明，本项目将不限制捐赠金额，只建议以 1895 元 / 株认捐。捐赠方一次性捐赠 1895 元及以上金额将享有校友林树木十年冠名权。捐赠的树木将承载北洋人对母校深沉的爱，并让在校北洋学子感受到师兄师姐们的青春、期待和嘱托。同时，所筹资金主要用于校园环境的建设与维护，包括校园景观提升改造、校园绿化养护、校园环境设施维护改造和校园环境文化活动等。本项目善款筹集时间为 2023 年 3 月 6 日—2023 年 12 月 31 日，预计执行时间为 2023 年 4 月—2023 年 12 月，募集资金将按照项目预算来执行。

1. 微博运营

根据知名社交媒体平台微博的运营特征，以下从高校基金会角度来探讨如何提升微博账号的运营能力：

（1）明确微博账号定位和宣传主题。微博账号需要有清晰的定位，明确自己要表达的主题和宣传内容。同时，可以通过吸引关注者、引导话题及进行互动等方式，积极传播高校基金会的价值观和公益服务理念。

（2）策划发布有吸引力的内容。精心策划、多样化的内容能吸引更多的关注者。发布基金会新闻、公益项目进展、捐赠活动等事项，以及带有"独家"或"最新"的资讯内容，能够引起用户关注和议论，扩大高校基金会的影响力。比如，在"陈欧体"风靡网络的时候，华南理工大学校友会发布了一条名为"华工带盐人"的微博。该微博以犀利、幽默的语言掀起了各高校学生的"带盐"风潮，引发了广泛的关注。

（3）加强互动和反馈，维护粉丝关系。在微博上的互动和回复是重要的维系粉丝关系的方式。因此，基金会可以在微博上设立提问箱、开展线上问答会等形式，与关注者展开互动。同时，对于用户反馈的问题应及时回应并解决，维护良好的口碑。

例如，2022 年 5 月 17 日，联合国儿童基金会在微博发布有奖知识问答活动，如图 6-4 所示。该活动通过丰富有趣的"知食知多少"有奖知识问答，吸引了粉丝的积极参与。通过参与问答，粉丝们不仅可以获得知识，增强营养意识，还可能获得奖励，提高了粉丝的参与度和活跃度。该活动联手多家知名机构共同发起，形成了强大的合力，将更多的人招募进来，增加了粉丝的参与感和归属感。同时，通过推荐线上虚拟"知食小卖部"，为粉丝们提供了更多便利，让他们可以更加方便地获取健康的食品知识。这也体现了该组织对粉丝的关心和贴心服务，进一步增加了粉丝的认同和忠诚度。

图6-4　联合国儿童基金会有奖知识问答活动

2022 年 3 月 20 日，中国科学技术馆在微博上发布了名为"'把脉'风云，揭秘气象"#世界气象日#线上主题活动，如图 6-5 所示。该活动采取多种形式，如气象微课堂、专家互动问答、气象趣味小实验等，将丰富的知识生动有趣地向公众展示。通过这些形式，观众不仅可以获取新鲜的知识，还可以与行业专家展开互动交流，提出问题并得到解答，增强了粉丝的参与感和归属感。该活动联合多家知名机构共同举办，形成了强大的合力，将更多的人招募进来，扩大了活动的影响范围，提高了粉丝的关注度和参与度。同时，在活动结束后，该组织还持续关注气象和环境问题，体现出组织的社会责任感和担当精神，促进了与粉丝之间的长期互动关系的建立。

中国科技馆联合中国科学院大气物理研究所、北京陶诗言气象发展基金会共同举办"'把脉'风云,揭秘气象"#世界气象日#线上主题活动,特邀请行业专家与科技辅导员一起,通过气象微课堂、专家互动问答、气象趣味小实验等形式,为公众解读冬奥与气象的关系,演示天气现象的形成过程,激发公众的好奇心和探索欲,增强保护环境的责任感,并持续关注气候、气象问题。@微博直播台 #微博直播台# 口中国数字科技馆的微博视频 "把脉'风云,揭秘气象"线上主题活动 收起∧

图6-5 "'把脉'风云,揭秘气象"#世界气象日#线上主题活动

(4)注意时效性和热点话题。高校基金会可以通过及时跟进时事热点,如大型公益活动、重大新闻等,积极地在微博上进行相关宣传活动。同时,对于自身的公益项目及捐赠活动等也要强调时效性,发现热点话题并通过微博尽快传达。

例如,2023年4月12日,西安交通大学教育基金会在微博发起"让创新港绿起来"的创新港行道树、名贵树木众筹冠名募捐项目,如图6-6所示。这个活动是一项非常具有社会意义的慈善创举。从时效性上看,该活动发布的时间点非常敏感。当下全球生态环保问题备受关注,各种绿色环保主题的活动层出不穷,而该项目正好抓住了这一热点话题,将校园绿化和环保意识相结合,以创新港的绿化建设为主题,充分体现了西安交通大学教育基金会对于生态文明建设、环保事业和可持续发展的关注和支持。通过此次募捐活动,西安交通大学教育基金会倡导广大师生、校友和社会爱心人士共同参与学校校园绿化建设,通过冠名认领行道树、名贵树木的方式,让每个人都能够用自己的方式、以自己的名义为创新港绿化出一分力量。这个活动受到了广泛的支持和响应,反映出参与者对于绿化建设和生态保护的高度重视。同时,这个活动也彰显了西安交通大学教育基金会的品牌形象和公益使命,让更多人了解、关注和支持学校的发展和社会责任。

◎西安交通大学超话 ∂情系交大，"樱"你而来 ——西安交通大学教育基金会树木系列冠名项目为了支持创新港绿化建设，教育基金会发起"让创新港绿起来"创新港行道树、名贵树木众筹冠名募捐项目。在校师生、广大校友和社会各界爱心人士可以选择心仪的树木进行"认领"冠名，在创新港种一棵属于你的树，以你之名，温暖新港。项目所募集的资金将全部用于学校统筹管理创新港主干道行道树、名贵树的绿化和后期维护保养。@西安交通大学 #校园##西安交通大学# 收起

图6-6　西安交通大学教育基金会"让创新港绿起来"募捐项目

需要注意的是，募捐活动所筹集的资金必须用于学校统筹管理创新港主干道行道树、名贵树的绿化和后期维护保养，这需要学校在后期管理中做好相关的工作，并且对于资金使用情况进行公开透明地披露，以维护捐赠者的权益。此外，针对募捐活动本身，需要规范相关的行为准则和募捐流程，避免募捐过程中出现不当行为和违规问题，确保活动顺利进行和公益合法性。

（5）优化微博账号形象和各类元素。高校基金会微博账号的头像、昵称、简介等元素是能直接显露出自身形象的重要因素，因此需要全面优化设计。同时，对于微博文章的排版设计也要关注细节，让其更加美观易读。

以上是对如何提升高校基金会微博账号运营能力的一些思考，可以结合实际情况进行具体操作。

2. 微信运营

针对高校基金会的微信公众号运营，可以从以下几个方面入手，提升公众号的影响力和用户黏性：

（1）掌握传播技巧，培养读者阅读习惯。要想让基金会的微信公众号拥有一批固定的粉丝，就需要基金会公众号运营人员掌握公众号信息传播技巧，培养公众号用户定期阅读推文的习惯，并让用户对公众号产生黏性。为了提高公众号推文的浏览量，公众号的运营人员还需要采用合适的推送技巧。例如：固定推送频率为每日更新或单双日更新或每周三更新等。因为高校基金会公众号的主要订阅人员为已经毕业的校友，他们通常有着自己的事业和家庭，日常非常忙碌，因此考虑在校友空闲的时间进行公众号推文。可例如，在中午 11—12 点或者晚上 9—10 点这两个黄金时段进行公众号的

推文。因为这两个时间段校友多处于空闲阶段，有闲暇时间点开公众号并浏览推文，有效提高推文的浏览量。

案例：因一篇推文成立的校友励学金[①]

高分考入武大的云南新生杨茂清（化名）与身患精神疾病的残疾母亲和年迈的外婆相依为命。2022 年 8 月 18 日，当杨茂清来到"微爱珞珈"迎新点办理交通费用报销及小额生活补助领取手续时，武汉大学校友总会、武汉大学教育发展基金会的工作人员在交谈中了解到了他特殊的家庭情况，当即添加了他的联系方式，并在当天的推文中向校友们介绍了杨茂清自强自信、改变命运的故事，推文发出去十分钟不到，武汉大学新闻学院 1999 级一名周姓校友就与校友总会联系，表示想要按照每学年 8000 元的标准帮忙解决杨茂清的生活费用问题，每学期打款一次，每次 4000 元。

"昨天刚刚下班回到家，收到校友总会的推送就打开阅读了。推文平实的文字，介绍了 3 位非常坚韧的学弟学妹，非常打动人。我几乎没有考虑，就希望能为母校、为学弟学妹们做点事情。"小周校友表示，杨同学面对生活的坎坷和艰辛，从未放弃努力，克服重重困难，最终凭借自己的努力走进武大，让自己非常钦佩，因此决定在自己的能力范围内支持杨同学，希望他能专心发展自己，在武大开启新的生活和发展新的视界。"武大太美好了，希望杨同学能有更多的时间以更轻松的心情去慢慢体验。我觉得他能在今后的日子里慢慢体会到武大学子之间的团结、关爱，他也会通过自己的努力将这份支持传递下去。"

小周校友的先生是政管院 1998 级校友，在做决定之前，小周校友第一时间把自己的想法告诉了先生，得到了先生的大力支持。"我们还把这个决定告诉了两个孩子，向他们说明在力所能及的范围内，把自己的资源与更需要的人分享，能帮助到别人是一件非常开心的事。两个小朋友都已经读小学了，在了解杨同学的事迹后，也都非常感动，对于这个决定都非常理解和支持。"

经过校友总会工作人员联系，当晚杨茂清同学已收到大一上学期 4000 元的生活资助。对于这份意外的爱心，杨茂清表示非常感动。他说，目前自己最想做也是唯一能做的，就是好好学习，不辜负学长学姐的拳拳深情。

还有更大的好消息！为了帮助更多家庭经济困难的武大学子顺利完成学业，8 月 19 日上午，在得知了杨茂清自强不息的事迹和校友资助的消息后，陈东升校友在武大商帮群里发出倡议，号召群里所有校友企业家每人不低于一万元，上不封顶，设立一

---

① 武汉大学教育发展基金会［EB/OL］.https://edf.whu.edu.cn/info/1074/2723.htm.有删改

个面向优秀农村贫困学子持续四年资助的助学金。陈东升动情表示，自己和许许多多的武大校友企业家一样，当年都是普通家庭甚至贫困家庭的孩子，通过自己的努力走向了更广阔的世界，现在有这个能力，应该给更多的寒门学子以机会。"一是给贫困孩子上好大学的机会，二是可提高武汉大学招优秀人才的起档线，三是用大家集体的力量回报母校、回报社会！"倡议一出，应者云集，短短三个小时的时间里，近三十位校友响应号召并承诺履约。武汉大学教育发展基金会迅速开设专门项目"珞珈鹏程校友励学金"，用以支持武汉大学家庭经济困难的优秀学子顺利完成学业。

这个故事中，武汉大学教育发展基金会通过微信公众号向校友们介绍了新生杨茂清的特殊家庭情况，引发了小周校友和其他校友的关注和爱心支持，为杨茂清提供了生活资助，并呼吁更多的校友加入到帮助经济困难的武大学子的行动中来。这些行动凝聚起校友们的爱心和力量，为更多有需要的学生提供了帮助，展现了武大人的团结和关爱精神。同时，也彰显了武大教育对学生的全面关注，不仅是学习成绩的培养，还有身心的健康和成长。可以说，武汉大学教育发展基金会在这个事件中扮演了极其重要的角色，通过发挥其组织和筹资能力，帮助了杨茂清等多位需要帮助的学生，让他们能够更好地面对生活和学习的挑战。

（2）实用性和独特性的内容提供。微信公众号的内容应具有实用性、独特性，并与高校基金会活动相关联，如捐赠信息、资助项目等。同时，要根据用户反馈及时调整更新内容，保证内容质量和时效性。在运营公众号的过程中，选题策划是做好公众号内容的先行环节。在当今各类公众号层出不穷、推文纷至沓来的情况下，微信公众号推送高频率的文章并不一定能带来高阅读量。事实上，吸引人的选题与优质的原创内容才是吸引读者阅读推文的制胜法宝。因此，在选题策划时，公众号的编辑人员需要下更多的工夫，挖掘具有新闻价值，符合基金会工作和校友关注的事件，同时提高公众号的原创质量。当刊载目标新闻、会议政策等内容时，基金会的公众号应避免成为没有灵魂的搬运工，而应对其进行深入解读，这样不仅能提高订阅者的阅读兴趣和阅读欲望，还有利于树立公众号良好的品牌形象和知名度。

例如，哈尔滨工业大学教育发展基金会在2022年3月17日发布的"公益捐赠个人所得税税前扣除操作指南"就是一篇非常实用的推文。该推文主要介绍了公益捐赠个人所得税税前扣除的操作方法和注意事项，对于想要进行公益捐赠的个人来说，具有很强的实用性和指导性。通过这篇推文，能够帮助公众更好地了解公益捐赠的相关政策和操作流程，提高公众参与公益事业的意愿和能力。

　　北京中国地质大学教育基金会没有独立的微信公众号，故在中国地质大学校友总会公众号中发布相关内容。2022 年 3 月 17 日，中国地质大学校友总会在微信平台发布了"情系地大学子：殷鸿福院士再捐奖学金 50 万元"的推文。这篇推文充分展示了北京中国地质大学教育基金会对教育事业的热情和投入，也是对殷鸿福院士捐赠奖学金行为的高度认可和尊重。通过这篇推文，广泛宣传了殷鸿福院士再次捐赠奖学金 50 万元的善举和慷慨精神，也更加深入地推广了中国地质大学教育基金会的活动。同时，这也提醒着人们关注教育公益和社会责任，鼓励更多人投身公益事业，使得社会上弘扬正能量、共建和谐社会的力量更加凝聚。

　　除了母校要闻和校友活动资讯，高校基金会的微信公众号中还可以增设一些特色栏目，例如专访杰出校友、校友写作美文、母校历史上的今天等。这些特色栏目能够丰富公众号的内容，吸引读者的兴趣和关注。为了让特色栏目更具有吸引力，特色栏目标题应该简洁生动且富有悬念，能够在第一时间抓住读者眼球，激起读者的阅读兴趣，吸引其点开文章一探究竟，增加读者点开公众号阅读文章的频率，引导更多读者参与到公益事业中去。

　　例如，浙江大学教育基金会在微信平台发布了推文"暖！浙大在校生以寝室名义设立助学金，相约 20 年资助西部学子"。这篇推文展示了浙江大学在校生以寝室名义设立助学金的事迹，凸显了他们对教育公益的热情和投入，也为西部较为贫困地区的学子提供了帮助。浙江大学教育基金会通过这篇推文广泛宣传了这项公益行动，引导更多人参与到教育公益事业中来。此外，这样的助学行为也提醒大众关注贫困地区学子的教育问题，更加深刻地认识到教育公益事业的重要性，推动社会公益事业的发展。

　　例如，大连理工大学教育发展基金会发布的系列推文"捐流不息 | 一起为奉献爱心的校友和企业点赞"是一组非常有价值的推文。该系列推文通过宣传校友和企业对公益事业的捐助行为，强调了他们对社会的奉献精神，这不仅能够激励更多人积极参与到公益事业中来，也能够树立榜样，在社会层面促进公益事业的发展。该系列推文能够呼吁更多人关注公益事业，并且引导人们关注到这些爱心捐赠背后所传递的信息和意义，提高公众的公益意识和责任感。该系列推文是一种正面、积极和有益的宣传方式，能够传递出积极向上的价值观，对社会的发展和居民的生活都有促进作用。因此，可以肯定地说，大连理工大学教育发展基金会发布的系列推文"捐流不息 | 一起为奉献爱心的校友和企业点赞"在传递知识、宣传文化等方面具有很大的价值，可以为公众提供有益的信息和启示，同时也有助于推进公益事业和慈善事业的发展。

　　随着全媒体时代的到来，读者对公众号推文内容的期待和要求越来越高，希望能看到更多、更新、更全的内容。为了满足读者需求，公众号运营者要勇于走出舒适圈，创新内容表达形式，增加诸如短视频、音频、动画、手绘等表现形式，用更直观、美观、形象的表达让优质原创内容更加生动有趣。以中国美术学院为例，在知名校友访谈栏目中采用了宣传品的形式，生动展现了校友的形象和故事，让人物形象的叙事更加立体饱满。这样的多元表现形式能够为公众号增添新的内涵和价值，同时也能提高文章的转化率和用户留存度。

又如，哈尔滨工业大学教育发展基金会发布的推文"重磅微纪录片首发！焦裕禄与哈工大"，不仅介绍了焦裕禄同志的事迹，也展示了哈尔滨工业大学的校史、文化和精神。此外，微纪录片也是一种很好的宣传形式，能够通过影像、声音等方式更好地传递信息，引起读者的共鸣。通过这篇推文，哈尔滨工业大学教育发展基金会可以更好地向公众展示自己的教育理念和文化底蕴，加深人们对哈尔滨工业大学的印象和了解。同时，也能够激励学生们以焦裕禄同志为榜样，努力提高自己的素质和能力。

（3）多渠道推广公众号。在校内外多渠道宣传推广公众号，学校官网是最主要的宣传渠道之一，基金会可以在学校官网上开辟专门的栏目，发布基金会的相关信息、项目进展等内容。例如，中国地质大学（北京）就在学校官网首页开辟的"校友服务"专栏中设有"教育基金会"的链接，可以直达北京中国地质大学教育基金会官网。

此外，可以利用微博、公众号等社交媒体平台进行推广，同时将公众号链接分享至学生 QQ 群、微信朋友圈等社交群组。

例如，2017 年 2 月 27 日哈尔滨工业大学教育发展基金会注册了官方微信账号，同年 7 月 6 日，哈尔滨工业大学教育发展基金会微信平台发布推文"哈工大教育发展基金会'微信捐赠平台'开通"，该推文是哈尔滨工业大学教育发展基金会发布的关于微信捐赠平台开通的宣传文章，通过介绍该平台的功能和使用方法，向社会公众展示了该平台的便利性和安全性。同时，该文对微信平台的管理和使用情况进行了详细介绍，让公众对捐赠资金的流向有了更加清晰的认识。当天，哈尔滨工业大学官方微信平台"哈尔滨工业大学"及其下属的"哈工大研究生"微信账号与该校学生会的微信号"HIT 联小络"先后转发了该推文，这些转发意味着这篇文章可以通过更多的渠道传播，让更多的人了解到该平台的存在和使用方法。在该校学生会微信号"HIT 联小络"的转发下，文章也更易被学生群体所接受和关注，进一步提高了平台的知名度和影响力。同时，哈尔滨工业大学及其下属的微信公众号的转发，也增加了哈尔滨工业大学教育发展基金会微信平台的可信度，促进了公众对该平台的选择和支持。

参加或举办相关活动：可以通过参加或举办相关的公益活动、志愿者服务等活动，吸引更多的人关注高校基金会微信公众号，同时也可以展示基金会的公益成果和影响力。

线上线下相结合，创新宣传形式：基金会可以通过线上活动（如短视频、直播、专题报道等）与线下活动（如讲座、展览等）相结合，创新宣传形式，提高公众的关注度和参与度。

例如，清华大学教育基金会微信公众号推出的"更好的清华"公益讲堂是一个非常有价值的公益项目。该讲堂从多个角度出发，探讨了高等教育、科技创新、全球战略等热门话题，同时也向公众普及了清华大学的最新进展和成果。通过分享这些内容，清华大学教育基金会提高了公众对于高等教育、科技创新及国家发展战略的认识和理解。此外，该公益讲堂还与社会各界专家学者、企业界人士、民间组织合作，通过举办研讨会、开设课程等方式，集合了各方面资源，为公众提供了更加深入和综合的知识体验，公众能够更好地了解清华大学在天下大势中发挥的作用。因此，我认为清华大学教育基金会微信公众号推出的"更好的清华"公益讲堂是一项非常有意义且有影响力的公益项目，符合教育基金会服务和支持清华世界"双一流"建设的初心和愿景。

（4）提高账号主体人员采编能力。大部分基金会公众平台中没有公众留言，或者不回复公众留言，这未能有效利用微信"公众号订阅＋分享＋评论＋朋友圈转发"的灵活互动方式。另外，大部分基金会公众号的线上筹款活动并不顺利，参与人数和筹集金额屈指可数，并未打破非公募的界限。因此，高校基金会不应只是单纯地做信息发布者，更应明确组织的沟通目标，积极回应公众的留言评论，开通后台留言回复功能，以确保基金会与公众双向沟通渠道的畅通，进而增加公众的参与积极性，建立长久的良好关系，促进公益传播顺利进行。

在微信公众号运营中，有效的留言互动是把主动权和话语权交给读者，让读者积极参与留言互动是其被文章打动的一个表现。而校友积极参与高校基金会公众号的留言互动，更是表达了校友对母校的眷恋和对母校未来发展的殷切期盼。通过留言互动，广大校友会更有归属感和参与感，也会更加积极地参与到母校未来的建设中，为母校的发展添砖加瓦。这就需要公众号编辑人员用心策划好微信公众号的内容。同时，公众号的推送不能仅仅是搬运或简单的文字加工，应具有丰富的表达形式和深刻的原创内容。对此，高校基金会可以与学校新闻学院、信息学院等学院合作，共同经营高校基金会微信公众号，或者吸纳一批具有新闻专业或信息专业素养的、热爱高校基金会工作的师生作为基金会微信公众号的编辑及运营人员，以提高公众号主体人员的专业素养。另外，还可以邀请高校教师撰文，提高账号文章的深度和广度。这不仅有利于提高公众号的运行效率，提高推文的质量，还能树立公众号的权威性和专业性，提高广大校友对高校基金会微信公众号的信任感和忠诚度。

例如，哈尔滨工业大学教育发展基金会在微信公众号上发布过一篇推文"披荆斩棘的女孩，她交出的这份成绩单不得了！"，该推文的标题巧妙地引发了读者的好奇心，增强了阅读欲望。文章结构清晰、层次分明，叙述逻辑严密，篇幅适中，文字通顺易懂。文章切入角度新颖，通过一个富有感染力的人物故事，向读者传达了积极向上的价值观和学习态度，让人们深受启发。此外，文章还配以生动的图片，增强了可读性。通体来说该篇推文的编排和内容都较为精良，能够充分吸引到读者的关注，同时也很好地传达了信息和价值观，从中可以看出哈尔滨工业大学教育发展基金会微信公众号运营人员较强的采编能力。

（5）数据分析和评估。通过数据统计和分析，了解用户兴趣爱好、反馈等信息，为后续运营提供支持。同时定期评估公众号的运营情况，做出相应的调整和优化。

高校基金会的微信公众号运营需要从多方面入手，不断提升公众号的影响力和用户满意度。在内容提供、推广、用户参与度、数据分析等方面不断进行改进和优化，才能实现高效的运营和增加用户数量。

3. 抖音运营

高校基金会在抖音上的运营需要以用户需求为核心，采用一些策略和措施提升自身的关注度与影响力。以下是几点建议：

（1）创作高质量内容。高校基金会可以通过制作优质、有价值的短视频内容，吸引更多粉丝的关注。例如，可以拍摄高校科研项目展示、资助学生等方面的短视频，让用户更加便捷了解高校基金会的工作内容。例如，清华大学教育基金会曾发布抖音短视频"实录 | 清华大学 109 周年校庆日活动，弦歌不辍，行健不息！"，通过发布这样的宣传短视频，可以将清华大学 109 周年校庆活动的高光时刻展现给更多的观众。这样的活动宣传方式符合现代化传播的需求，同时也能够很好地促进高校文化和公益事业的发展，对于提升清华大学的知名度和公众形象具有积极的促进作用。总体来说，体现了高校公益事业与互联网的结合与创新。

（2）发挥互动性。在抖音平台上开展互动活动，如创意短视频征集、话题讨论等，引导用户参与和分享，提高用户的沉淀度。同时，尽可能回复用户评论，增强用户黏性，培养用户忠诚度。例如，西安交通大学教育基金会曾发布抖音短视频"用说唱的方式打开西安交通大学"，视频中采用说唱的方式打开西安交通大学的思路很有创意，可以吸引更多关注和传播。这种形式既能够增加视频的趣味性和可看性，又能使西安交通大学教育基金会在年轻人群体中营造出时尚、活力的形象。此外，西安交通大学教育基金会采取这种方式，符合现代化传播的需求，也是对新媒体时代的一种有益探索。这种尝试对其他高校基金会的抖音运营也具有借鉴意义。

（3）利用明星IP。借助一些知名校友或明星IP平台号，推广高校基金会品牌，进一步扩大影响力。例如，西安交通大学教育基金会曾发布抖音短视频"'六十六载报国志 矢志不渝交大情'西迁老教授朱继梅捐资130万设立朱继梅教育发展基金"，视频中介绍了朱继梅教授向母校捐资设立"朱继梅教育发展基金"的事宜。通过在抖音上发布短视频，可以让更多的年轻人了解到西安交通大学及朱继梅教授等优秀人才的身影和故事，从而激发他们投身中国教育事业的热情和动力，进一步促进社会各界对教育公益事业的重视和投入。西安交通大学作为国内知名高校，通过在抖音上发布这条短视频，不仅能够扩大学校的品牌曝光率，还能够提升学校在年轻人心目中的形象和认知度，吸引更多人才的关注和青睐。

（4）加强数据分析。利用抖音平台提供的数据分析工具，及时了解用户的需求和反馈，优化营销策略。清华大学教育基金会曾发布抖音短视频"一所清华园，四位清华人，全清华制作团队，三年跟踪式纪实拍摄。7月9日，《大学》这部关于理想的电影等你启封。"，视频中以清华园、清华人、清华制作团队等元素进行宣传，展示了清华大学这所高校的文化底蕴和实力。同时，电影《大学》作为一部聚焦理想与现实之间矛盾的作品，也符合年轻人的价值观和审美趣味，容易吸引年轻人的关注和关心。

（5）充分利用平台资源。抖音平台提供了丰富的营销工具，如抖音直播、抖音挑战赛等，高校基金会可以结合自身特点，灵活应用这些工具，提升自身品牌知名度。例如，清华大学教育基金会曾发布抖音短视频"［直播预告］12月11日21：00'走近科学博物馆|更好的清华'公益讲堂（第5讲）"。这是利用互联网直播技术和短视频平台进行科普宣传和普及教育的一次积极尝试。该讲堂通过走进科学博物馆这一具有科学研究和学习价值的场所，对科学文化进行介绍和普及，也为科技工作者和爱好者提供了一个互动交流的平台。同时，采用短视频的方式，把讲堂的主要内容进行简洁而生动的呈现，符合年轻人的消费习惯和口味，容易引起观众的兴趣和共鸣。这样的做法有望吸引更多的年轻人参与到科学文化的传承、创新和推广中来，从而推动科技进步和社会发展。

近年来，高校基金会借助日益专业化的项目管理手段赢得了社会各界广泛认可，尤其是在应对新冠肺炎疫情期间，高校基金会公开透明地披露了爱心捐赠的情况，并及时通过网站和微信公众号公布爱心捐赠的来源、去向、转账明细、资金支出公告、资金收支情况等信息。这种公开透明的方式，为高校基金会赢得了强大的社会公信力，也为后续的筹资募款打下了良好的基础。

（六）反馈是馈赠关系存续的基础，激励是馈赠关系延伸的路径

1. 保持与捐赠者馈赠关系的基础在于全面和及时反馈收支

高校基金会和捐赠者之间存在馈赠关系，而这种馈赠关系存在的基础是有效的沟通。沟通的内容主要是高校基金会向捐赠者反馈捐赠收支信息，至少包括捐款的数额和使用情况。如果条件允许，应该尽快反馈。考虑到基金会人员有限，也应在 3 个工作日内完成反馈。

2. 牢固高校与捐赠者的契合点，建立长效的募捐激励机制

首先，高校基金会应用真心关心，与捐赠者和潜在捐赠者建立友好关系，保持密切联系。高校基金会还应与高校校友会合作，完善校友的联系方式，定期与校友沟通交流，做好校友工作。对患有重大疾病或创业需要帮扶的校友，高校应该提供强有力的扶持。这种扶持有助于在潜在捐赠者和小额捐赠者之间建立认同感和归属感。其次，高校基金会要用力帮扶，建立与捐赠者和潜在捐赠者之间的长期共生关系。高校具备丰富的科研资源，能够使企业获得优秀人员，增强企业的创新力。要想持续获得捐赠，高校基金会就需要建立长效的募捐激励机制，例如针对大额捐赠者，高校基金会可以策划诸如"校长俱乐部"等交流平台。针对潜在捐赠者或年轻的创业校友，可以设计"烧尾宴"（Dinner with 12 Strangers，与 12 个陌生校友共餐——欢迎新近毕业校友加入），为新生校友提供人脉、信息等资源，建立其与母校的长期联系。

第七章　高校基金会投资管理的新媒体化探讨

第一节　高校基金会投资管理

一、高校捐赠基金投资的概念

在基金会的发展过程中，各大高校越来越重视基金会所扮演的角色。就多数基金会而言，捐赠收入的不稳定性影响了基金会资金收益，因此，与其被动等待捐赠，不如将现有基金进行投资运作，使基金会的资产保值增值，这才是未来的发展趋势。

基金分为基金会基金和金融投资基金两种类型。教育基金由社会捐赠设立，通过专门机构投资运作，用于资助教育事业。教育基金属于公益性基金和基金会基金，在管理运营模式方面借鉴了金融投资基本规则，同时兼顾两者的特点。

高校基金会的捐赠基金根据资金的支付方式可以分为永久性资金和非永久性资金两种类型。永久性资金通过投资或资金分配增值，而不直接使用捐款项，其本身的数额不改变，可长期使用。非永久性资金则由捐赠人一次或在一定期限内定额捐赠设立基金，用完后基金终止。

高校基金会的捐赠基金根据资金的使用标准可以分为定向性资金和非定向性资金。定向性资金指的是捐赠者指明捐款用途，并与受赠者签订协议，要求资金完全用于指定项目。而非定向性资金则由受赠者自主决定使用方向，其本金原则上不能动用，仅使用资金增值部分。非定向性资金主要支持学校教学设施改善、基础学科研究、办学条件改善、教师深造、学生和教师奖励等活动，非定向性资金具有更灵活的资金分配方式。

投资是现代经济社会中不可或缺的组成部分。一般认为投资是把钱投入某个地方，期望获得什么回报。根据经济学定义，投资是对自有资金的一种运用，资金来源可以是延期消费或暂时限制，用于购买金融资产或实际资产或取得权益。目的是在一定时间内，预期获得适当收入和本金升值的回报，或仅为了保持财富价值。总之，投资是一种承担较长时间风险的行为，以获取合法利益为目的，包括买卖有形或无形资产、兴办事业等。投资涉及多个问题，如时间因素、利益和风险的关系、投资对象的选择；未来收益的不确定性、谋利和保值的选择等[①]。

高校基金会投资是指高校对捐赠基金的永久资金和非定向资金进行的运作，以支持学校的发展。大学通过投资这些资金，并利用其收益来为高校提供资金支持。高校捐赠基金本质上属于教育基金的一种，也属于基金会基金或公益性基金。在实际操作中，高校可以模仿投资基金的方式进行投资，实现保值增值的同时为高校提供稳定的资金来源。

2004 年颁布的《基金会管理条例》肯定了基金会投资的合法性，将其纳入法律规范。通过以上分析，本研究认为高校捐赠基金的投资运作包括：有效筹集社会捐赠资金、积极关注资本市场的发展趋势、充分利用资本市场的投资工具、制订科学合理的投资计划，在控制风险的前提下发挥所筹捐赠资金的时间价值和派生能力，以实现保值增值，为大学可持续发展做出有力贡献。

二、高校基金会投资的价值

我国高等教育发展经费主要依赖国家财政划拨，自筹和社会捐赠所占比例较低。但随着高等教育的发展，高校渴求更多的建设、教学、科研和人才培养经费。因此，如何向社会筹集办学资金已成为我国高校管理者必须探索的课题之一。

在这种情况下，我国高校开始借鉴国外经验并成立高校教育基金会。清华大学于1994 年成立了我国第一家高校教育基金会，为其发展提供了强有力的资金支持。随后，其他高校纷纷成立自己的教育基金会，在这一过程中都不同程度地借鉴了西方高校和清华大学建立教育基金会的经验。

高校教育基金会对我国高校的发展起到了积极的推动作用，与其他类型的基金会相比，能够发现它具有以下特点：

我国高校教育基金会旨在服务本校的发展，通过企业、校友和社会等多种形式的

① 刘国光. 投资基金运作全书［M］.北京：中国金融出版社，1996.

捐赠来募集资金，从而辅助国家财政和促进高校的可持续发展。其中校友是主要的资金来源渠道，在高校教育基金会的发展和资金募集中扮演着不可替代的角色。

高校基金会投资有以下六方面价值。

（一）多元筹资，助力学术独立和财政自主

大学的财政问题对于其运营有重要影响。传统的资金投入结构中，政府拨款和学费收入占据了很大的比重，这导致了大学在运营中对外界的依赖性很强。为了保证大学财务稳定，高校基金会可以采用基金投资等方式来争取资源，提高经济来源的多样性。基金投资不仅是高校争取资源的重要手段，更是其职能的重要组成部分。因此，高校基金会应结合自身情况，从金融市场获得收益，并充分发掘和拓展持有资金的时间价值，以更好地帮助高校完成教学、研究和校园建设等使命。捐赠经营收入在大学经费中所占的比重越大，大学对外界的依赖性就越小，并且能够保持大学的独立性和学术自由，维护价值观和办学宗旨。

（二）投资增强，打造大学综合国际竞争力

在我国，高校基金会投资所发挥的作用也日益受到重视。国家为了促进大学发展，在制度层面对大学的筹资提供了激励保障。建立和完善多元化筹资机制，是高校增强办学竞争力、实现跨越式发展的需要，也是推动整个高等教育事业发展的迫切需求。在大学评估体系指标中，优化高校基金会捐赠基金的运作能够为社会资金流入教育领域提供良好平台。捐赠人更愿意向成功的大学捐款，因为他们希望这些资金不仅能够得到很好的使用，而且能够为大学整体地位带来增值效应。高校基金会应注重捐赠资金投资运营能力的提升，因为这不仅是大学综合实力的重要体现，同时也是提升综合实力的重要手段之一。

（三）基金助推，共创金融和教育良性发展

高校基金会通过捐赠基金的创新运作，推动资本市场的发展和完善，而一个健全、高效的资本市场，则是基金投资实现较高回报的主要途径和重要载体。因此，高校基金会的捐赠资金介入资本市场并充分利用资金运作手段，不仅可以促进大学教育事业的发展，同样也有利于资本市场的发展。这种"双赢"战略，对大学和社会都具有积极意义。

（四）规范管理，保障社会捐赠合理利用

清华大学教育基金会和北京大学教育基金会等多家高校教育基金会的注册成立，标志着我国高校教育捐赠进入了新的发展阶段。此后，国家相继颁布了多项法律法规，规范社会捐赠。1998 年的《中华人民共和国高等教育法》和 1999 年实施的《中华人民共和国公益事业捐赠法》等，支持采取社会捐赠集资等多种筹措教育经费的渠道，并鼓励社会捐赠。2004 年，《基金会管理条例》开始实施，对教育捐赠进行规范管理，标志着我国基金会管理的逐步完善。2016 年，《中华人民共和国慈善法》的实施为我国高校教育基金会的发展提供了强有力的法律保障。

高校注册成立教育基金会作为平台，结合国家政策和法律规范，制定社会捐赠规范，使社会捐赠注入高校的流程更加顺畅，为高校发展提供充足的动力。教育基金会提高了基金的使用效率，使其保值增值更加安全、高效。建立及管理规范化的教育基金会实现了对高校社会捐赠的规范管理和有效运作，成为捐赠人与受赠人之间实现捐赠目的的桥梁，积极促进了社会捐赠在高等教育发展中的作用。

（五）教育基金，助力高校良性运营和创新发展

高校在我国的高等教育事业中扮演着至关重要的角色。国家对于高校的支持也在逐年增加，每年都会划拨一定的资金用于高校经费。然而，国家计划性拨款只能满足高校日常的开支，高校需要通过自身的实力去争取发展经费。

为了解决高校面临的资金问题，教育基金会通过制定规范，帮助高校管理和使用资金。目前我国高校教育基金会尚处于不断探索、发展的阶段，然而随着体制改进、规范化和资金来源多元化，教育基金会必将成为我国高校办学的重要经费来源，为高等教育事业提供长远支持。

（六）感恩教育，激励学生肩负责任探索创新

慈善捐赠是社会文明的重要展示形式，也是中华民族优良品德的体现。大学生作为教育基金会的受益人之一，同时也具备成为未来社会捐赠潜在群体的潜质。通过参与教育基金会的捐赠活动，大学生可以感受到荣誉感、归属感，并凝聚向心力，特别是在校友捐赠活动中，能够树立起大学生爱校意识和社会责任感，增进与校友、母校之间的情感交流，并激发大学生回报社会的感恩意识。

三、高校基金会投资策略

（一）构建募捐系统

增强高校教育基金会投资管理工作能力，需要在内部培养、使用专业的管理工作者。专业的管理工作者在实际发展中挖掘潜在捐款人员，从而明确实际发展的背景、职业、兴趣、捐赠方向等，构建捐赠人信息系统，依据实际发展状况和高校教学需求，设定有效的捐款方案，并且进行有效的调查和分析。至于那些实施捐款的对象，不仅要更多地关注校友资源，高校在实际发展的过程中还可以依据捐款形式中的宣传和策划，更好地发现潜在捐赠人。例如，那些具备高效技术、科研成果的高校，可以结合大力宣传成果及其产生的社会影响，增加社会对高校发展的关注，以此提升实际捐款的数量。选择捐款金额的过程中，因为高校基金会是非公募基金会，不可以向社会募款，而是要结合多样化的方案解决实际募捐过程中存在的问题，更好地结合数量较多的捐赠，以此更好地展现这一形式。另外，也需要关注高校的募捐能力，构建优质的院校募捐系统，全面激发院校的工作积极性。

（二）建立工作团队

基于现阶段我国基金会运作模式单一、工作人员不完善等现象，需要采取市场化管理和行政化管理两者结合的形式，也就是在理事会、投资专业委员会中聘用一些经济学、法律学、风险管理学的专业工作者，工作人员的工资、福利与实际基金会投资发展效益两者有一定的关联，这样可以引导工作者更为深入地了解和关注基金会投资的发展与创新，关注并且提升投资管理水平。例如，明确投资方案、监管投资方案的实施、制定完善的风险管理系统等。

（三）优化管理系统

在实际发展过程中，要想确保基金会的长期运营，高校基金会必须根据金融市场规律和捐赠基金的数额进行有效投资来获取最大利益。但是鉴于金融市场的复杂性和不确定性，我国高校基金会往往难以完全适应市场化的管理需求。因此，需要引入专业的投资管理系统来帮助高校基金会制定和实施有效的投资策略，优化资金管理。

在挑选投资产品时，高校基金会可以借鉴社会保险基金投资管理方案的成功经验，通过专业的投资管理系统，对捐赠资金进行综合评估，选择多元化投资配置方案，明确未来投资方向。优化管理系统，不仅能够提高基金投资的安全性，还能增加收益，为捐赠基金带来更大的增值保障。

（四）筛选投资工具

随着市场经济和金融体系的不断发展，各种投资工具被广泛应用于实际投资过程，适合学校系统的投资方案也越来越多。然而每一种工具都有独特的风险、收益和资产流动性特征。根据高校基金会捐赠基金的投资目标和原则，本研究分析了高校基金会投资决策因素，认为其主要投资渠道包括以下几种工具。

1. 传统投资类别（金融工具）

资金运作实质上是金融投资工具的交易过程，既反映了金融市场的发展，也是国内外高校基金投资的首选。然而由于我国金融市场尚未成熟，可供选择的金融工具有限且管理还有待完善，因此高校基金会通常会选择银行存款、国债、公司债券和股票等相对成熟、安全的金融工具进行投资。

（1）银行存款。银行存款是我国大多数高校基金会实现基金保值的一种方式，具有风险小、安全性高、保证基金流动性和获得稳定回报等特点，能够获得稳定的回报但收益较低，有时会落后于物价上涨的速度，所以存在基金事实上的贬值风险。高校基金会在成立之初规模较小时，通常以银行存款为主，但随着资金规模的增大和投资工具选择的日渐多样化，应逐步降低银行存款的比重，以降低风险并增加收益。

（2）国债。国债是最安全的投资工具之一，具有最高的信用度。国债是国家信用的主要形式，由中央政府发行，目的通常是弥补财政赤字、支持建设项目，以及执行特殊经济政策或军事行动。国债以税收作为还本付息的保证，因此风险小，流动性强，利率高于银行利率的同时略低于其他债券。

（3）公司债券。公司债券是信用优良的公司发行的一种债权工具，用于筹集公司资金。公司债券持有人并非公司成员，而是公司的债权人。根据约定，债券到期时，发行公司需向债权人支付本金和利息。此外，公司债券在二级市场上可自由转让，且波动性相对股票市场较小，因此，持有公司债券的风险较小。

（4）股票。股票是一种有价证券，由股份有限公司公开发行，用于证明出资人的股东身份和权益。持有股票的人享有相应股份数的权益和义务。每股股票所代表的公司所有权是相等的，即"同股同权"。股票没有规定到期日，可以在二级市场上流通转让，具有流动性。股票投资包括股息收入和资本利得两部分，但风险较高，受公司经营状况和市场波动的影响较大。

2018年10月30日发布的中华人民共和国民政部令〔第62号〕——《慈善组织保值增值投资活动管理暂行办法》中对慈善组织的投资做出如下规定[①]：

第六条，慈善组织在投资资产管理产品时，应当审慎选择，购买与本组织风险识别能力和风险承担能力相匹配的产品。慈善组织直接进行股权投资的，被投资方的经营范围应当与慈善组织的宗旨和业务范围相关。慈善组织开展委托投资的，应当选择中国境内有资质从事投资管理业务，且管理审慎、信誉较高的机构。

第七条，慈善组织不得进行下列投资活动：①直接买卖股票；②直接购买商品及金融衍生品类产品；③投资人身保险产品；④以投资名义向个人、企业提供借款；⑤不符合国家产业政策的投资；⑥可能使本组织承担无限责任的投资；⑦违背本组织宗旨、可能损害信誉的投资；⑧非法集资等国家法律法规禁止的其他活动。

（5）投资基金。投资基金是一种投资方式或制度，它将不特定的具有共同投资目的的投资者的资金集合起来，委托专业金融机构进行科学性、组合性、流动性投资，从而分散和降低风险，实现共同受益。投资基金是当今世界非常流行的投资工具之一，它投资方便、由专家管理、能分散风险并带来利益共享，同时能够促进证券市场发展、优化产业结构、培植新的经济增长点，在各个国家受到广泛关注，并在世界各国得到了迅速发展。虽然在不同地区叫法各异，但在内容和操作上几乎相同。投资基金的特点是：投资风险比股票小，投资收益率比债券和银行储蓄高，这使其适用于大学资本运作的要求。

基金管理是基金管理公司的重要职能之一。基金管理公司采用阳光操作的方式进行资金的操作和投资，每一笔资金的来源、去处都有详细记录和考核方法。在我国实践中，基金管理公司实行专家理财、保值增值、个人决策、阳光操作，力避暗箱操作。大学委托基金管理公司进行资金管理，可以按照不同风险程度和收益水平投资储蓄、债券、基金、股票等品种。基金管理公司可以根据收益和风险的比例实现投资，从而达到资本保值增值的目标。

一般来说，不同的金融工具具有不同的投资报酬与风险，它们之间的投资报酬和风险存在正相关关系。这种关系在银行储蓄、债券、股票上表现得最为明显。银行存款收益低于债权，更低于股票。由于银行利率比较稳定，不存在市场风险；并且我国的银行都在国家的严格监管下运作，能够保障储户收回本金，因此不会存在质量风险。相比之下，债券的风险要高于银行储蓄，尽管理论上债券的发行是按照国家法定程序

---

① 《慈善组织保值增值投资活动管理暂行办法》（民政部令第62号令）［EB/OL］．（2018-10-30）https://www.mca.gov.cn/article/gk/wj/201906/20190600017735.shtml

进行，有保障且几乎没有投资风险，但对于公司债券、金融债券等品种，难免存在一些质量风险（如无力偿还本金和按时支付利息），这也决定了债券售出时必须以较高的收益率来吸引投资者。

金融理论认为，投资机构如果承担高风险，则预期收益也会更高。另外，从便利角度来看，不同的金融工具也存在差异。银行存款只需要在银行营业时间内办理即可，但是要购买到理想的债券和股票却不容易，需要恰当地掌握购买时机。此外，银行没有对储蓄存款的数量设限，但债券和股票的投资额度的大小受到投资者拥有的资金数量、证券发行量和相关法规的限制。

银行存款具备完全的流动性，可用于支付债务或其他支出。即使提前支取，本金也不会受到损失，只是利率有所差别。债券有固定的偿还期限，若需要提前兑现，则必须按当时市场价格卖出，可能低于本金。股票的流动性更容易受到市场和企业质量风险的制约。若在股市处于疲软期时兑现，则可能遭受巨大的损失。

各种金融工具都有自身的优缺点，没有适合所有投资者的最佳选择。最佳选择应根据实际情况，根据各种金融工具的特性进行匹配。高校捐赠基金管理者需要考虑各高校特点，掌握分析技巧，积累投资经验，并具备成熟的投资心态，以做出合理的决策。

2. 非传统投资类别

非传统投资类别相对于传统可交易证券是一个挑战。它们不存在于既定市场之内，没有基准收益和可靠的历史数据可作为预测依据，因此无法提供相应的指导。对非传统资产进行投资时，投资者需要从最本质、最基础的角度来估计预期收益及风险。

（1）实物投资。实物投资是将资金投资于房地产、基础设施等实物上，通过逐年增值形成捐赠基金的固定资产。哈佛、耶鲁等国外大学都有一定程度的实物投资。实物投资具有防范通货膨胀风险的功能，但周期长、流动性差，且需要高成本的投资与管理。房地产市场的波动和专业性也会影响其结果。高校基金会适合进行实物投资，但需要先达到一定的规模。

房地产市场的收益预测相比其他传统投资类别更为复杂。由于房地产投资数据来源主要为非经常性公布的评估报告，所以需要对这些数据进行大量修正才能说明真实的经济波动情况。房地产投资兼有债券和股票的特点，故其收益和风险特征介于两者之间。投资者可通过对传统金融工具的投资而建立独立于市场周期的实物投资收益评估框架。

（2）企业投资。向企业直接投资是高校基金会直接投资于经营状况良好或发展前景较好的企业，形成股权并从企业资产增值和分红中获得收益。

有学者认为高校基金会可参股的企业主要分为两大类①。第一类是现代服务企业，如咨询、培训、设计、监理、科技企业孵化器等，它们依托于学校的技术资源和人力资源，具有投入较少、风险小、收入稳定等特点。此外，这些企业符合未来城市产业发展趋势，能得到政府在政策和资金方面的支持，高校基金对它们进行投资可以保障安全性和收益性。第二类是通过学校科技成果转化组建的高科技企业。这类企业初始阶段面临着技术、管理、资金、市场方面的风险，具有较大的不确定性。但当这些企业逐渐运转正常后，由于具有较强的核心技术竞争力、技术依托和学习能力，符合国家的产业方向，将有可能成长为行业中拥有较强竞争力和影响力的企业，如北大方正和清华紫光。因此，在充分评估此类企业之后可以进行审慎的投资，投资成功会带来较高回报。高校基金会向此类企业投资还有利于优化企业股权结构。高校能够较好地把握科技转化的特点，协调民营资本和技术入股的无形资产投资人，促进彼此沟通，实现互利双赢。因此，高校基金会向企业直接投资是实现资产保值增值的有效途径。

（3）风险投资。广义的风险投资包括所有有高风险、高收益的投资；狭义上说，它是指以高新技术为基础的，进行生产和经营技术密集型产品的投资。美国全美风险投资协会的定义认为，风险投资是由职业金融家投入到新兴的、迅速发展的、具有巨大竞争潜力企业中的一种权益资本。

高新技术企业有高投资、高风险、高收益的特征。它们在创业初期需要获得巨额资金支持，但银行等金融机构通常出于风险考虑不愿意提供贷款。这些企业在研发、转化、试销、扩产等环节都存在风险。因此风险投资基金应运而生，可以帮助企业规避风险，并缩短自身积累需要的时间。

风险投资是将权益资本投向风险企业，并且占该企业资本总额的30%以上。对高科技创新企业来说，风险投资是一种昂贵但可能是唯一可行的资金来源。其投资行为旨在资本投向存在失败风险的高新技术及其产品的研发领域，以实现高资本收益，并促进其成果的商品化、产业化。运作方式上，则是由专业人才管理的投资中介向具有潜力的高新技术企业投入资金，共同协调投资者、风险投资家、技术专家之间的关系，以期实现利益共享、风险共担的投资方式。

风险投资的目的并非获得企业的所有权、控股权和经营权，而是通过投资和增值服务扩大投资企业，并在企业公开上市、兼并收购或以其他方式退出时从中获得投资回报。

---

① 滕航. 大学基金投资与风险控制［J］.管理教育，2008（9）.

风险投资主要应用于高新技术产业领域。在境外股市（如新加坡、美国）上市的中国互联网企业，都曾得到过风险投资的支持。

风险投资分为三种方式：直接投资、提供贷款或贷款担保，以及在投入一部分风险资本购买被投资企业的股权的同时向其提供一部分贷款或担保资金。不论采取何种方式，风险投资人通常都会提供增值服务。

风险投资是权益资本而非借贷资本。风险基金以股权形式参与，不只是注重提供资金支持，更注重为企业提供增值服务，如提供技术、销售、管理、寻找战略伙伴等服务，以帮助企业快速成长。因此，风险投资不仅为风险企业提供资金，还包括专业特长和管理经验，为风险企业提供多方面的支持。

高校基金的进入可以为风险投资市场提供各种便利条件，从而实现增值服务。与其他资本不同的是，高校基金会资本具有技术、金融、管理等方面的人才支撑，尤其是一流的综合性大学，在技术和人力资本方面具备较强的能力，能够为企业的发展和产品创新提供强有力的支持，并提供财务和管理方面的咨询服务。通过风险投资，投资者与企业形成风险利益共同体，积极参与企业经营管理，引进先进设备和现代化管理理念，为中小企业明确产权，完成向现代企业的转型。此外，风险投资资金流动性较差，属于长期投资，资金供给相对稳定。风险投资可以为高校基金会带来稳定可观的收益，同时能够满足企业在不同阶段对于资金的需求。

随着我国经济持续高速增长和资本市场的不断完善，中国资本市场在近年来有着迅猛的发展。由于我国市场投资带来的高回报率，使之成为全球资本着重关注的地区之一。未来10年将会是中国风险投资快速发展的10年，并努力为风险资本在中国市场的发展创造更良好的市场环境。因此，我们需要以长期的视角和全球化的眼光来认识中国风险投资所面临的发展机遇。

高校基金会进入风险投资市场后，将利用其专业技术和资源优势为被投资企业提供技术与管理支持，并从中获得可观的投资回报。同时，作为风险资本的投资者，高校基金会专业的风险控制能力和长期投资视野还能有效地帮助企业实现战略目标与价值创造。与此同时，高校基金会可以通过与其他投资机构的合作，借鉴先进的投资理念和实践经验，提升自身的投资水平和市场竞争力。

值得注意的是，高校基金会在进入风险投资市场前需要充分了解市场规律和风险特征，确定最适宜的投资策略和投资组合，并通过有效的投资决策和风险管理措施来降低投资风险和保证投资回报。在此过程中，高校基金会需要结合自身的专业能力和风险偏好，制订风险资产配置策略和投资运营规划，从而实现较高的资产增值和风险调节效果。总之，高校基金会的进入将为我国风险投资市场的发展注入新动能和新活力，同时也为高校基金会的保值增值提供新途径和新机会。

四、高校基金会投资模式探索

当前，我国高校基金会数量众多，且分布在不同类型的高校中。即使是其中的 100 余所中央高校，也因其大学声誉、筹资基础、团队规模、学科布局、区位等方面的不同，导致所属基金会的功能定位、作用发挥机制、筹资投资模式各有不同。这一现象反映了高校基金会在实践中面临着多种因素的影响和制约，需要探索更加契合本校特点的发展路径和模式。

随着高校办学规模逐渐扩大，作为高校办学资金主要来源的财政资金提供的一般性保障已不足以满足高校发展的机动性需求，此时，作为高校资金的补充和助力，教育基金会备受推崇。高校教育基金会是依法成立的非公募基金会，其以助力高等教育改革、培育高等人才、发展科研项目等为目的，通过凝聚社会各界支持、吸引各方资源、强化校内外联系来争取国内外组织机构及社会公众对学校的资金捐助。近些年，我国的高校教育基金会蓬勃发展，数量逐年递增。然而因其起步较晚，很多高校教育基金会仍处于发展的初级阶段，存在收入不均、制度不全、管理不当、规模不佳等问题。鉴于教育基金会对高校发展的重要性，如何拓宽基金会融资渠道、扩大基金会筹资规模以实现捐赠收入的持续增长，如何利用既有资金合理投资以实现基金保值增值，这些问题亟待解决。

近些年来，随着高等教育办学主体多元化、办学经费多样化，我国的高校教育基金会的数量逐年增加。但其在筹资与投资方面仍处于发展的初级阶段，存在一些问题，表现为筹资渠道单一，筹资规模亟待扩大；投资策略保守，投资效果有待提升等问题。现阶段高校基金会适合优化资产配置，创新投资策略，提高投资收益。

（一）制定长期目标，实现资本增值

针对国内高校教育基金会投资期限上的"重短轻长"问题，国内高校教育基金会可借鉴国外一流高校的经验，制定资金运作的长期目标，建立比较基准，促进资本的高效增值。一方面，要仿效国外投资管理模式，设定基金会收益目标，扣除投资费用与通货膨胀，以长期投资目标全面激活基金会的市场运作动力，同时为多元投资组合、投资策略创新提供指导，确保投资过程更科学，促进投资收益稳健提升；另一方面，基金会要增设内、外部投资总监，以强化公共市场团队及资产团队的沟通协调，并成立专业运作团队专门负责研究国内外形势变化、社会变迁及政策等多元因素对投资环境的影响，为长期投资决策的制定提供科学依据，避免市场发生小概率巨变事件而影响基金的总体投资回报。

（二）推行风险管理，优化资产布局

针对投资区域层面的"重内轻外"等问题，要在遵循合法、安全要义的同时，全面推行风险管理，适度投资境外股权，以达到持续优化资产布局的目的。一方面，高校教育基金会要将自身管理与外部管理统筹结合，立足全球视野全面分析各国市场及其投资项目，重视具有优势的长期投资并全面加强多元、动态风险管理，在投资运作中要结合国内国外金融市场及政策环境的差异，综合权衡国内外投资环境下的潜在收益、市场风险及自身能力，制定与自身实际相符的投资策略与风险应对措施。另一方面，在筹资与投资方面往往存在谨慎、稳健的思路和封闭的发展格局，这种情况在我国的高校教育基金会中尤为普遍。然而，随着全球化和信息化的发展，高校教育基金会也需要逐渐打破这种封闭、保守的思维，并以开放、创新的态度来面对投资和发展，在法律政策许可的范围内积极寻求与国外高校基金会的合作，通过强强联合、开放发展，共同开辟投资新格局。

（三）重视投资组合，调整资产结构

针对高校教育基金会投资组合方面的"重虚轻实"问题，即侧重于权益类、固定收益类、金融类等虚拟资产的投资，对实物资产的投资却较少，从而导致投资风险较大、回报率较低的情况。为了解决这一问题，高校教育基金会需要转向一个广泛化、多元化、相关性小的投资组合策略，即在资产配置过程中适当加强实物投资比例，以取得良好收益。一方面，高校教育基金会要打破以银行存款、国债投资等金融投资为主的保守谨慎的投资模式，尝试投资一些信用评级较高的产品以提高收益率，还可将部分资金投入校友企业以获取稳定收益，并通过设置海外、专项基金会等方式吸引捐赠，以多元投资规避风险，促进基金稳定增值。另一方面，基金会要积极总结社保基金、养老金等风险厌恶型投资经验，在专业运作团队的支持下适度降低现金配置比例，持续优化资产结构，确保投资模式既契合市场运行规律，又能够有效分散风险。

第二节　高校基金会投资管理工作的现状与问题

在西方国家，大学接受社会捐赠并设立基金会进行投资运作的模式已有悠久历史。很多研究性大学都通过设立专门的管理公司来对基金会的捐赠资金进行投资，采取多元化、风险适度的投资策略，以期实现捐赠资产的保值增值和长期收益，从而为学校的发展提供重要的财务支持。与此不同的是，在我国，高校基金会捐赠基金的投资运作处于探索和发展的初级阶段。目前，虽然一些高校基金会也成立了投资管理部门或委托第三方机构进行投资运作，但总体而言，缺乏相应的理论指导和实践经验，面临着投资策略单一、风险控制不足、资产配置不当等一系列问题和挑战。因此，对我国高校基金会捐赠资金的投资运作问题进行深入研究和探讨，尤其是借鉴西方国家的投资理念和经验，既有利于推进高校基金会的持续、稳定发展，又可以促进我国基金投资行业的发展和提升。

一、我国高校基金会投资现状

（一）高校基金会投资整体情况

随着我国高等教育事业的发展和大学自主权的不断扩大，高校在经济领域得到了更多的自由权利和管理权限，因此，大学获得的捐赠数量呈不断增长的趋势。在此背景下，大学对于资金运作的认识逐渐深入，将其视为促进学校发展的重要手段之一，不少高校开展了资金运作活动。然而，高校在开展资金运作中面临着许多风险和挑战，如缺乏专业人才、投资风险控制不当等，需要高度重视和规范化运作。只有建立合理的资金管理体系，制定科学规范的运作流程，以及强化内部监管，才能确保高校捐赠资金的安全性和稳健增值，更好地发挥资金运作的支持作用。

我国高校基金会的数量和资产规模已经显著增长。截至 2020 年 6 月，高校基金会数量达到 623 家，占据国内基金会总数的 7.93%[①]。同时，以 2018 年年底的净资产计

[①] 数说基金会|基金会年末大盘点（上），基金会中心网，［EB/OL］.（2020-07-10）http://www.foundationcenter.org.cn/report/content?cid=20200717143325.

算，高校基金会净资产合计已达 409 亿元，占据国内所有基金会净资产的 28%[①]。这表明高校基金会在慈善领域逐渐具备了强大的资源聚集能力，越来越具有重要地位。高校基金会的快速发展主要得益于社会对教育事业的支持，以及高校自身在基金会设立和管理方面的不断探索与创新。这些成果也为高校募集资金、改善师生学习生活条件、推进科技创新等提供了有力保障。

2018 年[②] 的统计数据显示，高校基金会的资产规模具有明显的头部汇聚效应。其中，净资产规模超过 10 亿元的高校共有 6 家，包括清华大学、北京大学、浙江大学、上海交通大学、南京大学、厦门大学；净资产规模在 5 亿至 10 亿元的高校共有 5 家，包括北京师范大学、复旦大学、中国人民大学、北京航空航天大学、同济大学；净资产规模在 1 亿至 5 亿元的高校共有 61 家；净资产规模在 5000 万至 1 亿元的高校共有 41 家；净资产规模在 5000 万元以下的高校共有 506 家。具体数据见表 7-1。值得注意的是，资产规模超过 5 亿元的 11 家高校基金会净资产总额约占全部高校基金会净资产的 53.69%。这表明高校基金会资产规模分布极不均衡，少数高校基金会的规模占据了大部分资源。这一现象可能与这些高校的影响力、知名度、财务管理能力等因素有关。对高校基金会来说，采用优化资源配置、加强风险控制、推动透明治理等措施十分必要。

表7-1　国内高校基金会净资产规模分析（截至2018年12月31日）

净资产规模	高校基金会数量	净资产中位数	占全部高校基金会数量的比例
超过 10 亿元	6 家	203428 万元	0.97%
5 亿～ 10 亿元（含）	5 家	66204 万元	0.81%
1 亿～ 5 亿元（含）	61 家	15609 万元	9.85%
5000 万～ 1 亿元	41 家	6881 万元	6.62%
低于 5000 万元（含）	506 家	372 万元	81.74%

以上高校基金会中，净资产规模在 5000 万元以下的占比超过 80%。这些基金会通常致力于为学校的发展阶段筹集资金，但由于资产规模较小，难以形成足够的投资规模。对于净资产规模在 5000 万元以上的高校基金会，保值和增值已经成为重要的议题；在净资产规模超过 1 亿元的高校基金会之中，进行投资活动成为必然选择，同时也需要应对各种风险挑战，否则其慈善资产将因通货膨胀而受损。对于净资产规模在 5

---

① 　数说基金会|学霸交卷了！！这家基金会去年赚了4个亿！基金会中心网，［EB/OL］.（2019-12-11）http://foundationcenter.org.cn/report/content?cid=20191212103438.

② 　《中国高校基金会年度发展报告》编写组.中国高校基金会年度发展报告2020［M］.北京：社会科学文献出版社，2020.11.

亿元以上的高校基金会，则大多数在持续探索优化改进投资决策和管理方式的过程中。

国内高校基金会在开展投资活动时，主要依赖于海内外校友、社会爱心企业、个人捐赠，因此除了面临金融市场本身的内在风险和外部风险，还需承担更多特定的投资风险和道德约束。高校基金会必须考虑符合高校社会形象和公众认知的投资决策，还需要注意遵守一些特殊的投资限制，例如回避房地产项目的投资等。高校基金会应该制订出符合自身特点和目标的投资策略与计划，同时建立健全的风险管理和监控机制，以实现长期稳健的财富增值和慈善支持效果。

（二）高校基金会投资策略及问题分析

高校基金会的发展受到其所属高校社会影响力及长期成熟的运作与经验累积的影响，而净资产方面，国内排名前列的 11 家高校基金会拥有的净资产总额超过所有高校基金会净资产总额的一半，呈现明显的头部汇聚效应。这些头部高校基金会的成功投资经验成为其他高校基金会和国内慈善基金会参考学习的重要指南。通过以净资产排名前 5 位的高校基金会为样本，对比分析它们的投资情况，可以发现国内高校基金会的投资策略较为保守，缺乏多元化的投资结构和资产配置种类。由于受制于投资风格和资产配置等多重因素，高校基金会的投资收益率相对较低，需要进一步优化发展空间。

1. 高校基金会投资策略偏向保守

高校基金会作为一种新兴的金融实体，在资本市场中扮演着越来越重要的角色。然而，根据 2018 年各高校基金会公开的财务数据整理形成的表 7-2，显示了高校对投资的风险厌恶和相对保守的投资策略。其中，清华大学、北京大学、上海交通大学虽然权益类投资占比均超过 70%，但短期投资亦超过 30%（北京大学超过 60%），南京大学固定收益类投资占比达到 86.23%，且长期投资占比近 80%，浙江大学则表现出投资策略的保守倾向。

这种保守的投资策略表明，高校基金会在进行资产配置时更注重安全性，更倾向于固定收益类投资品种，同时相对偏好短期的投资期限，关注资产的流动性以降低风险。从长远来看，如果高校基金会不能转变其投资战略，将可能失去市场竞争的优势。因此，高校基金会应根据市场情况不断调整其投资策略，寻求实现风险与收益的平衡点。

表7-2　各高校基金会财务情况（截至2018年12月31日）

	成立时间	净资产规模	总投资额占比	短期投资占比	长期投资占比	固定收益类占比	权益类投资占比
清华大学	1994 年	836743.07 万元	90.75%	31.82%	58.93%	26.26%	73.74%
北京大学	1995 年	571576.76 万元	96.08%	62.63%	33.45%	17.71%	82.29%
浙江大学	1994 年	277726.74 万元	70.78%	47.48%	23.31%	——	——
上海交通大学	2001 年	142719.22 万元	88.61%	30.22%	58.38%	9.16%	90.84%
南京大学	2005 年	126389.91 万元	83.60%	4.42%	79.18%	86.23%	13.77%

资料来源：各高校基金会 2018 年年报及官网公布数据。

2. 高校基金会投资领域较为狭窄

根据《慈善组织保值增值投资活动管理暂行办法》等法律法规的限制，国内高校基金会在直接购买股票、直接购买商品及金融衍生品类产品等 8 种投资方向受到严格限制。结合各高校基金会公布的财务报告进行分析，高校基金会主要集中在固定收益率类理财产品、私募股权基金、浮动收益率股票基金等。相对欧美高校而言，国内高校的投资领域更为狭窄。从表 7-3 中可以看出，哈佛大学、耶鲁大学资产配置涉及的领域比较广泛，包括公开发行股票、国际证券、自然资源、实物资产、杠杆收购等领域。相比之下，国内高校基金会的投资结构和资产配置种类还存在一定的局限性。因此，国内高校基金会应该在尊重法律法规的前提下，加强对金融产品及市场的学习与理解，拓宽投资领域，实现投资结构和资产配置的多元化。

表7-3　哈佛与耶鲁大学的资产配置比较（截至2019年12月31日）

资产分类	哈佛大学	耶鲁大学
绝对回报策略	——	26.1%
公开发行股票	26.0%	——
国内证券	——	3.5%
国际证券	——	15.3%
对冲基金	32.0%	——
私募股权	20.0%	19.0%
固定收益（债权、现金）	8.0%	4.7%
自然资源	4.0%	7.0%
房地产	8.0%	10.3%
其他实物资产	2.0%	——
杠杆收购	——	14.1%

资料来源：各高校基金会 2018 年年报及官网公布数据。

3. 高校基金会投资收益较低

受限于投资风格和资产配置，国内高校基金会的投资收益率表现不佳。根据2018年各高校基金会公开的财务数据测算，除清华大学年度投资收益率突破5%以外，其他高校的投资收益率均低于5%。而同期的哈佛大学和耶鲁大学则分别达到10%和12.3%。这说明我国高校基金会的资产配置缺乏广度和深度，长期投资不足，相对保守的投资策略成为制约高校基金会实现更高收益的主要因素之一。此外，我国高校基金会还面临政策、管理、人才等方面的困境，影响了其在投资领域的能力和水平[①]。

投资是一项具有风险的活动，投资者在希望获得收益的同时也要承担相应的风险。因此，投资中的收益与风险有着不可避免的联系。收益是投资的主要目的，但同时也伴随着损失本金的风险。收益和风险是一体的，获得高收益必须冒更高的风险，而风险的存在则可以用所获收益作为补偿。对于资产增值这一长期目标，高风险、高收益的投资策略是比较适合的，而对于满足当期经营预算所需的资金这一短期需求，较低的风险和收益水平则更符合资本运作的实际需要。由此可见，投资中的收益和风险不能分割开来，它们之间存在矛盾的关系，需要灵活运用各种投资策略进行权衡和抉择。

二、我国高校基金会投资难点

高校及高校基金会都视投资为一项重要的活动。然而，由于各种政策上的限制和顾虑，大约五分之三的高校基金会仍未开始进行任何形式的投资活动。此外，高校基金会在进行投资活动时面临着一系列困难和挑战。

（一）高校基金会投资的制约问题

1. 基金会投资活动权利受限，态度趋向保守

《中华人民共和国公益事业捐赠法》第十七条第二款规定："公益性社会团体应当严格遵守国家的有关规定，按照合法、安全、有效的原则，积极实现捐赠财产的保值增值。"而《中华人民共和国慈善法》第五十四条则规定："慈善组织为实现财产保值、增值进行投资的，应当遵循合法、安全、有效的原则，投资取得的收益应当全部用于慈善目的。"[②] 两部法律文件都旨在约束慈善组织开展投资活动，这表明了民政部门和整

---

① 李锋亮，王云斌，王丹. 对中美顶尖大学基金会投资的比较分析［J］. 教育发展研究，2017（7）：70-77.
② 中华人民共和国慈善法［EB/OL］.（2020-04-24）http://www.npc.gov.cn/npc/c29334/201603/26ffa0ac610d4e3c93f7a6d3413eb3bf.shtml

个行政法规对于基金会投资活动的保守态度。此外，《慈善组织保值增值投资活动管理暂行办法》第三条也明确表示："慈善组织应当以面向社会开展慈善活动为宗旨，充分、高效运用慈善财产，在确保年度慈善活动支出符合法定要求和捐赠财产及时足额拨付的前提下，可以开展投资活动。"① 因此，从法律层面上看，高校基金会的投资活动成为可为亦可不为的职责。

2. 多部门管理规定分散，高校基金会投资决策陷入困境

作为慈善组织中的特殊形态，高校基金会除了根据国家法律法规受民政部门、税务部门、纪检监察部门等监管外，基于高校的特殊属性，还会受到教育部、财政部、大学等的监督管理，各个部门的监管要求相对分散且互不统一。例如，民政部门强调高校基金会的独立法人地位，要求充分发挥基金会理事会的作用，而教育部门则更希望高校承担起监督管理基金会的职责。在缺乏自成体系制度规则的环境下，高校基金会的投资活动往往陷入缺乏指引甚至管理规则不一致的窘境。为了避免违规风险，高校基金会常常选择执行最严格的政策，这在一定程度上抑制了投资的意愿。

3. 高校基金会投资缺乏税收优惠和特殊保护

《证券期货投资者适当性管理办法》第八条于 2017 年 7 月 1 日开始实施，将社会保障基金、企业年金及慈善公益基金都归类为专业投资者。这意味着，高校基金会不再享有普通投资者在信息告知、风险提示、适当性匹配等方面的特别保护，其在投资活动中可能面临更大的风险。此外，高校基金会参与投资理财活动所享受的税收优惠政策，目前仅在《中华人民共和国慈善法》第七十九条中明确规定"慈善组织及其取得的收入依法享受税收优惠"②，但缺少配套的税收减免政策（例如，明确的投资所得税减免政策），不利于税务部门对高校基金会的税收征管和高校基金会的税务筹划，这也是限制高校基金会开展投资活动的重要因素之一。因此，需要相关部门进一步完善税收政策，促进高校基金会合法开展投资等活动。

4. 不同政府检查标准增加基金会投资压力和风险

《慈善组织保值增值投资活动管理暂行办法》第十四条及《基金会管理条例》第四十三条均规定，在开展投资活动时，慈善组织和基金会理事会成员应当遵守相应的法律法规及组织章程规定，履行忠实、谨慎、勤勉义务，并对其决策承担相应的赔偿

---

① 《慈善组织保值增值投资活动管理暂行办法》（民政部令第62号令）［EB/OL］.（2018-10-30）https://www.mca.gov.cn/article/gk/wj/201906/20190600017735.shtml
② 中华人民共和国慈善法［EB/OL］.（2020-04-24）http://www.npc.gov.cn/npc/c29334/201603/26ffa0ac610d4e3c93f7a6d3413eb3bf.shtml

责任，确保不会因不当的投资决策导致组织财产损失[①]。然而，由于政府检查标准的不同，以及高校基金会上级主管部门对投资活动"禁止出现亏损"的倾向性态度，投资决策成员承担着更多的压力和问责。因为理事会成员和其他管理人员通常只是承担管理职能，没有薪资或者薪资受到限制，所以为了避免风险和承担问责，他们往往在保值与增值问题上采取被动的态度[②]。

（二）高校基金会投资的决策问题

高校基金会以内设部门的形式存在，其运行、管理、决策模式均参照高校的运行体系和制度。遵循高校行政管理的逻辑，投资决策的程序行政化倾向比较严重，重大决策所需周期很长且审批环节繁杂，无法及时应对市场变化，难以适应市场化的投资要求。诸多高校基金会决策程序趋于严格和保守，其决策偏重于程序合理及合法合规，对于决策效率则没有过高的要求。这种情况主要受到各级政府部门的多重管理和监督检查的影响。由此，一些高校基金会在投资方面的决策缺乏灵活性，甚至迟迟未能启动投资。因此，需要通过改革行政管理的方式，推进高校基金会的市场化改革，提升其投资管理效率与投资收益水平，以更好地服务社会和推动高校的发展。

（三）高校基金会投资的风险问题

1. 市场波动风险

高校基金会作为一种具备公益属性的投资组织，其投资活动也不免受到市场波动的影响。一方面，由于缺乏对金融市场变化的了解和信息对称不足等原因，高校基金会所投资的资产可能出现价值下跌的情况；另一方面，高校基金会偏向于固定收益率资产可能导致平均收益过低，在面临高校支撑不足的风险时更加不利。因此，高校基金会需要完善运行规则并加强市场风险管理，提高资产的稳定性和安全性。

2. 金融系统风险

由于国内金融市场监管政策的不成熟和高校基金会投资产品类别的限制，高校基金会的投资领域局限于人民币资产，这使其无法避免国内金融市场的系统性风险。同时，高校基金会所投资的金融产品之间负相关性较低，其抵御系统性风险的能力相对较弱。因此，高校基金会需要密切关注国内金融市场的变化和政策，乃至全球经济环境的变化，并采取适当的投资策略来降低系统性风险。

---

① 中华人民共和国国务院令（第400号）基金会管理条例［EB/OL］.（2004-03-08）https://www.gov.cn/gongbao/content/2004/content_62724.htm

② 李泳昕，曾祥霞. 中国式慈善基金会［M］.北京：中信出版集团，2019.

3. 管理信用风险

资产管理公司存在着信用风险，具体表现为资产管理人和管理机构追求短期收益、夸大产品获益能力、忽略潜在风险并未主动维护资产委托人的权益等[①]。此外，资产管理公司投资人员更替频繁，整个金融行业的浮躁冒进和杰出资产管理人的频繁跳槽等问题，都会削弱资产管理人在资产管理中应对风险及抵御市场波动的能力，无法实现长期追求长线收益的目标。对高校基金会等资产委托人来说，这种信用风险会带来相应的管理和信用风险。因此，在选择资产管理公司时，高校基金会需审慎考虑公司的专业能力、信誉度，以及其资产管理机制是否完善。同时，资产管理公司也应当积极履行其职责，认真对待资产委托人的合法权益，确保投资人的利益最大化。

4. 资金流动性风险

高校基金会面临的流动性风险主要体现在资金用途上的公益支出和对外投资之间的平衡问题。同时，为了追求资金的收益，高校基金会也不能将其资金盲目地置于银行活期账户中而不开展投资活动，否则将导致资金时间价值的浪费。因此，高校基金会需要保留一定比例的、具有高流动性的理财产品，根据高校财务支出程序及时间来合理安排投资节奏，以确保资金运转的流动性和稳定性。此外，在投资决策时，高校基金会应当充分考虑到公益事业与对外投资之间的平衡，既要追求收益，又要保证公益事业的发展和实现社会责任。

（四）高校基金会投资的人才问题

高校基金会现有的人力资源管理制度难以吸引市场上的优秀投资人才加盟，因此需要专业人才持续、稳定地跟进投资活动，以确保高校资产的专业化投资需求。虽然校友志愿者可以提供一定程度的投资顾问服务，但其帮助具有明显的临时性和局部性，显然很难持续帮助高校基金会负责具体工作。对于新入职的投资相关专业毕业生，由于缺乏投资实务的系统训练，他们不具备相对成熟的应对投资风险的能力，很难独立承担高校基金会的投资工作。而在高校体制内的员工则在风险厌恶、投资工作同质化、无法细化分析风险的时间和程度差异、对潜在风险缺乏敏感性和关注、受表面数据和表述蒙蔽、缺乏应对市场变化、缺乏把握投资时机等方面存在问题，这些因素都可能为高校基金会的投资工作带来巨大风险。因此，高校基金会需要建立完善的人力资源管理制度，吸引和留住专业化的投资人才，加强对其进行系统培训和实战训练，提高其应对风险的能力和投资业绩水平。

---

① 殷洁. 基于协同治理的大学基金会投资风险防范研究：以A大学基金会为例［J］. 社会科学辑刊，2017（2）.

第三节　新媒体视角下的高校基金会投资管理工作的理念与策略

一、利用大数据技术提高投资的收益率

投资决策需要大量的数据作为支撑。得益于信息技术的发展，目前市场上已有不少媒介公司提供了许多宏观经济发展报告、行业研究报告、公司发展报告，如麦肯锡、埃森哲等。这些报告提供了准确、全面的行业信息，可以帮助高校基金会的投资人员更好地进行投资决策和风险管理。投资人员可以通过数据报告了解上市公司的财务状况、市场表现、行业趋势等关键信息，帮助他们了解市场环境和公司的潜在机会。而且，定期跟踪各类数据报告还能够帮助高校基金会的投资人员及时调整持股和资产配置，从而降低投资风险。

另外，新媒体和大数据技术的发展与普及能为数据的可视化提供了更多的途径，可以帮助高校基金会的投资人员进行数据整理和分析。例如，Tableau、PowerBI、Datawrapper 等，这些工具提供了丰富的图表模板和数据处理功能，能够把复杂的数据转化为直观的图表和图像，用户只需要输入数据即可生成各种类型的图表并进行深度分析。一些成熟的数据分析类自媒体也会通过微信公众号等渠道发布学术界和商业领域专业的数据统计结果和图表分析。

例如，北洋海棠基金是以天大校友企业家为主，联合社会贤达共同设立的创业投资基金，专注于投资天津大学师生、校友以硬科技为核心的高质量创业项目。北洋海棠基金先后投入数千万元设立奖学金、助学金、励学金、学生活动等项目支持学生发展，承办历届海棠杯校友创新创业大赛，并助力学校创新创业生态建设。每个月，海棠基金的投资人都会在校友会、合作办、成果转化中心等部门的引见下参观实验室，与科研人员交流，这些训练有素的"红娘"总能帮企业家校友们找到他们感兴趣的科研项目。天津大学化工学院 2020 级博士生李双阳研发了全球首款体内精准可视化小口径人工血管。中国有 3.3 亿心血管疾病患者，需要使用小口径血管进行置换手术，但是目前可用的小口径血管来源有限，这项科研成果市场前景巨大。由天大校友基金会

牵线，在天津大学北洋海棠创投基金的赋能服务下，李双阳创立了天津心衢生物科技有限公司，该公司致力于为心血管疾病患者推出质优价廉的国产先进人工血管产品，2022 年李双阳已经拿到了几百万的天使投资。

二、利用大数据技术提高投资的准确度

如今正处于大数据时代，大数据技术已成为现代社会的重要产业和工具，高校基金会可以利用大数据技术，对投资的项目进行风险预估和投资分析，从而最大限度地降低风险，提高投资策略的准确度。

在前文中我们提到，高校基金会普遍缺乏专业的投资人才，为了提高收益率，大多数高校基金会会将投资资金交给第三方资产管理公司来运营管理。在海量的投资信息背景下，高校基金会专业的投资管理人员较少，如果使用传统的投资方法，逐一去了解各个企业，会非常耗时耗力，效率较低，难以接触市面上更多的投资项目。为了规避风险，高校基金会会将投资资金分配到尽可能多的项目中，因此接触大量的项目是必需的。此时，大数据技术可以帮助投资人员节省很多时间，使得风投在短时间内获得更多项目的信息，进而提升投资收益率。

一方面，在投资决策中，大数据技术可以帮助高校基金会的投资人员或资金管理机构更好地预测市场趋势、分析行业情况、评估公司价值。通过对海量数据的采集、处理和分析，大数据技术可以为投资人员或机构提供全面而准确的市场数据和行业信息，这些数据和信息对投资人员或机构进行投资分析和决策具有极其重要的参考价值。同时，大数据技术还能够利用机器学习算法实现智能化的风险评估，通过模型训练和预测，帮助投资人员或机构识别风险因素并及时进行调整和优化，从而有效控制风险并提高投资收益率。

另一方面，大数据技术也可以帮助高校基金会的投资人员或机构进行资金管理。在投资过程中，资金管理是非常重要的环节。对于投资组合的管理，大数据技术可以利用深度学习算法实现智能交易策略，通过对市场走势和交易数据的分析，对投资组合进行优化和调整，提高资产配置的效率和准确性。同时，大数据技术还可以帮助投资人员或机构更好地预测资产收益和风险水平，从而更加科学地制定资产管理策略，提高资金利用效率和收益率。

随着新媒体和大数据技术的不断发展，它们已经成为投资决策、风险控制、资金管理等领域不可或缺的重要工具。在高校基金会的投资工作中，大数据技术的应用将

有助于投资人员或机构更加科学、精准地进行投资决策和资金管理工作，实现投资回报的最大化。

三、利用大数据技术提高投资的回报率

随着大数据技术的不断发展，越来越多的投资者开始意识到，利用大数据可以最大限度地提高投资回报率。但是，如何充分利用分析投资的技巧呢？以下是一些实用的建议。

第一，投资者需要收集尽可能多的数据。这些数据可以来自各种渠道，如新闻报道、公司年报、行业报告、社交媒体等。投资者需要将这些数据整合起来，并进行分析，以确定哪些因素对投资决策有影响。

第二，投资者需要利用数据分析工具进行数据挖掘。这些工具可以帮助投资者发现数据中隐藏的模式和趋势，以及预测未来的市场走势。

第三，投资者需要将数据分析结果与基本面分析相结合。基本面分析是一种评估财务状况和业务前景的方法，包括分析收入、利润等方面。投资者可以将数据分析结果与基本面分析相结合，以更好地评估投资价值。

第四，投资者需要不断学习和改进数据分析技能。随着技术的不断发展，数据分析技能也在不断进化。投资者需要保持敏锐的洞察力和学习能力，以不断提高自己的数据分析水平，从而更好地把握投资机会。

总之，利用大数据可以最大限度地提高投资回报率，但是需要投资者充分利用分析投资的技巧。投资者需要收集尽可能多的数据，利用数据分析工具进行数据挖掘，将数据分析结果与基本面分析相结合，并不断学习和提高数据分析技能。只有这样，才能在投资市场中获得更好的回报。

四、利用大数据技术提高投资的科学化

高等教育的不断发展带动了我国高校教育基金会的兴起。随着教育经费支出的规模不断扩大和速度不断加快，高校需要不断探索创新筹资和投资方式，积极拓宽筹资渠道，并对基金会进行科学化管理，实现多元化投资与保值增值的目标。

尽管高校教育基金会属于非公募基金会，但《基金会管理条例》规定其不得面向公众募捐，因此高校教育基金会只能依靠吸收校友、发起人的捐赠来扩大基金规模，

同时利用自有资金进行投资运作，以实现基金的保值增值。

目前，我国高校教育基金会面临被动管理体制问题，使其难以有效利用已有资本实现增值目标，严重限制了基金会的长期发展。为确保基金会资金的保值和增值，各高校应确立科学管理基金的理念，合理设计投资组合并注重风险防范，从而逐步实现"投资—增值—再投资"的良性循环发展。具体而言，可通过各种创新方式拓展筹资渠道、注重基金会科学化管理等方面的探索来实现这一目标。

（一）建立内部科学管理

高校基金会在管理中缺乏对基金会科学管理、适当投资以实现保值增值的意识。为此，高校基金会应设立内部专业化的基金管理委员会，并聘请专业投资人员或委托基金投资公司进行管理。这样可以使基金管理委员会对大学负责、基金投资公司对管理委员会负责的相互牵制、相互监督的管理体系形成。同时，专业化的管理团队是基金会利用自身资产实现保值增值，进而达到持续发展的必要基础，也是高校实现基金增值的必要手段。

（二）健全投资决策机制

高校基金会应建立健全合理的投资决策机制，由专业化的管理团队对基金进行专业化管理，设置内部基金管理委员会或董事会并由其负责投资原则的制定。同时，设置风险控制委员会，随时评估和控制投资风险。在整个投资过程中，基金会负责进行全程监督，及时解决投资过程中出现的问题，避免或降低损失。这些措施可以将投资风险控制在一定的低水平，实现科学合理的投资决策。

（三）采用多元投资策略

高校基金会虽规模较小且限制性资金较多，但仍可参照我国社会保障基金、企业年金、养老金等同为风险厌恶基金的运作，通过专业团队设计合理、多元的投资策略来实现资金保值增值，并在一定程度上达到分散风险的目的，如投资于信用评级较高的金融债券、国际债券、实物资产、股票、私募股权等。通过投资于多元化的证券产品可以合理规避风险，达到较高的收益。例如，浙江大学竺可桢教育基金会采取了多元化的投资方式，其中三分之一的资金通过校内银行投资于债券投资和证券一级市场等，年收益可达10%左右。部分资金投资于校友企业获得稳定收益，同时设立海外基金会和专项基金会不断吸引捐赠实现增值。

（四）制定合理投资组合

高校基金会应该制定合理的投资目标和比较基准，建立长期投资目标，指导具体投资目标的实现，同时有助于高校基金会面对市场波动时能够合理应对。科学合理的长期投资目标能够调动高校基金会进行市场运作的积极性，同时起到指导具体投资组合设计的作用，从而使投资过程更为科学，实现较高的收益。国外的高校基金会普遍设定了投资目标来对基金会进行管理。例如，2018 年普林斯顿大学捐赠基金的回报率达到了 14.2%，生均捐赠基金规模达到了 300 万美元。

建立内部专业化的基金管理机构、健全完善的投资决策机制、采用多元化的投资方式及建立长期投资目标等措施，有利于使高校基金会实现科学合理的投资决策与管理，规避投资风险并实现资金保值增值，从而达到持续发展的目标。

第八章　高校基金会风险管理的新媒体化探讨

第一节　高校基金会风险管理

一、高校基金会风险的种类

风险是指可能使人们受到损失或伤害的不确定因素及其程度。在现代投资理论中，风险通常被定义为投资收益的不确定性。投资风险表示在投资后产生的可能的财产损失，这种损失可以表现为预期投资回报未能实现或部分实现，也可以表现为本金遭受损失。投资收益和投资风险是相辅相生的，高校基金会在获取投资回报时将始终面临着风险。

在高校基金会的运作过程中，捐赠基金投资实际收益与预期收益之间的差异或潜在的本金损失，可能带来各种不确定性因素的影响，这就是高校基金会运作风险。高校基金会运作风险可能来自经济、政治、道德、法律等方面，其中经济方面的原因占主要地位。从高校捐赠基金运作风险构成的特点来看，这种风险可以划分为两大类：外部风险和内部风险。

（一）外部风险

高校基金会是由各大学设立的非营利组织，其运作涉及资产管理、投资决策等多方面。外部风险是指由于外部因素变化而带来的不确定性影响，包括政策风险、经济风险、法律风险等。这些风险具有广泛性和复杂性，在高校基金会的运作中无法避免。

1. 政策风险

政策风险是指由国家宏观政策或法律法规的调整和变化而带来的不确定性影响，是高校基金会运作面临的重要风险之一。政策调整的频繁程度和力度大小会对基金运作带来重要影响。因此，高校基金会在进行资金管理和投资时的首要责任就是法律责任，只有在符合法律法规要求的基础上进行资金运作，才能实现稳定的经济收益。

在高校基金会的资金运作过程中，如果没有充分了解国家相关政策和法律法规，就会导致政策性风险的产生。这就要求大学捐赠基金管理人员不仅要熟悉国家相关政策和法律法规，还要及时了解现行法律法规和政策的变化，以便依法投资，避免政策风险的产生。同时，高校基金会应建立健全风险管理体系，加强投资决策的科学性、合理性和透明性，制定有效的风险控制措施，提升基金运作的风险应对能力。

高校基金会还应该积极参与政策制定和实施过程，向相关部门提出合理建议和意见，为高校基金会的发展与资金运作提供更加有利的环境和条件。同时，基金管理人员也应该积极参与业内交流与合作，收集业界信息，以提升对政策风险的认知和应对能力，为高校基金会的长远发展奠定更加坚实的基础。

2. 经济风险

经济风险是指在经济活动中可能带来损失的概率。在金融投资领域，经济风险主要包括市场风险、利率风险、购买力风险。市场风险是由于市场行情变动而导致的潜在损失的风险。利率风险是因市场利率不确定而导致的投资者遭受损失的不确定性。购买力风险则是由于通货膨胀、货币贬值而降低实际购买力的风险。基金公司在资金运作过程中面对这些风险时，需要考虑各种能够规避风险的方法及投资组合的优化。

（1）市场风险指由于市场行情变动导致投资价值波动的风险。证券市场上，发行股票、债券的公司收益通常较为稳定，但是市场行情波动带来的不确定性却很大，从而导致市场风险。市场风险是与整个市场波动相联系的风险，虽然这种风险不是由个别投资者所能影响的，但是所有的独立投资者作为整体在资本市场上交易时就会产生这样的风险。市场风险与投资组合的管理、资产配置、风险控制等密切相关。

（2）利率风险是由于市场利率变动而使投资者遭受损失的不确定性。该风险主要涉及货币资本市场中资产的收益与价格关系及机会成本，货币市场供求状况常发生变动，因此市场利率也有高有低。债券、汇率、股票、商品的价格皆离不开利率，所以高校基金会的管理者需要根据各项资产的利润、风险、流动性来决定资产的分配和比例。利率风险是整个金融市场中最重要的风险之一，投资者需要通过有效的风险管理和资产配置来规避这一风险。

（3）购买力风险指因通货膨胀、货币贬值而折价的风险。通货膨胀对基金的不同投资类别具有不同的影响。高校基金会的管理运作如果以银行存款的形式存在，则投资的收益往往难以抵消通货膨胀带来的损失；若高校基金会投资于不同类型的证券或进行其他类型的实物投资，则需要视投资资产的实际运作状况而定。针对购买力风险，投资外币是规避这一风险的可行途径。当本国货币贬值时，外币将相应升值，买入外币是唯一抵抗本国货币贬值带来的投资风险损失的手段。

3. 法律风险

法律风险是在委托代理运作捐赠资金过程中可能存在对法律条文的歧义、变迁、误解、执行不力、规定不细等原因，导致无法执行合同或合约，从而造成资金运作损失的风险。

我国金融市场的发展缺乏健全完善的法律法规，经常出现新旧法律法规并存、法律法规调整带来的不确定性等问题，加大了高校基金投资中法律风险的可能性。因此，捐赠基金管理人员需审慎对待这些因素，遵守相关的法律法规，并确保交易和运作过程中的规范合规。

（二）内部风险

高校基金会的内部风险主要指管理机构自身原因所造成的风险。在该类风险中，内部管理风险和委托代理风险是最为常见的两种类型。

1. 内部管理风险

内部管理风险对高校基金会的投资运作带来较大的影响。其中，管理运作风险与操作技术风险是最为常见的两种类型。前者主要与高校基金会管理层的效率、投资决策者的专业素养和运作管理机制等有关；后者则会在每一个环节的实施中出现，例如操作失误或违反操作规程等。在这两种风险中，捐赠基金运作管理层的水平和运营机制是非常重要的。

（1）管理运作风险

要想有效地控制管理运作风险，高校基金会管理人员需要具备一定的专业素养和研究能力，能够正确理解和分析市场信息，及时做出科学合理的投资决策。同时，对于捐赠基金的投资目标和资金分配方案的确立也要进行科学合理地制订，保证资金的投资方向正确无误。此外，捐赠基金运作管理机制的规范性和完整性也是影响管理运作风险的重要因素。捐赠基金管理人员需要结合自身的实际情况，对运作管理机制进行全面的规划和调整，做好相应的风险控制工作。

（2）操作技术风险

操作技术风险是由于人为因素或内部控制不到位等原因，导致基金运作环节中出现操作失误或违反操作规程等情况而产生的风险。捐赠基金管理人员需要从每一个环节中找出可能存在风险漏洞的地方，建立相应的风险预警机制，及时发现和解决问题。同时，高校基金会还需进行适当的业务流程优化和技术手段改进，提高捐赠基金的操作效率和风险控制水平。

对高校基金会来说，内部管理风险作为一种比较常见的风险类型，在投资运营中随时可能出现。通过对管理运作风险和操作技术风险进行仔细分析和有效控制，高校基金会管理人员可以最大限度地减少风险，保证基金的长期稳健增值。在这个过程中，与风险控制相关的投资决策、运作管理机制、业务流程优化和技术手段改进等方面也需要得到充分的关注和重视。

2. 委托代理风险

高校基金会的资金可以采用多种方式进行管理，其中最常见的方式是将捐赠基金委托给金融机构或专家进行资产管理。这种方法可以充分发挥投资专家的专业优势和专业金融机构的技术优势，增加了获得更多投资收益的可能性。但在这一过程中也可能产生委托代理风险。该风险的主要表现形式包括选择风险和授权风险。

（1）选择风险

选择风险是指在选择金融投资机构时所面临的风险。随着我国金融市场的不断发展，各类金融投资机构也不断涌现出来。不同的委托机构有不同的投资特点和投资特长，高校基金会需要结合自身的资产规模、投资偏好和风险承受力来选择合适的委托机构，只有筛选出与自身投资目标和投资要求相符的证券公司，才能在保证资金安全的同时实现收益。另外，在投资理财机构中，也有一些小的证券公司由于起步较晚，无法在品牌和美誉度上与其他同行竞争，就通过提高保底收益率的方式来吸引资金，而收益保底的做法是违反国家相关政策的。高校基金会如果被保底收益所吸引，轻率地与这些公司建立了资产委托关系，一旦这些券商出现经营亏损，就很难保证客户（委托人）的收益和本金安全，给捐赠基金带来较大的风险。

（2）授权风险

授权风险是指在管理过程中，对被授权者进行限制和制衡时面临的风险。在这一过程中，需要对授权进行限制和制衡，并且与责任捆绑，做到责、权、利三者的统一。捐赠基金管理者需要明确两点：第一，不能没有授权。大学捐赠基金的运作需要具备专业的理财知识和丰富的从业经验，而大学的财务人员普遍缺乏资金运作的经验，也不可能对资本市场众多的投资品种进行营利能力等方面的市场研究。在这种情况下，就需要将资金委托专家（目前选择证券公司、基金管理公司进行资产管理的比较多），对他们进行授权，进行以盈利为目的的资产管理。第二，权利和限制界限要清晰。为了有效地控制委托代理风险，高校基金会应该加强相关的法律法规建设，明确捐赠基金的投资方向和投资范围。同时，应该选取有丰富从业经验并有良好信誉的证券公司或基金管理公司等机构，确保合作机构在投资决策、信息披露、内部控制等方面严格遵守相关法规和制度。此外，在与委托机构签订合同时，需要严格约定双方的权利和义务，明确投资管理机构的责任和义务，确保委托资产安全。最后，高校基金会应该完善自身的管理机制，加强风险管理和内部控制，做好监督、评估和风险预警等工作，提高捐赠基金的运作效率和风险控制水平。

二、高校基金会风险的控制

（一）高校基金会资金运作外部风险的控制

1. 加强宏观政策的分析研究

高校基金会资金的投资运作受国家宏观经济政策和法律法规影响很大，为了防止基金运作中的违规操作给大学带来损失，基金管理者必须认真研究国家相关政策和法律法规，把握各项经济政策的精神。高校基金会应密切关注相关政策的调整和变化，积极利用利好政策，推动高校基金会的发展。

在资金运作中，高校基金会面临着来自宏观经济环境变化的风险，以及复杂多变的市场风险。因此，基金管理者需深入研究当前国家宏观经济政策和法律法规，并结合基金会自身的经济状况和投资特点，制定相应的投资策略，实现资产保值增值的目标。同时，对于金融监管政策的变化，基金管理者还需要主动反应和调整，确保基金运作的正常进行。

我国的金融管制较为严格，因此每次金融管制的放松都会给基金的投资创新带来很大的推动。高校基金会应密切关注相关政策的调整和变化，积极利用利好政策，推动高校基金会的发展。同时，基金管理者需要根据不断变化的政策和法律法规及时调整经营策略，使资金运作与国家政策趋势保持一致。基金管理者还应该加强对宏观经济政策的理解和把握，及时反映市场情况，降低基金投资的风险和不确定性，确保资金安全。

2. 采用合理的风险应对策略

高校基金会的资金运作面临不同风险的时候，应采用合理的风险应对策略。

（1）风险回避策略

风险回避策略是指在考虑到影响预期目标实现的各种因素后，风险管理者结合自身的风险偏好和承受能力，决定中止、放弃某种策略方案或改变某种策略的风险处理方式。在高校基金会的资金运作中，可以采用以下几种风险回避策略：

第一，可行性研究策略。在进行投资之前，对未来收益情况进行合理预测，排除风险高而收益低的方案，只将资金投向那些切实可行的方案，从而增加资金安全性，达到回避风险的效果。

第二，避实就虚策略。这种策略旨在通过绕过风险障碍，待竞争能力和抵抗风险的能力增强、市场时机成熟后，再进入较大的风险领域，从而实现回避风险的目标。

第三，分步实施策略。由于高校基金会涉及资金数量较大，一次性投资可能增加不确定因素，因此采用分步投资策略，可以回避部分风险。

第四，动态投资策略。通过及时调整投资策略以应对市场变化，可以有效降低风险发生的概率，并节省运作成本，减少资源浪费。

（2）风险承担策略

在高校基金会的运作过程中，有时会遇到无法回避的风险，如市场风险等。这时，只能选择合理的风险承担策略，它包括以下几种：

首先是进行合理的投资组合。运用投资组合理论进行组合投资，可以最大限度地分散投资风险，降低单一项目带来的风险影响。

其次是加强风险控制中的信息管理。信息管理是风险管理中非常重要的一环，包括对纯粹风险的损失频率和损失幅度进行估计，对潜在的价格风险进行市场调研，对未来的商品价格进行预测，对数据进行专业化的分析等。

最后是在成本与效益分析的基础上实施管理措施。任何损失控制都是有成本的，而风险管理的目标是风险成本最小化。因此，在进行风险承担时，需要在成本效益分析的基础上决定是否选择损失控制来降低风险，以及采取何种损失管理策略。

（3）风险转移策略

高校基金会在面对一些难以预料的风险时，采取风险转移策略能够更好地保障基金会的利益。风险转移策略是指将自身可能遭受的损失或承担不确定性的后果通过某种方式进行转嫁的风险处理方法。在此方面，保险是最常用的方法之一。为避免不可预见的风险给基金会带来损失，可以通过购买各种形式的保险来转移风险。保险公司利用大量个体的互相独立性，将个别风险的不确定性转化为可以预测的稳定支出，从而实现风险降低。这样，基金会能够提高内部的安全性，保护资金的安全性和运作的正常性。

（4）风险分担策略

高校基金会在面对一些大量承担风险的机构时，采取风险分担策略能够降低自身的风险承担，实现优势互补。风险分担策略的核心手段是通过与其他机构联合起来共同承担风险，减少单个机构承担的风险，实现风险分散的目的。为此，可以通过签订联合投资协议、共同成立基金等方式，实现不同机构的合作。当然，在实际操作中还需要注意合作方的选择、合作协议的制定等因素，才能保证风险分摊的有效性。

3. 防范高校基金会法律风险

为了有效防范高校基金会运作中的法律风险，大学应当着重提高法律保障。一方面，应聘请常年法律顾问对大学捐赠基金运作中的所有合同进行审查，以确保各项合同合法、公正、合理、明晰，避免发生纠纷和诉讼等不良后果。另一方面，应聘请专业会计师事务所对高校基金会管理组织的年报进行年度审计，并对捐赠基金的运作效果和账务处理的规范性进行评定，从而为高校基金会提供全方位的审计与监督，确保基金运作的透明度和稳健性。这些措施不仅能够有效降低高校基金会面临的法律风险，还能够提高基金管理的规范性和透明度，增强基金的信誉度和投资者的信任感，推进高校基金会向着长期稳健发展的方向迈进。

（二）高校基金会资金运作内部风险的控制

1. 制度控制

制度控制是将传统的指挥链式管理模式融入组织内部管理中，其核心在于通过建立严格的制度、政策和程序，以确立各个岗位人员的行为规范，从而有效约束被管理者的行为方式，避免出现违规行为和管理混乱。同时，制度控制还可以限制管理者滥用管理权、提高管理透明度，为高校基金会的资金风险管理提供明确的依据，保障组织的稳健运营和长期发展。

2. 技术控制

技术控制是指通过对业务运转程序的改革，提升其可控性，实现基金运作更加合理、科学、高效，从而达到风险管理的目的。在投资程序中，技术控制能够对相关流程进行监督和管理，确保整个投资流程的顺畅性和透明度，有效掌握投资信息和风险变化，从而使投资决策更加精准和科学。同时，技术控制还能够提高投资程序的智能化水平，加强基金对各类投资工具和市场动态的快速反应能力，进一步增强风险控制能力和竞争优势。

3. 委托代理风险控制

高校基金会作为一种特殊类型的组织，在资金委托理财的过程中，往往存在契约和规定的不完整性，以及信息不对称等问题。为了克服这些问题，保护大学的利益，其在投资前需要与委托机构签订相关协议和契约，从法律层面上规范双方的权利和义务。此外，在授权代理机构方面，横向和纵向的权利界限也需要明确。横向上，对于不同管理者的授权及其界限应该具备清晰性，以避免多头管理的情况出现，进而影响整体目标的实现。纵向上，需要明确授予代理机构的权力大小及限制，让被授权机构明确自身可做出的决策范围和程度，以及自身不能且不应该做出的决策。但需要注意的是，管理方也要避免过分干预，采取保姆式管理方式，限制委托代理机构的积极性和创新能力的发挥。

委托理财既然成为捐赠基金的一种趋势，那么在基金会选择合适的外部投资经理人时，不应以个人投资偏好为导向，而是应该对代理机构或专家的投资行为进行规定和限制，避免将资金全权委托后忽略其运营情况及承担的风险。授权中，投资品种和范围的选择必须根据资金运作具体要求而定，要避免代理机构或专家为追求高收益将资金集中在高风险产品上，产生较大市场风险。

4. 人员素质管理

基金管理人员是高校基金会运营的重要参与者，他们的品质、学识和能力等直接影响着基金的运作效果。为了确保基金的安全性和收益性，首先必须加强对高校基金会管理者的风险教育，树立他们的风险管理意识，让基金会的每个部门、每个成员都能够积极参与风险的防范和管理。同时，具备高尚的职业道德是对基金管理人员的基本要求。作为与资金密切接触的基金管理人员，必须具备高度的职业道德修养，能够抵制各种诱惑，切实履行职责，做好本职工作。此外，资金运作需要专业的知识和丰富的操作经验，对基金管理人员的能力也提出了较高的要求。因此，高校基金会在招聘基金管理人员时，必须严格执行选拔程序，明确选拔标准，并制定完善的培训、考核和晋升制度，尽可能提高基金管理人员的水平和技能，规范运营行为，避免因人员管理不当而引发的风险和损失。在基金运营过程中，应建立完善的内部管理机制，加强对基金运作人员的监督和管理，以确保高校基金会的安全运作和可持续发展。

第二节 高校基金会风险管理工作的现状与问题

在理论上，高校基金会财务管理的风险指的是在一定发展时期内，实际财务管理结果与预期目标之间存在的差异所造成的风险。而在实践中，高校基金会财务管理的风险则主要指由于基金会管理出现违规、缺位或疏漏[①]等原因，导致基金会产生投资失误、管理失控等情况，从而形成实际经济损失或其他间接损失（如声誉和人脉等）的风险。

一、我国高校基金会财务管理风险的特点

鉴于当前我国高校基金会财务管理工作中存在的风险，可以明确以下特点。

（一）客观性

任何单位都无法避免财务管理风险的存在，因为这是所有经济业务所固有的客观特征。高校基金会作为一个非营利性的组织，也面临着类似的挑战。基金会通过采取多种防范措施来应对财务管理风险，然而无论如何都无法完全消除风险的存在。

（二）隐蔽性

高校基金会是一种特殊类型的非营利组织基金会，特点在于其目标是服务于学校的建设和发展目标的实现，以达到社会公益的目的。然而，由于复杂的社会环境和各种不同类型的捐赠，高校基金会面临越来越多的新问题和新挑战，从而导致财务管理风险逐渐上升并变得更加难以量化。至今，国内外针对非营利组织财务风险的研究主要以定性研究为主，定量研究较少，缺乏通用、系统的财务风险评价指标体系，与企业财务风险相比，其评价方法也不够成熟。

---

① 侯春兰. 论高校财务管理风险的成因及其防范［J］. 扬州教育学院学报，2014（2）.

（三）破坏性

高等教育基金会的整体规模不断扩大，募集资金的类型和支出用途也日益增加，这要求基金会必须具备更高的风险防范机制。相较于一般财务风险，高校财务风险造成的破坏性更为明显，因为它可能对教学、科研及学生的学习产生重大的负面影响，且持续时间长，甚至会导致系统性的损害。此外，基金会声誉的损毁也将导致其失去筹款对象和来源，由此带来的不可挽回损失也会给基金会造成重大冲击。

（四）可控性

尽管高校基金会的财务风险具有上述特点，但基金会的财务管理人员可以通过长期关注各种财务现象、积累财务数据并识别风险因素。他们可以对财务管理风险进行分析和评估，了解风险的成因及其程度，并确定风险的重要性水平。基于这些信息，财务管理人员可以有针对性地采取控制措施，将财务风险遏制在萌芽状态。

二、我国高校基金会财务管理风险的表现形式

高校基金会的财务风险是指在筹资、使用、投资及内部控制等资金流转过程中可能带来的潜在损失。这些风险可以依据不同的分类方式进行划分：按照风险类型可分为资金管理风险、系统运行风险、指标评价风险和内控风险；按照风险因素可分为财务主观因素风险和财务客观因素风险；按照财务风险能否被分散可分为可分散风险与不可分散风险。[①] 这些风险相互交织、影响、故高校基金会应对各种财务风险的策略必须因情况而异，具体应根据企业风险管理的原则，制订适合自身特点的风险管理方案。高校基金会产生财务风险的诱因包括风险意识薄弱、内外部财务监管不力和缺乏强制性责任机制等。因此，高校基金会的财务管理人员应该加强财务风险意识，建立健全的内部控制制度，完善财务管理规章制度和财务报告制度等，提高财务管理效率和质量。同时，高校基金会也应该加强对财务管理人员的培训和监督，提高其风险意识和风险管理技能。在运行过程中，高校基金会应对各种财务风险按照种类进行识别，并且采取相应措施，以减少和规避财务风险，从而确保基金会的良好财务状况。

---

① 李霞，干胜道. 基于功效系数法的非营利组织财务风险评价［J］.财经问题研究，2016（4）.

（一）资金管理风险

高校基金会是近年来兴起的一种非营利性组织形式，其设立主要依托于高校，在服务高校方面发挥着重要作用。然而，由于起步较晚，高校基金会往往缺乏自主治理能力，管理上存在一些问题。在管理实践中，高校基金会借鉴了大学的行政管理机制，构建了一套层级分明、权威统一的内部行政管理体系，使得基金会的管理出现了行政化的趋势，不够符合基金会的规律。同时，高校基金会的自主治理能力不足，过度依赖外部资源。这种依赖性不仅体现在基金会的各个环节，还传导到财务管理中，容易引发财务风险。

高校和基金会之间普遍存在着关联关系，其中控制、共同控制和重大影响是比较常见的形式。这些关联关系体现在财务人员的配置、其他人员的配置、机构设置和项目执行等方面。特别是在财务人员和资源方面，高校为基金会提供了必要的保障和支持。[①]高校基金会的理事、监事及重要岗位人员，大部分由学校委派在编人员兼任，而且是兼职工作，这种安排限制了他们发挥管理和监管职能的能力。此外，在关键岗位上缺乏独立聘请专业财务人员的做法，而是由学校财务处的工作人员兼任，缺乏全身心参与基金会管理工作的动力。此外，高校基金会的财务规章制度多是参考学校制度执行，缺乏完善的财务管理制度。此外，基金会收到的捐款经常以学校为平台和媒介，项目执行需要依靠学校下属院系和职能部门，这些部门日常事务烦琐，不能专注于管理捐赠资金的财务事宜。

1. 资金筹集风险

我国大部分高校基金会的工作人员为学校行政人员，缺乏基金会筹款的专业训练，因此在向捐赠者表达学校需求方面存在一定困难。特别是对于资源拓展人员、财务人员和投资人员之间的分离，各自的工作职责未能充分明确，在日常工作中可能出现对财务规则、捐赠资金管理及资产保值增值等规定的理解不够深入的情况，从而导致工作人员对潜在捐赠人提出的财务和投资问题不能准确作答。这些问题的存在使得协议中的某些条款在财务部门无法落地执行，从而影响了基金会的发展和资金使用效率。

2. 财务预算风险

（1）预算编制风险

我国部分高校基金会在预算管理方面存在较大的风险。目前，大多数高校基金会的预算管理工作尚不够全面，或多或少都存在着一定的问题。高校基金会的预算编制

---

① 侯国林. 高校教育基金会内部控制存在问题及对策研究：以BF基金会为例［J］. 管理论坛，2019（22）.

主要包括由基金会编制的整体捐赠资金预算、秘书处运行预算和由项目单位编制的捐赠项目资金预算这三类。然而，目前由基金会负责编制的整体资金预算在高校基金会财务部门内，只有规模较大的基金会才会在财务部门内部单独设置预算职能部门，而大多数的基金会只是由会计和出纳人员进行基金会的预算编制。对于人员较少、规模较小的基金会，预算编制部门则由临时抽调人员组成。同时，高校基金会中从事预算编制的人员往往不具备专业技能，兼职居多，人员流动性较大。这样的情况给高校基金会的预算编制工作带来了非常大的隐患。高校基金会的预算编制过程中面临着种种困难和风险，尤其是由于预算编制人员缺乏专业技能和经验，导致预算编制过程存在较大的盲目性、不适用性、不科学性和不可行性。有些基金会只编制了秘书处的运行预算，而整体捐赠资金预算则未被纳入考虑范畴；有些基金会采用粗放式管理，只是简单地收集各部门填写的明细，缺乏科学论证，同时也没有考虑到历史数据和未来发展趋势，导致预算编制不准确；还有一些基金会仅凭感觉进行预算编制，缺乏可行性和准确性。这些不合理的预算编制方法和模式使得高校基金会在资金管理中难以获得有效的支持，导致其出现超预算执行或因预算不足而影响筹款业务开展的情况。高校基金会的项目执行预算是基金会捐赠资金管理和财务风险规避的重要组成部分。然而，有些高校基金会对于用于学校发展建设类、科研类等无指定性用途的捐赠项目，存在着不严格控制、任意支出的情况。在这些项目中，有一些项目缺乏年度预算或执行预算的管控，导致项目执行过程中缺乏有效的监管和管理，多年来这些项目没有被很好地执行，甚至有些执行单位已经忘记了捐赠资金的存在。这种做法不但影响了捐赠资金的使用效率，更增加了捐赠资金的财务风险，影响了捐赠的延续性。

（2）预算执行风险

高校基金会的项目资金管理是其工作中极为重要的组成部分，与财务预算管理紧密相关。然而，多数高校基金会在接手项目时缺乏整体意识，导致对预算管控失控。在这种情况下，基金会财务预算管理与项目资金管理的衔接不够紧密，未能起到有力的保障作用。预算编制时预算监督是必要的，但由于约束机制缺乏时效性和刚性控制，以及缺乏科学的管控机制，预算监督与管控显得不足。在实际工作中，预算监督工作逐渐被削弱，内部监督职能被弱化，外部监督流于形式，根本无法起到应有的监督作用。

3. 会计核算风险

会计核算是高校基金会财务管理工作的基础，必须保证结果真实无误，以反映其准确的财务状况。然而，高校基金会财务管理缺乏独立性和自由性，这使得会计核算的风险剧增。我国高等教育基金会财务管理模式主要有三种：学校统一进行核算管理、基金会自主管理核算、学校和基金会相结合进行会计核算。不同的核算模式有其各自的优劣之处，选择符合自身实际情况的核算模式是保障高校基金会财务稳健发展的重要条件^①。

学校统一进行核算管理，基金会的财务人员由大学财务部门的工作人员兼任，具体会计业务由学校统一管理。在该模式下，捐赠资金按照财政性资金口径进行统一管理，而不是按照项目用途进行核算，导致实际监管与捐赠协议的要求存在较大差异。此外，财务核算的制度不健全，缺乏独立性，存在一定的基金会财务风险。同时，因财务人员兼职于基金会且薪酬归属于高校，其归属感低，工作积极性和责任心不强，加上部分工作人员缺乏专业知识和职业判断能力，导致会计入账科目不准确。

基金会自主管理模式是高校基金会实现独立法人身份、确保财务核算独立性的重要方式，有利于其向良性发展轨道迈进。财务工作人员的业务娴熟和监管到位能够提高捐赠项目的执行效率，同时增强他们的归属感，使其工作积极性和财务决策快捷性得到提高。然而，在会计核算过程中，财务工作人员可能因相关规章制度与高校方面产生沟通不畅的情况。即便基金会按照捐赠资金和非营利组织会计准则的规定进行捐赠资金核算，但学校接受审计并关联到捐赠资金时，往往会要求个别科目支出按照财政资金的标准执行。然而，基金会捐赠资金与财政性资金在本质上存在差异，与学校财务会计的核算标准也有所不同。这种情况经常导致基金会报销标准超出财政性资金标准，产生一定的财务风险。此外，基金会的核算标准按照捐赠协议的规定进行执行，相比财政性资金报销，其核算口径相对宽松。因此，在执行单位进行报销时，他们可能将非捐赠资金项目的经济业务在捐赠资金中进行报销，这也会增加基金会的财务风险。

高校基金会在与学校相结合的管理中有两种模式。其中一种模式是基金会接受捐赠资金并进行项目支出，同时学校财务部门将基金会财务核算委托给了专员。这种模式虽然避免了财务标准不统一的风险，但仍可能面临因为学校整体管理规章制度不完善而导致的会计核算问题。由于基金会财务管理成了仅在形式上的审核，学校财务部门不了解项目执行情况，个别报销人员可能伪造报销事项而变相套取资金，导致会计核算失真，同时增加了基金会对捐赠资金的监管难度，存在极大的财务风险。另外，权责分明的衔接也容易面临某些风险，例如融资审批权限划分不规范，导致责权不清

① 张晨蕊，周伟. 我国高等教育基金会财务管理问题研究［J］.齐齐哈尔大学学报（哲学社会科学版），2018（11）.

晰等。另一种模式则是基金会会计核算在学校财务处进行，专员按照基金会非营利组织会计准则及捐赠资金使用用途进行核算。这种方式下，财务审批权限的划分可以更加清晰明了，但仍面临各种财务风险，例如因为审批权限划分不清而造成的错误报销等。总体而言，在此种模式下，由于基金会和学校财务部门之间权责划分明确，在某些方面的财务风险更低。

以上提及的三种模式中，各自存在不同类型的财务风险。然而，总体来说，产生会计核算风险的因素主要包括以下几方面：一是由于部分财务人员专业水平不高、责任心缺失等原因造成的疏忽和失误；二是针对基金会捐赠资金使用的制度安排与学校的衔接机制可能不够健全；三是个别资金使用人员采取虚假报销、伪造票据、变相套取资金等不法手段导致的会计核算失真等问题。这些因素综合作用，增加了财务管理的风险，需要采取适当的财务管理措施进行防范。

4. 资金保增风险

随着国内高校基金会捐赠资金规模的不断增大，基金会的资产管理需求日益凸显。为了实现资产保值和增值，许多基金会通过大量的投资运作来获得长期稳定的收益，以弥补自身的资金缺口。这种策略使得基金会获取了丰厚的经济效益，进一步促进了其发展。然而，投资本身也有一定的风险，一些高校基金会的投资并未如预期那样带来实质性的收益，反而带来了各种财务风险，甚至给基金会造成了重大的经济损失。因此，基金会投资风险已经成为我国高校基金会财务风险的一个重要组成部分，需要采取适当的管理措施来进行防范。

目前，高校基金会的投资模式主要有两种：直接投资和间接投资。直接投资是指通过发起设立、并购或参股等方式，直接进行股权投资，并通过企业的股利分配形成投资收益。而间接投资主要是指基金会直接购买银行、信托、证券、基金、期货、保险资产管理机构、金融资产投资公司等金融机构发行的资产管理产品，或将财产委托给受金融监管部门监督管理的机构进行投资。在投资活动中，高校基金会面临着各种各样的风险。从宏观层面分析，高校基金会所面临的风险主要包括国家政治和政策变动所带来的投资风险、利率波动引发的资本市场变动进而对高校基金会投资活动的影响，以及经济周期不可预测性所产生的风险[①]。这些风险是市场经济运作过程中的天然属性，高校基金会无法避免，只能共同承担。从微观层面分析，高校基金会面临的风险具有多样性和特殊性。一方面，有些高校基金会的投资活动处于起步阶段，缺少经验积累，仅凭借校友关系购买投资产品；另一方面，一些高校基金会缺乏投资谨慎性，

---

① 张乐乐. 浅析高校基金会投资运作管理［J］. 现代经济信息，2016（6）.

未能科学地分析和调查投资的合理性与科学性，依靠金融机构工作人员的介绍或没有法律效力的保证协议盲目购买自认为风险较小的理财产品，无法规避投资产生的财务风险。此外，由于某些高校基金会投资管理滞后，未能及时掌握市场的变化趋势，以及缺少专业的投资团队，尚未建立起完全适用于市场经济发展需要的投资管理制度、谨慎的风险管理系统和优化的投资结构，导致一些错误投资产生巨大损失，投资期满本金难以收回。

（二）系统运行风险

当前，在大数据的背景下，计算机信息技术得到快速发展，高校基金会为跟上时代要求，采用大规模信息技术以促进其有效运作已成为必然选择。但是，计算机信息化除了能够有效提升高校基金会财务管理的质量与效率，使其越发便捷化，同时也给高校基金会的财务管理带来了一定的风险。

我国大多数高校基金会的财务管理系统使用市场上的通用财务软件，或是由外包公司根据高校的财务管理模式开发。然而，财务信息化系统的构建是一项繁杂的工作，需要财务工作者深入了解互联网和大数据技术的应用，同时应考虑到财务系统与数字校园之间的结构性差异。此外，日常维护中的沟通协调工作也十分重要，但在实际操作中并未充分考虑该问题，这导致了内部财务数据的碎片化和错误化，甚至存在内部财务数据失真缺损的风险。这些现象都严重影响了数据的准确性，并对高校财务工作带来了不小的风险[①]。

高校基金会将信息化建设视为创新财务管理的重要手段，利用大规模信息技术来完成财务系统的建设，并在功能上开发更加智能化的财务系统。在此过程中，财务系统和软件开发人员发挥着重要作用，使得高校基金会财务管理从系统软件的选择、运行、维护到财务数据的生成、保存、备份均得以安全完整，不容出现差错。然而，系统提供的财务数据包括人员工资信息、重要捐赠项目的执行信息、资金周转过程中与金融机构的接口等，更容易受到黑客病毒的攻击，造成员工工资数据被删除和扭曲、缺失项目执行数据、与金融机构相关的数据存在风险等现象，进而造成了不必要的财务风险。这些风险在短时间内出现，难以充分合理、准确有效地识别、分析、应对风险，降低风险损失，实现基金会的预期。

---

① 陈娅琳. 大数据背景下高校财务管理风险探究［J］. 花炮科技与市场，2020（1）.

（三）指标评价风险

《基金会管理条例》中规定，基金会的非营利性可通过三个指标进行衡量。分别是公益支出占上年总收入百分比、业务活动成本占当年总支出百分比、工资福利与行政费用占当年总支出百分比。2016 年，《中华人民共和国慈善法》颁布后，民政部、财政部和国家税务总局联合制定了《关于慈善组织开展慈善活动年度支出和管理费用的规定》，旨在明确公募基金会和非公募基金会的年度支出和管理费用，并为非公募基金会根据上年末净资产额制定了不同的标准。具体标准详见表 8-1。

表8-1　非公募基金会和公募基金会的年度支出和管理费用

	上年末净资产额	慈善活动支出	年度管理费用
非公募基金会	高于 6000 万元（含本数）	不得低于上年末净资产的 6%	不得高于当年总支出的 12%
	低于 6000 万元高于 800 万元（含本数）	不得低于上年末净资产的 6%	不得高于当年总支出的 13%
	低于 800 万元高于 400 万元（含本数）	不得低于上年末净资产的 7%	不得高于当年总支出的 15%
	低于 400 万元	不得低于上年末净资产的 8%	不得高于当年总支出的 20%
公募基金会		不得低于上年总收入的 70%	不得高于当年总支出的 10%

注：在计算年度慈善活动支出比例时，为了更加准确地反映基金会的财务状况，可以使用前 3 年收入平均数来代替上年总收入，使用前 3 年末净资产平均数来代替上年末净资产。其中，上年总收入是指上一年实际收入减去仅限于上一年不得使用的限定性收入，再加上于上一年解除时间限定的净资产。这样的计算方法可以更全面地考量基金会的经营情况，避免对单一年度数据的过度依赖，更加精准地评估基金会的财务状况。

为了赋予慈善组织充分的权力以保障其良性运作，《关于慈善组织开展慈善活动年度支出和管理费用的规定》为慈善组织在管理费用方面留有一定空间。规定中提到，当慈善组织的年度管理费用低于 20 万元时，将不受年度管理费用比例的限制，这对于刚成立的非公募基金会是较为友好的。但需要注意的是，该规定仅指年度管理费用比例不受限制，而慈善活动支出依然需要遵循不低于上年末净资产的 8% 的规定。因此，一些刚起步的高校基金会需要注意在支出不足或工资福利与行政办公支出比例超标的情况下可能面临的财务风险。此外，一些基金会为达到《基金会管理条例》规定的公益支出标准，可能用上一年度的捐赠发票、收据来冲抵本年度的公益支出，这种做法并不合适。

高校基金会由于成立较晚，员工数量较少，尤其是财务人员专业素质不高，导致在专业化发展方面缺乏德才兼备、具有专业胜任能力的筹款、财务、项目执行和投资等方面的高端人才。而为了引进专业化人才，高校基金会需要拥有高水平薪酬和相应的激励机制。在保值增值的过程中，受经济环境影响，高校基金会的投资市值难免低于投资成本，因此需要在年底提取一定金额的短期投资跌价准备。如果基金会年度支出资金较少，那么相对于工资性收入及资产减值损失的计提合计，形成的管理费用有可能超出规定的比例，从而为基金会的财务指标评价带来风险。

（四）信息披露风险

2005 年，民政部发布了《基金会信息公布办法》，要求信息公布义务人应当在每年 3 月 31 日前，向登记管理机关报送上一年度的年度工作报告。登记管理机关审查通过后 30 日内，信息公布义务人按照统一的格式要求，在登记管理机关指定的媒体上公布年度工作报告的全文和摘要。在这样的背景下，独立基金会为了获得公众对其的信任，往往会将财务信息透明化。然而，有的高校基金会虽然按照管理机关的要求进行了信息披露，却存在年度审计报告披露方式流于形式、信息披露存在缺失甚至失真的现象。有些高校基金会的官网并未披露审计报告或仅披露了部分年份审计报告；有些高校基金会网站披露的年报为图像格式，有的甚至不清晰；还有一些基金会仅披露宽泛的收入来源及支出情况，缺乏明确的善款流向说明。在公布资产保值增值方面，高校基金会更是少有详细的公布①。高校基金会财务管理存在信息披露问题，主要表现为未按照规定的财务章程全面、规范地以审计报告形式公布捐赠数额、捐赠人员、资金用途等关键信息，这种不透明和缺乏规范性的披露是高校基金会内部出现资金挪用等腐败现象的重要原因之一。

此外，《基金会管理条例》规定监事和未在基金会担任专职工作的理事不得从基金会获得报酬②，但是一些基金会的监事和兼职理事却会从基金会中领取固定薪金。在管理过程中，一些基金会将管理人员的工资薪酬分摊到项目中，这样就可以回避基金会管理费用和人均工资超标的问题。然而，在信息披露时，有些基金会则会选择性地不披露这部分信息，这也是高校基金会发展中存在的财务风险之一。

（五）内部控制风险

高校基金会的财务管理首要任务是确保资金安全，因此必须建立严格规范的基金会财务内控制度。近年来，高校基金会积极实施内部控制建设，但同时也揭示出多项问题。在资产管理方面，货币资金类流动资产管理存在松懈现象，包括坐支现金、白条抵库等问题，而假账和小金库现象时有发生；固定资产管理薄弱，长期过剩而不进

---

① 边地. 我国慈善基金会财务状况评价：以中国青少年发展基金会为例［J］. 财会月刊，2012（6）.
② 中华人民共和国国务院令（第400号）基金会管理条例［EB/OL］.（2004-03-08）https://www.gov.cn/gongbao/content/2004/content_62724.htm

行盘点，资产配置监管不到位，资产使用效率不高，甚至出现资产短缺的情况 ①。高校基金会的财务管理中存在着一些内部控制缺陷，包括收入性质被随意改变、开设多个银行账户以逃避监管、非税收入管理不严格等问题。此外，财务票据使用不规范、财务人员配备不合理、岗位未严格分离等问题也需要引起足够的重视。这些问题导致了资金使用审批权限不明确，制度与执行之间存在偏差，并使得内部相互稽核和相互监督的约束机制不健全。这些内控缺陷将高校基金会的财务管理工作带向了危险的境地。

（六）税务管理风险

高校基金会在财务管理工作中越来越重视税收风险管理。然而，基金会在发展过程中经常面临税收风险意识不强、缺乏有针对性的税收筹划等问题。这些问题不仅与税收筹划人员的素质存在重要联系，而且也与税收政策变化密切相关。如果税收筹划人员缺乏风险意识，工作能力和专业素质欠缺，无法适应税收优惠政策变化，违反税收相关法规或者缺乏基金会实际情况的综合考虑，将极大增加税务风险的出现概率。此外，部分财务管理人员并不完全理解偷逃税与税务筹划之间的界限，错误地将违法行为误认为是"合理避税"和税务筹划，导致税收筹划出现差错。基金会财务人员责任心不强或因工作失误而造成的漏报税现象也会给基金会的长期可持续发展带来极为负面的影响。

我国税收优惠政策的频出，使得基金会在负责税收筹划方面很容易出现无法适应政策变化的情况，从而可能导致基金会涉及税收的风险增加。在基金会的财务管理工作中，由学校领导兼任的管理层往往缺乏对税收风险管理的意识，忽视税收工作的重要性。此外，基金会整体税收风险管控机制不健全，税收风险管理信息化水平过低等问题，也可能引发税收风险，并且这种风险是不可忽视的。因此，基金会在财务管理中应当加强对税收政策的了解和学习，建立健全的税收风险管理机制和信息系统，以提高基金会税收风险管理的效率和精度，做到有效控制和防范税收风险的发生。

---

① 陈洁. 非营利组织在财务管理中存在的问题及对策［J］. 管理观察，2018（30）.

第三节　新媒体视角下的高校基金会风险管理工作的理念与策略

中国网络空间研究院在 2022 年世界互联网大会乌镇峰会上发布的《中国互联网发展报告 2022》和《世界互联网发展报告 2022》蓝皮书指出，截至 2022 年 6 月，我国网民规模达 10.51 亿人，互联网技术的快速发展也导致了我国网民数量的不断增加。在新媒体环境下，我国高校基金会的风险管控工作迎来了新的挑战。

我国的网民群体普遍思想开放，且具备较强的公民意识，高校基金会的各项工作普遍受到人们尤其是捐赠人的关注和监督，关于高校基金会的突发事件，尤其是负面事件容易成为社会高度关注的热点和媒体追踪报道的焦点。

一、高校教育基金会加强内部控制与风险防范

（一）高校内部控制作用提升

内部控制建设在高等教育机构中具有重要性，而领导层的高度重视是建立和完善内部控制制度并有效执行的关键。因此，首先应该对高校领导层进行相关知识的培训，以使其认识到内部控制的重要性，同时直接参与指导内部控制制度的建立、健全、实施和监督。其次，基层单位的重视也是保障内部控制体系建设的关键，因为各职能部门、学院、研究所和产业后勤等的管理行为是内部控制的出发点和落脚点，必须通过相应的内部控制制度来保证其执行。不同基层单位之间的内部控制制度需要相互联系、相互制约，以发挥内部控制应有的作用。最后，普通教职员工的重视是基础，他们是各项制度执行的直接参与者，应该通过组织学习和掌握相关内部控制制度，提高执行内部控制制度的自觉性，并将其与业务工作紧密结合，以发挥内部控制应有的作用。针对新媒体视角，高等教育机构应该通过新媒体手段，如微信公众号、学校网站等，进行内部控制制度的普及和宣传，让全体员工了解内部控制的重要性，强化内部控制意识，及时掌握内部控制制度的更新和改进，提高内部控制的效果和效率。

（二）高校风险防范体系优化

在当今激烈的市场竞争中，高等院校管理者需要树立全面风险管理理念，建立完善的风险管理制度，并对经济活动中存在的各类风险进行全面、系统、客观地评估处理。在防范和控制财务、投资、采购及合同等风险方面，高校需要充分论证单位大额债务的举借和偿还，采取单位领导班子集体决策的方式，合理确定资金筹集规模和结构，以期降低资金成本。同时，各项对外投资必须经过科学论证，各环节均需加强管理控制，以避免对外投资决策失误所造成的经济损失。在采购与合同方面，也需要高效控制。具体而言，高等院校可以建立内部风险管理微信公众号或网站平台，向教职员工、学生及其他利益相关者宣传风险管理的相关知识和指南，并通过定期发布风险管理实践案例及改进和完善情况，以增强风险管理的有效性和透明度。最后，高校应当建立严格的合同审批制度，加强对签订对外担保、投资和借贷等合同的审查管理，防止利用虚假合同套取资金或私设"小金库"等现象的发生，保证高等院校资产和利益的安全。

（三）高校内部控制体系建设

在新媒体时代，高校内部控制体系的建立需要在多个层面进行综合考虑。首先，财政部、教育部等部门应该根据高校的实际情况，单独制定高校内部控制应用指引，对涉及高校内部控制制度体系、管理机构设置做出指导性的规定。其次，各高校应根据风险评估结果，结合高校各项经济业务流程和高校实施内部控制的环境，整合各项政策和业务控制流程，在预算控制、不兼容职务分离控制、内部授权审批控制、业务流程控制、资产保护控制、会计系统控制、信息技术控制等方面集合成一整套相互协调的内部控制体系。最后，高校应该全面提高内部控制体系的科学性和可操作性。通过引入新的技术手段，如大数据分析、人工智能等，优化内部控制流程和提高控制效率，进一步提升高校内部控制的质量和效益，确保学校各项经济业务安全有序运行。

《关于高校建立经济责任制，加强财务管理的几点意见》指出，建立健全各级经济责任制是提高高校管理水平和避免财经工作失误的必要途径。因此，高校应当建立和完善科学的组织机构与经济责任制，并明确各部门的职责和权利。为此，高校可以成立学校财经工作领导小组，由该小组协调和领导学校的财经工作。此外，高校还可以设置总会计师岗位，总会计师参与学校的经济管理决策、经济管理制度制定、经济计划实施方案和效益的可行分析，并编制校级预算；财务处负责执行财经制度，并执行预算。同时，审计处通过开展相关审计，对制度执行和完善情况、预决算执行情况进行监督检查，对有关内部控制的薄弱环节提出管理建议，报财经工作领导小组，经批准后由总会计师以规范制度的方式加以完善，形成完善的内部控制体系。在新媒体视角下，高校还可以借助信息化技术手段建设以大数据为基础的财务管理平台，实现对财务数据的实时掌控和分析评估，同时可以通过抖音、微信公众号等新媒体渠道向教职员工、学生及其他利益相关者宣传财务管理知识与制度，在全校营造风清气正的财务文化氛围。

（四）高校内部控制监督加强

建立制度的目的在于贯彻执行制度。为此，各高校应该根据自身实际情况建立健全监督网络和体系，充分发挥单位财会、内部审计、纪检监察等部门在内部控制中的监督作用。为了检查内部控制制度的完善和执行情况，学校可以采取实地查验、问卷调查、抽样和比较分析、专题讨论等方法，定期对内部控制进行检查。此外，要及时发现内部控制中的漏洞和隐患，并针对出现的新问题、新情况及内部控制执行中的薄弱环节，及时修正或改进控制措施。在监督检查的实施上，需要发挥基层被监督职能部门的主观能动性，针对制度执行情况进行自查，发挥内部审计与监察等部门监督检查的职能，并在检查与被检查对象间建立有效的信息交流和反馈机制，形成闭环检测。此外，在监督检查对象上，应加大对重要部门、重点岗位、人员和关键环节制度执行情况的检查频率和力度。最后，在监测评价结果利用上，可以建立奖惩激励机制，加强对制度的贯彻执行，以保证内部控制制度能有效发挥作用。在新媒体时代，学校还可以借助信息化手段，提高监督检查效率和精度，为内部控制制度的完善与执行提供更为可靠的技术支持。

二、高校基金会财务风险管理工作理念与策略

（一）规范财务管理工作

高校基金会财务管理的规范与有效是维护高校财务安全的关键。在明确产权关系的基础上，优化基金会财务管理机制是确保高校财务风险得到降低、增加基金组织财务效益的必要手段。在此过程中，需要注意三个要点：第一，对基金会开展全面分析，认真核实高校与基金会之间的产权关系，同时评估其发展前景，并全面收集和整理内

部财务信息。第二，对部分基金组织进行脱钩剥离，明确高校和基金会之间的关系，结合实际资产情况做好全面而真实的产权登记管理工作，并严格按照相关规定做好集中管理与保留工作。第三，对于经营状态较差、筹资效率低下的基金会，应及时进行清理和关闭，以避免高校和基金会的损失。因此，对基金会的财务管理应当谨遵财政部和教育部联合发布的改革方案，完善内部控制机制，规范运行流程，建立健全的财务管理制度，全面提升高校基金会财务管理水平，维护高校财务安全。

（二）加强财务监督管理工作

提升基金会内部财务资金运用管理水平是保证高校基金会可持续发展、实现社会责任的必要条件。为此，建议加强对基金会财务状况的监督管理，完善财务管理机制，严格依照《中华人民共和国会计法》及相关标准规定开展工作。在此基础上，应根据高校基金会组织的特点和经营状况，构建适应性强的财务监督管理体系，进一步提高财务核算管理的有效性和精度。同时，基金会内部财务管理部门应认真执行相关标准与规定要求，全面做好财务登记工作，并精心制定财务预算，以降低基金会的运营成本并提高经济效益。

基金会应全面监督本组织财务支出和收入，收集真实而详细的财务信息，以辅助基金组织和高校制定科学的财务决策。与此同时，高校需要注重建立完善的财务管理机构，对其基金组织内部的财务管理工作进行严格监督和规范管理。这包括全方位跟踪基金组织的资金使用动向和运营成本，以此提升高校基金会财务管理工作的质量水平。通过全面监督基金会的财务活动并收集真实、翔实的财务信息，高校可以更加深入地了解基金会的财务状况，制定更为科学合理的财务决策，从而有效地优化本校的财务管理工作。同时，建设完善的财务管理机构，加强对基金组织内部财务管理工作的监督和规范，有利于提高高校基金会财务管理工作的效率和水平，为高校的教学和科研事业的发展提供坚实的保障。

（三）做好成本核算管理工作

首先，为了保证高校基金会的经济效益和财务状况的稳健，需要建立健全的成本核算管理体系和内部控制制度。在成本核算方面，基金会应按照标准制度进行物资采购、收发、检验、计量和保管等环节的管理，做好成本核算工作，降低成本开支，缓解高校基金会亏损问题，确保账实相符，防止资产丢失。同时，高校要定期开展基金组织的财务审计管理工作，全面掌握本校基金会的财务状况，及时发现和消除财务风险。

其次，基金会应根据自身的经营特色和实际需要建立内部控制制度，规范财务管理流程，控制成本开支并降低风险。同时，高校基金会理应完善成本计价体系，定期提交财务资料，由高校全面审核和分析财务资料，评估基金组织的财务状况、资金运行状况和经营成果等，科学评估基金组织的运营问题和财务管理缺陷，并协助基金会运用正确的对策提高财务经营效果，从而有效控制基金会财务风险，增加财务收益。

最后，高校应规定基金会须按期提交财务资料，并通过正确运用财务分析法，科学评估经营成果及财务管理缺陷，提高财务经营效果，控制财务风险，增加财务收益。

（四）通过新媒体渠道做好基金会的财务信息透明化

高校基金会在管理越来越膨胀的资金规模时，必须实现其财务管理工作的规范化、风险管理的专业化，以适应其可持续发展的需求。尤其是随着《中华人民共和国慈善法》的颁布，高校基金会逐渐被认定为慈善组织，社会对基金会的关注度日渐提高，使得人们更加重视基金会能否有效控制风险、更好地管理和使用资金。在这种情况下，高校基金会必须遵循公开透明的基本要求，因为捐赠者一旦捐出资产，便成为社会公共财产，享受国家和社会给予的各种优惠便利，社会期待高校基金会通过信息公开透明来接受和回应全社会监督。公开透明体现高校基金会的专业性和高效性，增加其公信力，其目的是让捐赠者和潜在捐赠者信任它们并选择它们。同时，高校基金会需要面对竞争，只有通过接受社会选择的制约，传递自身可信程度，才能生存和发展。资助者、公众和其他捐赠者不仅关心高校基金会的具体行动，也想具体了解他们捐赠资金的实际效果。

在当今新媒体环境下，高校基金会需要加强财务管理，公开财务信息和捐赠信息，以提高财务信息的透明度。通过这种方式，高校基金会能够树立良好的形象，打造优质品牌，从而提升其在社会中的影响力。这些措施不仅有助于增强公众对高校基金会的信任感和认可度，而且可以吸引更多的捐赠者，提高资金筹措的成功率，为高校基金会的发展和实现其宗旨提供更加稳定的保障。

综上所述，加强高校基金会建设、规避财务风险，需要重视规范高校内部基金组织的财务管理工作，为高校筹集充足的经费，提升基金会财务效益，消除财务风险，优化高校筹资渠道。在此过程中，应当正视财务风险类型与基金会财务管理现存问题，明确产权关系，加强高校内部基金会财务监督管理，做好成本核算工作。同时，也应当按照标准流程进行基金会财务分析工作，全面提高财务资金管理效果，以全面分析基金会的运营现状为基础，针对高校与基金会拥有的资产开展细致而严谨的核实，并严格界定高校和基金会之间的产权。如果基金会拥有良好的发展前景，高校理应保留该基金会并支持其可持续发展工作。在此过程中，还需做好专业化评估工作，全面收集和整理基金会内部财务信息，并认真核实信息的准确性，以保证基金会的财务透明度和专业性。

三、高校基金会业务风险管理工作理念与策略

（一）筹资环节新媒体应用

第一，充分利用新媒体平台对捐赠方背景和用途进行审核。由于新媒体具有信息传播快速、覆盖面广泛、公众互动性强等特点，高校基金会可以建立官方网站、微信公众号等专业平台，通过这些渠道及时发布招募捐赠的信息，吸引更多的捐赠人，提高资金募集效率。

第二，利用新媒体建立长效筹资机制。高校基金会应建立官方网站、微信公众号等平台，开展筹集资金的长效机制，主要围绕学校发展和学科建设中的资金缺口，发布详细的筹资计划和筹资目标，吸引更多的捐赠人和合作企业参与，并根据平台数据不断完善筹资项目库，使筹资目标与学校发展相契合。

第三，利用新媒体完善筹资评价制度。高校基金会应加强对新媒体平台的数据分析，以便更好地了解筹款过程中出现的问题和捐赠人的反馈意见，并通过各种有效的方式展示和宣传基金会在项目实施过程中的成果，增强受众对基金会工作的信任感和满意度。此外，高校基金会可以通过每半年或年度的筹资工作评估，及时总结经验，不断改进筹资工作的流程和方法，进而促进筹资工作的可持续发展，取得更好的效果。

（二）执行环节新媒体应用

第一，利用新媒体平台加强论证工作。高校基金会在项目申请和启动阶段，应建立论证制度，所有项目均须提交论证报告，并通过官方网站、微信公众号等新媒体平台向大众公布项目的必要性、实施方案、预期成果等信息，获得公众的理解与支持，避免出现因项目缺乏必要性和意义而无法成功实施的情况。

第二，建立信息化项目管理系统。高校基金会应建立完整的项目全过程管理机制，包括项目责任制、资金预算管理、项目总结和评价程序等，同时结合信息化技术建立

项目管理系统，可以协助基金会进行项目资金的监管，以及对项目进度的实时跟踪，使项目实施过程更加规范、高效。

第三，建立信息共享平台。高校基金会应利用信息化技术建立信息共享平台，将基金会管理需求嵌入全校信息系统中，实现校内各部门间沟通的顺畅。为了在基金会的各项活动中实现资源的最大化配置和工作效益的优化，需要各部门及时了解基金会信息，以便有效地调配相关资源。这包括财务、行政、后勤等方面的资源，同时还应该加强与其他部门之间的沟通和协作。通过这样的方式，各部门才能更好地协同完成项目执行过程中的各项任务，避免重复或不必要的工作，提高工作效率和整体绩效水平。同时，高校基金会可在平台上公开发布相关信息，如项目进展、成果、评价等，提高公众对于基金会工作透明度的理解，增强公众对于基金会工作的信任感。

（三）投资环节新媒体应用

高校基金会在投资环节应加强新媒体应用，提高投资效率和风险控制能力。

第一，高校基金会应利用新媒体平台加强对资本成本和时间价值的观念宣传，并通过公示各项投资决策指标和投资收益情况等信息，增强公众对基金会投资行为的理解和信任。

第二，高校基金会可以借助新媒体平台建立一个专家顾问团队，形成定期交流、互动的机制，得到专业人士的建议和意见，提高投资决策的科学性和准确性。

第三，高校基金会应在新媒体平台上建立投资风险控制机制，如明确单个项目投资上限、分散多种投资品种以降低投资风险等。同时，针对不同投资产品和项目，基金会应该逐步制定不同的投资管理措施，做好风险评估，并实行动态跟踪和管理，确保投资风险控制到位、稳步增值。

（四）监督环节新媒体应用

高校基金会可以通过新媒体平台加强监督环节的信息化建设，提升监督效率和公信力。

第一，建立内部检查机制，利用新媒体平台传递监督意见和建议，增强监督力度和实效。例如，开展定期投票、意见征集等活动，引导捐赠者、社会公众对基金会工作进行监督和反馈，及时就公众关注的问题做出回应。

第二，利用新媒体平台协助学校审计部门开展年度审计工作，公示审计报告内容和结果，充分发挥学校监督体系的作用，加强基金会的透明和公开。

第三，加强监事会和外部专家的作用，利用新媒体平台传递监督建议和意见，加强与主要捐赠人、行业专家和关注公益事业的社会团体、知名人士等的联系，共同构建开放、透明和有监督的基金会管理模式。

第四，建立公开透明的信息披露机制。可充分利用新媒体平台来宣传基金会的各方面信息，进而扩大信息的覆盖范围和影响力。同时，在信息披露过程中，需要注意保护机构和个人的隐私，避免泄露不应公开的重要信息或敏感数据。为此，可以建立完善的信息披露政策和规定，进行事前审查和核实，确保信息的真实性和准确性。同时，接受第三方审计机构的审计，公示审计结果，增强对外监督作用，形成公正、透明的监管环境。

高校基金会是慈善组织中的特殊一员，随着规模不断壮大，社会公众对它的关注也在逐渐提升。为了获取更多社会资源和建立良好的品牌形象，高校基金会需要在业务管理方面做出努力。利用新媒体平台，高校基金会可以加强对资金的监管、项目的管理、风险的控制，维护自身公信力。高校基金会可以通过建立透明的资金流转信息系统、发布财务报告及预算报告等，让社会公众更加清晰地了解它的收支情况，增强公众对它的信任。此外，高校基金会还可以利用新媒体平台定期发布项目汇报和在线问卷调查结果，以便于了解项目执行的评价情况，并不断改进和优化项目。另外，建立专门的风险管理团队和应急机制，及时发布风险提示，发现并处理相关风险问题。最后，高校基金会需积极与公众进行沟通，建立咨询热线及公众问答平台等服务机制，及时回应公众咨询和意见，并通过与媒体保持沟通联系，增强自身的形象和影响力。

四、高校基金会利用新媒体平台管控舆情风险

当危机事件发生时，高校传统的处置方式是对相关媒体进行商议，做好媒体公关，防止信息的扩散，减少危机事件的影响。在传统媒体时代，信息的传播往往是单线式的，即使现场民众口耳相传，因地域限制也无法形成强大的社会舆论效应。然而，网络技术已让全球步入信息时代，传播范围大、速度快、渠道多样化已让信息无法隐藏。新媒体带来的传播方式的改变，改变了高校在信息发布和危机事件处置过程中的措施选择。

（一）高校基金会网络舆情

随着经济的快速发展和科技普及程度的日益加深，新媒体平台的广泛应用为人们的生活方式和社会形态带来了深刻的变化。随着日常工作的紧张与繁忙，人们的交流方式也逐渐从传统的面对面转变为网上交流。然而，网络上的舆论走势越来越影响我们的现实生活，因此高校基金会需要关注并做好舆情风险管控。网络舆情是指在某一特定时期，广大网民针对某一热点问题、事件所发表的看法、态度、观点，以及由此产生的对现实社会的持续影响。在高校网络舆情中，高校师生特别是高校学生在网络上对于周围发生的或所关心的特定事件给予的意见、看法、建议尤为重要。利用新媒体平台，如微博、微信等，可以更好地抓住信息的敏感度和时效性，并通过大数据分析方法对采集的舆情数据进行综合分析、应用，及时了解和掌握高校网络舆情动态，有效降低舆情风险，提高高校基金会在舆论引导方面的竞争力。

要想利用新媒体平台做好舆情风险管理，高校基金会需要设立专门的监测和管理团队，及时跟进并分析网络上的舆情趋势和事件，制定相应的应对措施，并在必要时进行及时的回应，提出可行的解决方案。此外，高校基金会还需要加强学生的思想引导，培养学生正确的网络使用和表达态度，同时也需要强化对意识形态的防范教育，以维护良好的网络社区环境。

总之，利用新媒体平台做好舆情风险管控对高校基金会来说至关重要，在管理和监控方面需要加强力度，建立完善的机制，并加强学生的思想引导，使得高校基金会能够更好地应对网络舆情的挑战，创造更有利于发展的环境。

（二）新媒体成为舆情管控新宠

随着新媒体平台的快速发展，利用新媒体平台做好高校基金会舆情风险管控也变得越来越重要。高校基金会在舆情宣传方面的目标受众相对比较固定，因此微博、微信等新媒体平台的应用将更有优势。相较于纸媒等传统媒体，微信、微博等新媒体平台具有实时性强、覆盖范围广、互动性强等特点，可以快速采集和分析高校基金会的相关舆情，及时发现和应对可能存在的风险。

利用新媒体平台进行舆情风险管控的核心竞争力在于，新媒体平台可以在很短时间内迅速展示高校基金会舆情热点事件的整体情况，通过对微博数、评论数、转发数、点赞数等指标的分析，初步判断舆情事件的趋势和态势，并以此为基础开展针对性的管控工作。同时，利用情感分析等技术手段，可以全面了解公众对高校基金会各项工作的反映和评价，以便进行相应的舆论引导和应对。同时，应用大数据分析法对海量数据进行综合分析，是高校基金会舆情风险管控的必备手段。大数据的特点可概述成"4V"，即容量巨大性（Volume）、种类多样性（Variety）、速度高速化（Velocity）、很大的价值性（Value）。利用微信定向发布等工具，可以精准送达目标人群，提高信息传播效率，增强高校基金会在舆论引导方面的竞争力。

要搭建好与公众的新媒体互动平台。了解公众的意见和建议，是高校基金会在监控舆情时必须做好的事情。尤其是在危机事件处理时，互动可以让公众的情绪得以宣泄，让危机得以缓解。

利用新媒体的开放性增强信息的曝光度。高校基金会可以通过微博、微信公众号、抖音等平台，以图文、视频、直播的形式，及时发布信息，与公众互动，加大宣传力度，提高基金会的曝光度，间接提高高校捐赠基金的收益率，以此来抵抗财务风险。

基金会在进行信息公开时，应该建立健全的内部审核机制。对于需要公开的每项内容，基金会必须按照规定流程确定提交人和审批人。所有公开信息必须经过严格审批后方可公开。信息提交者应确保公开信息的准确性，审批者应认真审核每项公开内容，以保证公开内容和基金会运营信息的可靠性、客观性和透明性，从而有效提升基金会的公信力，促进其健康发展。该审核机制的建立，不仅有助于保障信息公开的合法性和规范性，还可以提高基金会内部各部门协调工作的效率，确保公开流程的顺畅性和透明度。此外，为了确保信息公开工作的持续性和稳定性，基金会还应该加强对内部审核机制的管理和监督，不断完善制度和流程，确保信息公开工作的高质量和高效率。

（三）校报彰显舆论宣传核心竞争力

尽管新媒体平台在高校基金会舆论宣传中具有明显的优势，但也不能取代传统媒体在舆论宣传中的作用。在高校基金会舆情风险管控中，校报作为一种特殊的高校媒介，仍然是高校舆论宣传的主流媒体之一。在当今信息时代，校报的专业知识和政治高度可以有效地确保信息的准确性和可信度。因此，校报可以对舆情内容进行求证和审查，并在确保真实完整的前提下，进行及时准确的宣传报道，从而减少舆情发生裂变的可能性。同时，校报的专业性还能够帮助舆情研判部门更加精准地判断舆情的发展趋势和影响范围，为决策者提供科学有效的参考意见。

在高校基金会舆情风险管控中，新媒体平台也具有重要的作用。与传统媒体相比，新媒体平台强调实时性、覆盖范围广、互动性强等特点，可以快速采集和分析高校基金会的相关舆情，及时发现和应对可能存在的风险，极大地提高高校舆情管控的精度和效率。同时，利用情感分析等技术手段，可以全面了解公众对高校基金会各项工作的反映和评价，以便进行相应的舆论引导和应对。

因此，针对高校基金会舆情风险管控来说，新媒体平台和传统媒体应该相互协作、相得益彰，形成一个全面、多元的舆情管控体系，以应对高校基金会可能存在的各种风险。

（四）利用新媒体管理舆论宣传

在宣传引导时，新媒体与传统媒体的作用和使用时间也是有差别的，二者并不是对立关系，而是需要相互融合互动。传统媒体（如报纸、杂志等）主要针对年长校友或其他社会群体，向他们展示基金会所做的公益事业和捐赠信息。而新媒体（如微博、微信等）则更适合于将相关信息快速推送给年轻群体，吸引他们了解基金会的工作情况和日常活动，也方便基金会与年轻群体进行互动和交流。将两种媒体相互融合是提高基金会宣传引导效果的有效途径。在媒体融合过程中，可以调动多种媒体资源，提高信息传播的覆盖率和时效性。同时，媒体融合还可以拓展信息传播和互动的多元方式，在传播内容的同步性、多样性和深度上取得更好的效果。此外，媒体融合还可以加强基金会的公信力和知名度，进一步提升其在社会中的影响力和服务面。

1. 媒体融合引导舆论

高校基金会利用媒体融合引导舆论是非常必要的。在当前媒体时代，信息传播快餐化、病毒式的特点决定了新媒体在初期阶段对舆情的影响力很大。高校基金会需要通过综合利用新旧媒体的方式来控制舆论传播的路径。新媒体的即时性和准确性为高校基金会提供了宝贵的信息来源，而传统媒体则可以通过搜集和分析新媒体发布的各种信息和多向度的舆情，发挥"过滤器"和"把关人"的作用，并提供更有价值的内容给受众。

高校基金会需要充分认识到高校舆论宣传对象的特殊性，其特征与其他群体有显著区别，他们受教育的程度都很高，且个体间差别不大，性格热情奔放。因此，在出现带有争议性事件时，舆情很容易在高校这个高度集中和庞大的受众群体中传播，加强和支持某一种观点。高校基金会需要通过纸媒等传统媒体的深度报道、观点评论等内容对舆情进行引导，树立典型代表性人物和事件并奏响舆论宣传的主旋律。通过这种方式，高校基金会可以以正面引导的方式来避免形成负面舆情的"群体极化"现象，达到信息传播的最佳效果。

　　高校基金会应该注重舆情的正面引导，通过树立一些典型的代表性人物和项目，奏响舆论的主旋律，避免形成负面舆情的"群体极化"现象。同时也要倡导社会公益事业，呼吁更多人加入公益事业中来，提供更多的支持与帮助。这种正面引导和倡导，将有利于高校基金会树立更好的品牌形象，促进宣传效果的最大化，实现其宣传目标。

　　2. 构建舆情协作机制

　　高校基金会与高校之间舆情协作共享可以采取多种方式，如网站互访、校报邮寄共阅等传统方式，同时也可以借助新媒体平台，通过微信、微博、抖音等途径实现信息的即时传播和准确传递。这样的方式有利于高校基金会之间进行大数据时代的舆情引导协作共享，更好地防微杜渐。

　　然而，在传统的舆情管理观念和处理方式中，高校基金会也存在类似的问题。当出现不利于基金会的言论时，一些管理者可能采取删帖或封号等控制方式。该管理方式已无法适应快速发展的时代，并严重影响高校基金会之间的大数据共享。因此，高校基金会需要转变管理观念，正确面对和处理负面舆情，并利用新媒体和传统媒体及时曝光，积极迅速进行疏导，总结经验并引以为鉴，提高舆情管理水平。

　　在大数据时代中，高校基金会应该注重与其他基金会的交流和协作，分享各自的舆情管理经验和处理方式，构建起大数据时代的舆情协作共享机制，实现有效地管控好各自基金会的舆情。利用新媒体和传统媒体进行信息传播，并通过校报、校园电视台、广播等传统媒体进行深度报道、观点评论和方向性引导，实现学校宣传工作更加精细化、专业化和差异化的目标，进一步提高舆论引导和服务水平，为全面推进高等教育事业发展贡献力量。这样可以树立良好的品牌形象，促进宣传效果的最大化，实现高校基金会的宣传目标。

参考文献

［1］徐杉．自媒体在高校基金会公益传播中的作用［J］.高教学刊，2017（9）：191-192.

［2］许中华，王建昌，伍卓深．高校基金会自媒体公益传播研究［J］.华南理工大学学报（社会科学版），2014（3）：109-114.

［3］魏巍．高校基金会借助自媒体进行公益传播的探索研究［J］.现代商业，2016（16）：171-172.

［4］王蕾，董文琪．微公益对我国高校教育基金会发展的启示［J］.北京教育学院学报（社会科学版），2016，30（1）：58-62.

［5］殷洁．中国高校基金会运作机制研究［D］上海交通大学，2017.

［6］王贺．抖音平台公益主题短视频的视觉传播分析［D］.辽宁大学，2021.

［7］郭斌．大学生慈善捐赠行为规律及影响因素分析［J］.广西社会科学，2015（9）：79-84.

［8］林淑馨．公共管理［M］.台北：巨流图书股份有限公司，2012.

［9］林淑馨．非营利组织概论（初版）［M］.台北：巨流图书股份有限公司，2011.

［10］林淑馨．非营利组织概论［M］.上海：华东理工大学出版社，2018.

［11］刘升学，谭军红，王莉芬．新媒体发展对大学生行为方式的影响及思想政治教育创新研究［M］.湘潭：湘潭大学出版社，2018.

［12］魏璞祯．家族慈善基金会成为我国公益慈善领域的重要力量［N］.公益时报，2019.04.09.

［13］张晶晶．慈善事业捐赠税收优惠的规定［N］.中国社会报，2021.08.02.

［14］陈文育．自媒体与公益传播［J］.南京理工大学学报（社会科学版），2012.

［15］中华人民共和国国务院令（第400号）基金会管理条例［EB/OL］.（2004-03-

08）https://www.gov.cn/gongbao/content/2004/content_62724.htm.

［16］张君琳．新媒体背景下公益慈善发展研究［D］.福建师范大学，2019.

［17］崔应乐．新媒体慈善平台公信力建设研究［J］.声屏世界，2020（3）：107-108.

［18］吴开松．公共关系学［M］.上海：上海财经大学出版社，2009.

［19］张含．新媒体环境下中国电视文化节目的发展路径探究［M］.长春：东北师范大学出版社，2019.

［20］陈虹，孟梦，李艺炜．新媒体视角下的高校思想政治教育创新研究［M］.天津：天津社会科学院出版社，2017.

［21］车峰．非营利组织管理［M］.北京：中央民族大学出版社，2015.

［22］吕旭峰．当代浙江学术文库 我国教育捐赠问题研究［M］.杭州：浙江工商大学出版社，2015.

［23］鲁育宗．大学的财富管理［M］.上海：复旦大学出版社，2012.

［24］陈玉琢．企业所得税政策与申报实务深度解析［M］.北京：中国经济出版社，2021.

［25］徐崇贤．高校社会捐赠：概念、类型与策略优化［J］.宁波大学学报（教育科学版），2023，45（1）：111-118.

［26］周馨瑜．微信平台的公益传播特征：以微信公众号"腾讯公益"为例［J］.新闻前哨，2017（4）：21-23.

［27］万欣然．公益新媒体的内容运营策略研究［D］.浙江传媒学院，2017.

［28］张萌．高校基金会对微信公众平台的利用现状分析：基于对195家高校基金会公众号的内容分析［J］.卷宗，2018（9）：150-151.

［29］李晓红．中国新媒体公益传播研究［M］.北京：社会科学文献出版社，2022：1-18.

［30］尹韵公．中国新媒体发展报告［M］.北京：社会科学文献出版社，2018.

［31］高阳．新媒体的逻辑：内容生产与商业变现［M］.北京：社会科学文献出版社，2020：3-26.

［32］梅宁华，支庭荣．中国新媒体发展报告［M］.北京：社会科学文献出版社，2020.

［33］王颖．我国网络媒介中的公益传播现象研究［D］.成都理工大学，2010.

［34］沈阳，刘朝阳，芦何秋，等．微公益传播的动员模式研究［J］.新闻与传播研究，2013，20（3）：96-111，128.

［35］赵亚妮. 新浪网、腾讯网公益传播中交互现象研究［D］. 西南交通大学，2015.

［36］刘永东. 传统媒体与新媒体公益传播模式及特点比较［J］. 新闻研究导刊，2017，8（12）：175.

［37］杨瑞. 公益游戏用户参与动机研究［D］. 郑州大学，2019.

［38］侯雅静. 短视频公益传播的现状、问题及对策研究［D］. 华侨大学，2020.

［39］段莉. 媒介、资源、流量与传播竞争：从公益传播新形态看网络舆论格局重［J］. 新闻文化建设，2021（23）：178-180.

［40］翁予谦. 非政府组织参与灾害救助研究［D］. 上海交通大学，2011.

［41］陈刚. 非政府组织在汶川大地震中的新闻传播空间分析：以四川地区NGO为例［J］. 东南传播，2009（7）：79-81.

［42］沙勇忠，阎劲松，王峥嵘. 雅安地震后红十字会的公众信任研究：基于微博数据的网民情感分析［J］. 公共管理学报，2015，12（3）：93-104，158-159.

［43］钟智锦，李艳红. 新媒体与NGO：公益传播中的数字鸿沟现象研究［J］. 思想战线，2011，37（6）：112-117.

［44］陈韵博. 劳工NGO的微博赋权分析：以深圳"小小草"遭遇逼迁事件为例［J］. 国际新闻界，2014，36（11）：51-64.

［45］刘景芳. 中国绿色话语特色探究：以环境NGO为例［J］. 新闻大学，2016，No.139（5）：8-16，7，145.

［46］张超义. 全球多元主体传播格局下非政府组织的话语建构［J］. 青年记者，2022，No.726（10）：58-60.

［47］费尔南多，赫斯顿. 国家、市场和公民社会之间的非政府组织［A］. 何增科. 公民社会与第三部门［C］. 北京：社会科学文献出版社，2000.

［48］黄晓勇. 社会组织蓝皮书 中国社会组织报告2022［M］. 北京：社会科学文献出版社，2022.

［49］王蓉. 高等教育规模扩大过程中的财政体系：中日比较的视角［M］. 北京：教育科学出版社，2008.

［50］张润生. 邵逸夫：广厦万间庇学子——遍布全国的"逸夫楼"及其背后的故事［J］. 四川统一战线，1998（8）.

［51］丁勇. 我国残疾人高等教育发展的回顾与展望［J］. 现代特殊教育，2021（20）：3-13.

［52］刘国光．投资基金运作全书［M］．北京：中国金融出版社，1996.

［53］滕航．大学基金投资与风险控制［J］．管理教育，2008（9）.

［54］林刚．新媒体概论（第2版）［M］．北京：中国传媒大学出版社，2021.

［55］林刚．新媒体概论［M］．北京：中国传媒大学出版社，2014.

［56］戴志敏，石毅铭，蒋绍忠．大学教育基金会管理研究［M］．杭州：浙江大学出版社，2010.

［57］李洁．大学社会捐赠运行机制研究［M］．武汉：华中师范大学出版社，2012.

［58］《中国高校基金会年度发展报告》编写组．中国高校基金会年度发展报告2020［M］．北京：社会科学文献出版社，2020.

［59］张敏．大学教育基金会投资行为的规制研究［M］．北京：法律出版社，2020.

［60］喻恺，徐扬．世界一流大学永续型基金发展与管理研究［M］．青岛：中国海洋大学出版社，2016.

［61］杨坦，何小锋，荀继尧，等．大学捐赠基金的运作与管理模式研究［M］．上海：上海交通大学出版社，2017.

［62］周恩毅．非营利组织管理概论［M］．西安：西北工业大学出版社，2014.

［63］王爽．新媒体时代大学生思想政治教育的挑战与创新［M］．北京：中国言实出版社，2014.

［64］陈硕，李昭语．新媒体环境下中国电视文化节目的发展研究［M］．长春：东北师范大学出版社，2018.

［65］吴开松，王英英．公共关系学（第2版）［M］．上海：上海财经大学出版社，2015.

［66］汤超颖，成梁，杨维东，等．高校基金会新媒体应用问题研究：以39所一流大学建设高校为例［J］．湖南大学学报（社会科学版），2022.

［67］梁显平．美国大学基金会投资运行制度研究［J］．教育财会研究，2017.

［68］彭琪珺，陈伟．英国高等教育经费结构的变化及启示［J］．现代教育论丛，2016.

［69］刘春生，王任达．发展大学教育基金会，促进大学教育捐赠［J］．北京科技大学学报（社会科学版），2005.

［70］李门楼，丁苗苗，刘冬梅．基于交易理论的高校基金会募捐机制研究［J］．华北电力大学学报（社会科学版），2018.

［71］魏微，陈留平．浅析高校内部控制建设［J］．财会通讯，2012.

［72］李晓静，张敏，王俊鑫．高校教育基金会筹资与投资模式的创新设计［J］．高教探索，2017．

［73］赖莎．高校基金会财务风险与防范对策［J］．活力，2022．

［74］同晓，马琦，周宇．关于教育基金会在高校发展中作用的研究［J］．科技经济市场，2018．

［75］王新燕，李露萍，王莹，等．高校教育基金会功能定位研究［J］．晨刊，2021．

［76］2020年中国学生资助发展报告［N］．人民日报，2021.09.16．

［77］中国学生资助发展报告（2017年）［N］．中国教育报，2018.03.13．

［78］非营利组织免税满足九大条件［N］．当代商报，2010.03.01．

［79］《慈善组织保值增值投资活动管理暂行办法》出台［N］．慈善公益报，2018.11.06．

［80］王勇．公益性捐赠税前扣除资格确认新规发布［N］．公益时报，2021.02.23．

［81］非营利组织接受的捐赠收入免税［N］．中国税务报，2010.03.15．

［82］陈柯宇．高校大额捐赠要有风投眼光 大额捐赠人准备好了吗？［N］．华夏时报，2022.02.24．

［83］厉征．非营利组织满足9项条件可获免税资格［N］．中国税务报，2009.11.27．

［84］非营利组织免税资格认定管理有新规［N］．中国财经报，2018.03.01．

［85］周建华，舒志华．非营利组织接受的捐赠收入免税［N］．中国税务报，2010.03.15．

［86］企业初创期税收优惠［N］．海安日报，2017.09.20．

［87］慈善组织保值增值投资活动管理暂行办法［J］．中国社会组织，2018．

［88］许净．美国著名大学永久基金的发展及其贡献［J］．中国高教研究，2006．

［89］税政法规［J］．税收征纳，2010．

［90］财政部国家税务总局关于非营利组织免税资格认定管理有关问题的通知［J］．大社会，2019．

［91］要闻回顾［J］．中国财政，2018．

［92］财政部，税务总局．关于非营利组织免税资格认定管理有关问题的通知［J］．当代会计，2018．

［93］学校也应当进行企业所得税纳税申报吗［J］．纳税，2010．

［94］徐妍，殷露阳．非营利组织营利性收入的税法规制探讨：以德国体育协会营利性收入的税收优惠为例［J］．常州大学学报（社会科学版），2019．

［95］纪强. 公民社会视野下中国高校教育基金发展研究［J］. 长安大学学报（社会科学版），2013.

［96］李黎，王军. 2020年出台的企业所得税政策解读（之二，截至2020年11月15日）［J］. 交通财会，2020.

［97］张晖. 非政府组织兴起的背景和理论依据［J］. 陕西行政学院学报，2008.

［98］蒋明丽. 浅议高校财务管理风险防范与控制［J］. 会计师，2018.

［99］赵宏斌. 大学介入基金市场的现象透视［J］. 江苏高教，2006.

［100］米丹. 马克思主义价值论与科技价值的实践基础［J］. 陕西行政学院学报，2008.

［101］黄亚婷. 增加中国大学社会捐赠的策略研究：从高校内部机制的角度［J］. 湖南中学物理（教育前沿），2009.

［102］孟东军，张美凤，顾玉林. 我国高校社会捐赠管理比较研究［J］. 高等工程教育研究，2003.

［103］叶玮光，孙伟. 俄罗斯高等教育经费资源配置问题［J］. 现代教育科学，2010.

［104］关于公益性捐赠税前扣除有关事项的公告 财政部税务总局民政部公告 2020年第27号［J］. 山西财税，2020.

［105］陈欣嫒. 浅析高校校友会微信公众号的传播及优化［J］. 传媒评论，2020.

［106］于志刚，张卫民. 校友基金：构建高校筹资新渠道［J］. 中国林业教育，2005.

［107］马伟杰. 中俄高等教育经费筹措比较研究［J］. 世界教育信息，2007.

［108］李芳. 俄罗斯高等教育经费资源的配置问题分析［J］. 复旦教育论坛，2006.

［109］有祥君. 我国高校基金会发展问题概析［J］. 电子科技大学学报（社会科学版），2012.

［110］李红艳. 非政府组织管理研究［M］. 北京：知识产权出版社，2011.

［111］刘贞晔. 国际政治领域中的非政府组织一种互动关系的分析［M］. 天津：天津人民出版社，2005.

［112］洪成文，余蓝. 美国大学捐赠基金法律制度研究［M］. 北京：人民出版社，2019.

［113］李东燕. 全球治理行为体、机制与议题［M］. 北京：当代中国出版社，2015.

［114］黄德林，田家华. 公共管理学概论［M］. 武汉：湖北人民出版社，2004.

［115］赵红梅. 社会法学前沿问题研究［M］. 北京：中国政法大学出版社，2021.

［116］韩海敏. 企业所得税疑难问题深度解析（2021版）［M］. 上海：立信会计出版社，2021.

［117］刘行芳. 新媒体概论［M］. 北京：中国传媒大学出版社，2015.

［118］马爱杰. 高校党组织建设理论和实践创新研究［M］. 北京：民族出版社，2018.

［119］陆璇，上海复恩社会组织法律研究与服务中心. 基金会实务一本通［M］. 北京：法律出版社，2021.

［120］吴锦良. 政府改革与第3部门发展［M］. 北京：中国社会科学出版社，2001.

［121］本书编委会. 2018中国大学教育基金会发展报告［M］. 北京：社会科学文献出版社，2018.

［122］法律出版社法规中心. 2021年中华人民共和国财税法律法规全书 含相关政策［M］. 北京：法律出版社，2021.

［123］杨周复. 高等院校资金运作与风险防范研究［M］. 杭州：浙江大学出版社，2004.

［124］中国法制出版社. 中华人民共和国财税法律法规全书含优惠政策（2021年版）［M］. 北京：中国法制出版社，2021.

［125］陈秀峰. 当代中国大学教育基金会研究［M］. 北京：中国社会科学出版社，2010.

［126］王勇. 财政部等出台公益性捐赠税前扣除新规［N］. 公益时报，2020.05.26.

［127］王勇. 78家高校基金会6年接收大额捐赠303.6亿元［N］. 公益时报，2022.02.22.

［128］李锋亮，王云斌，王丹. 对中美顶尖大学基金会投资的比较分析［J］. 教育发展研究，2017（7）：70-77.

［129］李泳昕，曾祥霞. 中国式慈善基金会［M］. 北京：中信出版社，2019.

［130］殷洁. 基于协同治理的大学基金会投资风险防范研究：以A大学基金会为例［J］. 社会科学辑刊，2017（2）.

［131］侯春兰. 论高校财务管理风险的成因及其防范［J］. 扬州教育学院学报，2014（2）.

［132］李霞，干胜道. 基于功效系数法的非营利组织财务风险评价［J］. 财经问题研究，2016（4）.

［133］董雨洁. 高校基金会社会服务功能剖析：以我国42家高校基金会为例［J］. 理

论观察, 2021.

［134］关于公益性捐赠税前扣除有关事项的公告［J］.交通财会, 2020.

［135］关于公益性捐赠税前扣除有关事项的公告 财政部税务总局民政部公告 2020年第27号［J］.中国工会财会, 2020.

［136］侯国林.高校教育基金会内部控制存在问题及对策研究：以BF基金会为例［J］.管理论坛, 2019（22）.

［137］张晨蕊, 周伟.我国高等教育基金会财务管理问题研究［J］.齐齐哈尔大学学报（哲学社会科学版）, 2018（11）.

［138］张乐乐.浅析高校基金会投资运作管理［J］.现代经济信息, 2016（6）.

［139］赵文莉.新形势下高校基金会筹资策略的调整：兼谈海外经验［J］.南都学坛, 2014.

［140］陈娅琳.大数据背景下高校财务管理风险探究［J］.花炮科技与市场, 2020（1）.

［141］边地.我国慈善基金会财务状况评价：以中国青少年发展基金会为例［J］.财会月刊, 2012（6）.

［142］陈洁.非营利组织在财务管理中存在的问题及对策［J］.管理观察, 2018（30）.

［143］张鹤.经济寒冬不减留英高温 2009年留英学生签证申请劲增40%［J］.世界教育信息, 2010（3）：71.

［144］利维, 木雨.新闻与传播：走向网络空间的时代［J］.新闻与传播研究, 1997（1）：8-15, 95.

［145］Arrow K J. *Economic welfare and the economics of Soviet socialism : Optimal and voluntary income distribution*［M］.1981.

［146］Thompson J. Ideology and Modern Culture［M］.Stan-ford University Press, 1990：227-228.

［147］S Zainon, M Hashim, N Yahaya, et al. Annual Reports of Non-profit Organizations（NPOs）：An Analysis［J］.现代会计与审计：英文版, 2013, 9（2）：10.

［148］Saxton G D, Zhuang J. A Game-Theoretic Model of Disclosure-Donation Interactions in the Market for Charitable Contributions［J］.Social Science Electronic Publishing.

［149］Parsons L M. The Impact of Financial Information and Voluntary Disclosures on

Contributions to Not‑For‑Profit Organizations［J］. *Behavioral Research in Accounting*，2011，19（1）：179‑196.

［150］Smith K, Ebrary I. Handbook of visual communication : theory, methods，and media［M］. L. Erlbaum，2005.

［151］Cejnek G，Franz R，Stoughton N. An Integrated Model of University Endowments［J］. SSRN Electronic Journal，2013.

［152］［美］克里斯·安德森. 长尾理论：为什么商业的未来是小众市场［M］. 乔江涛，石晓燕，译. 北京：中信出版社，2015.

［153］［美］托马斯·沃尔夫. 管理21世纪的非营利组织［M］. 胡春艳，董文琪，译. 北京：商务印书馆，2016.

［154］［美］特蕾西·L. 塔滕，［美］迈克尔·R. 所罗门，北京大学新媒体研究院社会化媒体研究中心著. 社交媒体营销［M］. 戴鑫，严晨峰，译. 上海：格致出版社，2017.

［155］［美］丹尼尔·贝尔. 资本主义文化矛盾［M］. 严蓓雯，译. 南京：江苏人民出版社，2010.

［156］［美］尼葛洛庞蒂. 数字化生存［M］. 胡泳，范海燕，译. 海口：海南出版社，1997.

后 记

出版本书只是我探讨高校基金会利用新媒体进行公益传播、募捐与投资管理问题的第一步，期待更多的专家、学者关注该领域的研究，共同推动高校基金会的可持续发展。在这里，我想针对此研究进行一些总结和回顾。

对于本专著的研究成果，深受党的二十大精神的启示。此次会议提出了"五位一体"新发展理念和全面从严治党的要求，为我国各行各业的发展指明了方向。高校基金会作为非营利组织，也应该积极响应国家号召，发挥自身优势，深化改革创新，推进可持续发展。

本专著旨在探讨高校基金会利用新媒体进行公益传播、募捐与投资管理所面临的问题，并从新媒体视角提出了相应的解决策略。在研究中，首先梳理了新媒体时代与非政府组织、高校基金会的关系，并对国内外相关研究进行了深入评述。其次，重点研究海外高校基金会、国内高校基金会的发展现状、管理问题及对策，并结合高校基金会募捐工作和投资管理探讨了新媒体的应用意义和实践效果。最后，总结回顾了高校基金会新媒体化应用的优势和存在的误区，并提出了相应的建议。

通过对高校基金会新媒体应用的研究，我深刻地认识到，新媒体技术的创新和不断更新已经成为高校基金会进行公益传播、募捐和投资管理的新契机，对其发展具有重要意义。同时，我也深刻地认识到，在新媒体时代下，高校基金会要想更好地实现自身的使命和发展，需要不断创新发展策略，在应用新媒体的同时加强管理，做好风险控制，创造性地推进募捐工作。作为非营利组织，高校基金会肩负着推动教育事业的使命，而新媒体技术的发展为高校基金会提供了更多的机会和挑战。我相信，高校基金会工作人员能够在党的二十大精神的指引下，积极探索新媒体与公益事业相结合的道路，推动高校基金会更好地发展和创新，为国家的发展和人民的福祉做出更大的贡献。

在最后，我要衷心感谢以下人士对我的支持和帮助，没有你们的鼓励和付出，这本专著将无法如期完成。

感谢武雄副校长和王果胜副校长，两位作为北京中国地质大学教育基金会理事长，从基金会的服务宗旨、战略决策、顶层设计等方面给予了我很多启迪和帮助，是他们的悉心指导，让我从事了慈善事业，开始了基金会工作研究。

感谢沙淑清老师，感谢她悉心的指导和无私的帮助，她丰富的知识和经验让我受益匪浅，她的指导促使我更加深入地思考问题，提升了我的研究水平。感谢于清海老师，他对高校基金会发展的认识，让我的研究有了新的方向和动力。

感谢邢芳凝、蒋婷婷、蔡炜嘉、白月晴、席诗悦、任津漪等优秀的同事，他们的支持与协助使得本书的观点更加清晰，论证更加有力。

感谢我的妻子刘鑫，她是我科研道路上最坚定的后盾，她的理解、支持和鼓励使我在写作过程中保持动力和信心，她的付出和帮助使我能够全身心地专注研究工作。最后，我要感谢我的儿子李心轩。他是我生活中的明亮之星，他的纯真和天真给予了我不尽的动力和勇气，他是我坚持不懈、不断探索的最大动力源泉。

由于笔者水平有限，书中难免存在纰漏、疏忽之处以及未尽之处，因此，特此恳切期盼广大专家、学者给予批评指正！

李　绚

2023 年 6 月 30 日于北京